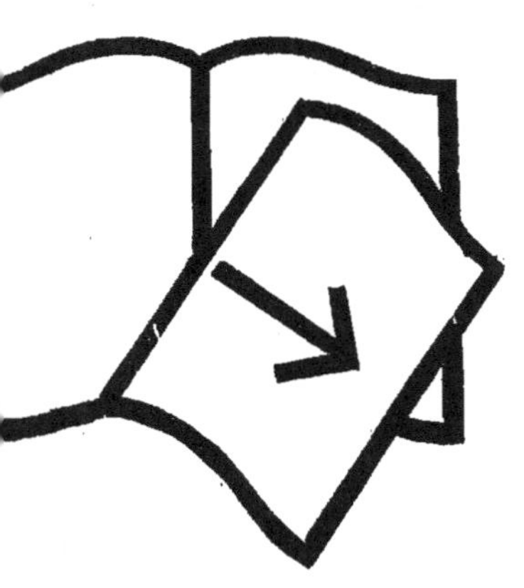

Couverture inférieure manquante

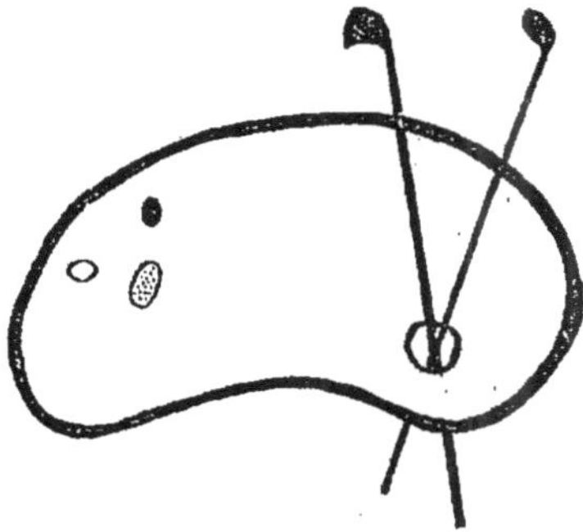

DEBUT D'UNE SERIE DE DOCUMENTS
EN COULEUR

LA
LÉGISLATION INTERNATIONALE
DU
TRAVAIL

PAR

PAUL BOILLEY

PARIS

FÉLIX ALCAN, LIBRAIRE-EDITEUR

108, Boulevard Saint-Germain.

—

1892

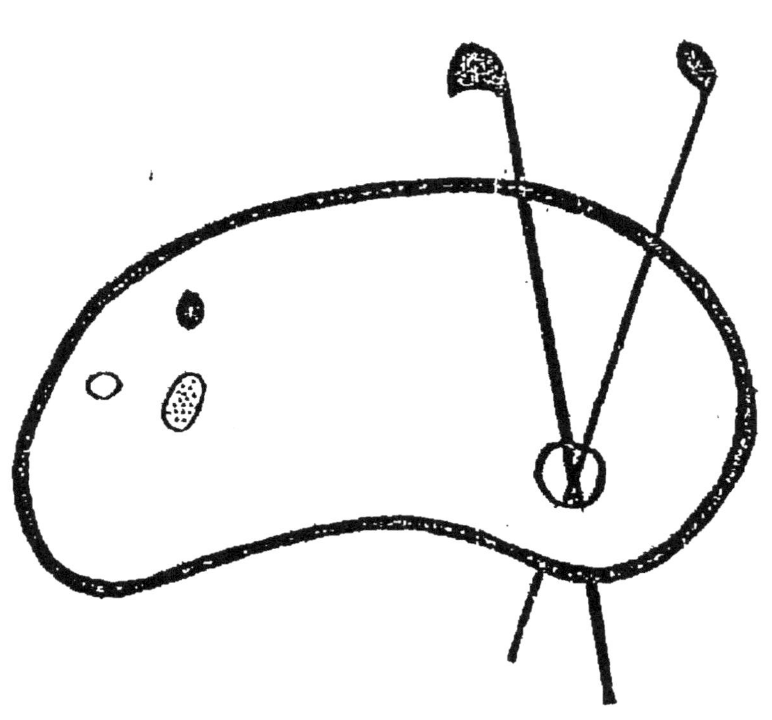

FIN D'UNE SERIE DE DOCUMENTS
EN COULEUR

LA LÉGISLATION INTERNATIONALE

DU

TRAVAIL

LA
LÉGISLATION INTERNATIONALE
DU
TRAVAIL

PAR

Paul BOILLEY

PARIS

FÉLIX ALCAN, Libraire-Editeur

108, Boulevard Saint-Germain.

1892

DÉDICACE

Il est un homme d'un grand cœur, dont l'œuvre féconde m'a initié aux doctrines du Socialisme contemporain.

Cet homme voit comme but final à la phase sociale que nous traversons, le Collectivisme.

Je ne suis pas collectiviste : il est peu probable que je le devienne jamais. Ce n'est ni la faute de l'éducateur, ni la mienne ; la semence est peut-être bonne, mon esprit n'est pas un terrain convenable pour qu'elle puisse y germer.

Cet homme c'est Benoit Malon, *le fondateur de la* Revue Socialiste, *l'auteur du* Socialisme Intégral.

Mais, à côté du Malon Collectiviste, *il y a le* Malon Réformiste.

C'est à lui que je dédie ce livre.

Comme chef d'école, il pourra le répudier, sans que j'en sois ni fâché, ni surpris ; et, sans que rien puisse amoindrir l'inaltérable amitié que j'ai vouée à l'homme privé, pas plus que la profonde admiration que je professe pour l'écrivain.

P. B.

Cannes, Décembre 1891.

AVANT-PROPOS

Malgré son titre, cette étude n'embrasse pas, comme on le pourrait croire, tous les détails d'une législation internationale du travail. Ce n'est pas une généralisation, ce n'est pas un projet, c'est un simple constat de l'état d'esprit qui anime certains groupes politiques trop importants, pour qu'on puisse les considérer comme des valeurs négligeables.

Nous prenons la question dans les termes où elle est aujourd'hui posée par les socialistes ; et, notre but est de démontrer les difficultés et l'insuffisance d'une réforme basée seulement sur une réduction de la journée de travail.

Notre œuvre n'a pas la prétention d'être scientifique, ce serait plutôt une œuvre de vulgarisation, écrite en toute bonne foi et avec une entière indépendance.

Elle ne vise qu'à fournir aux personnes peu familiarisées avec les choses industrielles; une suite de documents qui leur permettront, non pas peut-être d'asseoir un jugement définitif, mais de savoir de quel côté elles devront diriger leurs recherches.

Beaucoup voudront y voir une diatribe réactionnaire ; c'est tout au plus une critique des errements du socialisme révolutionnaire qui, jusqu'à présent, n'a guère fait autre chose, que de rendre plus implacable l'antagonisme des classes.

A ceux-là, il n'y a pas à parler de pacification.

Heureusement, ie socialisme n'est pas composé seulement de révolutionnaires intransigeants ; il y a aussi les socialistes-réformistes, qui peuvent se complaire à rêver pour l'avenir une société collectiviste ou communiste, mais qui savent bien que cela ne se forge pas tout d'une pièce ; et, qui attendent tout d'une évolution lentement et sagement progressive.

Il y a encore, en tous pays et surtout en France, où le bon sens populaire est si droit, une majorité considérable de gens dont l'esprit est ouvert à toutes les idées justes d'amélioration sociale.

C'est à ces hommes sincères, quels que soient les partis auxquels ils appartiennent, que s'adresse l'auteur de ce livre.

Profondément pénétré de la nécessité qui s'impose, de remédier sans retard aux imperfections de notre organisation économique, il croit remplir un devoir, en signalant l'inanité du remède qu'un empirisme maladroit nous propose aujourd'hui comme une panacée infaillible.

A-t-il réussi dans cette tâche ingrate, le lecteur en jugera.

CHAPITRE Ier

SOMMAIRE. — Ancienneté de l'idée. — Les précurseurs d'après Benoît Malon. — Robert Owen, Dollfus, etc. — Toute conception sociale a ses précurseurs. — L'amour de l'humanité et les utopies. — Charles Fourier. — Ce que demandaient Robert Owen et les autres. — Avaient-ils raison? — Courant et contre-courant. — Les révolutionnaires. — Le socialisme de Guillaume II. — Le moteur universel. — L'individualisme. — Les patrons. — Les ouvriers. — Impulsions différentes et directions semblables.

Parmi les innombrables toquades qui prouvent péremptoirement que, pour être le plus intelligent des animaux, l'homme n'en est ni le plus sage, ni le meilleur, brille au premier rang le besoin de légiférer.

Légiférer, au dire de quelques-uns, et spécialement des anarchistes, c'est couper une aile à la liberté individuelle, amputer la volonté, anéantir le droit, ravaler l'homme, en faire un esclave, etc., etc.

Vraie ou fausse, cette théorie n'a pas empêché qu'on ait légiféré de tout temps, qu'on ait légiféré sur toutes choses.

Naturellement, il ne devait pas être fait d'exception pour le travail.

On s'est même d'autant mieux occupé du travail, qu'à toutes les époques de l'humanité, il y a eu des privilégiés, dont il fallait régulariser la position passablement équivoque.

Les privilégiés, sont gens très grands amateurs de la besogne, quand elle est faite par autrui.

Modestement, ils se retirent de la scène, dès qu'il s'agit de travailler par eux-mêmes, et ils déclarent, sans ambages, qu'ils préfèrent rester tranquilles et regarder travailler les autres, à condition que ce soit à leur profit.

Il paraît qu'il en a toujours été ainsi et que c'est un goût qui est encore assez répandu.

Seulement, il y a des grincheux, au caractère mal fait, qui prétendent que les travailleurs jugent les choses d'autre façon et que, s'ils travaillent sans relâche pour les autres, ce n'est pas de bonne volonté, mais par force.

Après tout, ça pourrait bien être vrai.

Donc, la manie législative ayant fait main-basse sur la *question travail* chez tous les peuples, même chez les sauvages, l'idée devait nécessairement venir un jour à quelqu'un, qu'il serait bon de remplacer toutes les dispositions éparses dans les codes, ou admises par les usages, par une loi unique, générale, *internationale*.

Le mouvement qui agite aujourd'hui la population ouvrière, n'est qu'une tentative d'exécution de cette idée déjà ancienne. Ce sont les mineurs et les ouvriers d'industrie, qui ont assumé la mission d'attacher le grelot et qui affichent hautement, la résolution bien arrêtée, de mettre en action et de faire entrer dans les faits la conception légale, que de nombreux précurseurs ont essayé de faire germer.

Benoît Malon, dans la seconde partie de son *Socialisme Intégral* fait remonter les premières propositions à Robert Owen, qui adressa en 1818 aux souverains réunis à Aix-la-Chapelle, une pétition tendant à une limitation légale et internationale de la journée de travail.

Après Robert Owen, Malon rappelle les efforts tentés par Daniel Legrand, par Dollfus de Mulhouse, par Hahn, par les docteurs Elegemann et Maresca, par le St-Simonien Audigane, etc., etc. — Tout cela est parfaitement exact et, sur ce point, on peut en confiance s'en rapporter à Malon, qui est une encyclopédie vivante de tout ce qui touche de près ou de loin à la question sociale. Il y a donc eu une série de précurseurs, ce qui donne à l'idée un intérêt historique incontestable, mais n'ajoute absolument rien à sa valeur, ni surtout, à son opportunité. La meilleure preuve, c'est que cette idée, bien que préconisée par des hommes qui n'étaient certes pas les premiers venus, a dormi trois quarts de siècle, sans recevoir une application pratique — application, que notre génération contemporaine ne verra peut-être pas encore.

Des précurseurs, il y en a toujours eu, même pour les mauvaises choses ; et, en y regardant bien, on pourrait ajouter que c'est surtout pour les mauvaises choses qu'il y en a eu le plus.

Parbleu ! les idées ne tombent pas inopinément du ciel, comme les langues de feu sur la tête des apôtres ; il faut bien que quelqu'un commence à les formuler par la parole ou à les démontrer par l'exemple.

Le bien comme le mal ont leurs initiateurs. Triptolème, ou tout autre, a fait voir comment on manœuvrait une charrue ; le premier criminel a fait voir comment on manœuvrait une arme, et, ce n'est pas celui-là qui a eu le moins d'imitateurs. Admettons, pour faire plaisir aux amateurs de la légende biblique que ce fut le fratricide Caïn, il peut se vanter, celui-là, d'avoir ouvert une grande route, qui depuis a été passablement fréquentée.

Les abstracteurs de quintessence, gens sans rivaux pour fendre un cheveu en quatre et pour distinguer des petites bêtes là où personne ne voit rien, ne manqueront pas de vouloir amplifier sur les documents de Malon et faire remonter plus haut que 1818, d'autres formules de règlementation du travail.

Possible. — Campanella faisait travailler les *solariens* six heures par jour ; il est vrai que c'était dans le soleil et qu'il y fait chaud.

Par contre, Fourier tient gaillardement pendant quinze heures ses *harmoniens* en éveil, sans provoquer la moindre protestation, au contraire.

Malon sait tout cela, puisqu'il nous en a donné l'historique et qu'en fait d'érudition, il n'a qu'à fouiller dans sa mémoire, pour en remontrer au plus compilateur des compilateurs allemands.

Malon sait fort bien que les philanthropes de tous les temps qui se sont creusés la tête à édifier de généreuses utopies ne songeaient qu'au bonheur de leurs concitoyens et même au bonheur de l'humanité tout entière. Ce n'est pas à lui qu'on apprendra que Charles Fourier rêvait de faire de notre planète, une vaste association de *phalanges* unies harmoniquement par le travail attractif.

Ce n'étair pas de l'*internationalisme* cela, c'était plus fort, c'était de l'*unitéisme*.

D'ailleurs ces discussions oiseuses ne conduisent à rien ; et, en résumé, j'aime beaucoup mieux m'en tenir à l'érudition aussi savante que loyale de Benoît Malon, dont les livres seront plus tard une mine inépuisable pour ceux qui voudront étudier la filière du mouvement social à travers les âges.

Depuis Robert Owen l'idée a marché, a grandi,

elle a fait boule de neige, ce qui ne prouve en aucune façon qu'elle se soit perfectionnée et élucidée.

Robert Owen demandait modestement la réduction de la journée à *douze heures*. La chose a été réalisée depuis longtemps sans le secours d'aucune règlementation légale. Aujourd'hui ceux qui se sont appropriés l'idée primitive diraient à Owen : « Mon brave homme, vous retardez, vous n'êtes plus dans le mouvement, ce n'est pas la journée de douze heures que nous voulons, c'est la journée de huit heures et même autre chose avec. »

La différence n'est pas mince et sans être trop curieux, il est permis de se demander, qui a tort et qui a raison — Robert Owen était un philanthrope comme on n'en voit pas tous les jours. Riche de sept à huit millions. il les a généreusement sacrifiés à son œuvre. Certes, beaucoup de ceux, qui se posent en amis du prolétaire, y regarderaient à deux fois avant de se lancer dans cette danse des millions, et de se ruiner consciencieusement en philanthropie, sans regarder au prix.

Robert Owen n'était pas seulement un philanthrope, c'était encore un industriel consommé, qui connaissait la manufacture dans ses plus profonds détails. Il en était de même de Dollfus dont la compétence en matière de travail ne peut être mise en doute.

Or, si ces deux hommes qui avaient vécu avec les ouvriers, qui les avaient constamment suivis et vus à l'œuvre ; si ces deux hommes réclamaient une journée de douze heures, c'est donc qu'ils jugeaient que cette journée n'était pas exagérée, sans quoi, ils auraient tout aussi aisément demandé dix heures ou huit heures. Et les docteurs Elége-

mann et Maresca, ils devaient bien s'y connaître
un peu, eux aussi, ne fut-ce que pour déterminer
le point précis où doit s'arrêter le fonctionnement
des muscles humains. Si tous étaient d'accord sur
le chiffre de douze heures, c'est qu'ils le croyaient
bon. A moins qu'on ne suppose que la génération
de cette époque ait été plus solidement bâtie
et plus ardente à l'ouvrage que nos générations
actuelles, ce qui après tout, est fort possible ; ou
bien encore, qu'on ait trouvé depuis, des raisons
suffisantes pour préférer le chiffre de huit heures.

Tout cela est bon à savoir et c'est vers ce but
que tendra constamment cette étude.

Voyons d'abord la situation.

Ce qu'on a appelé la règlementation du travail
est incontestablement à l'ordre du jour, et il faudra se décider à en sortir, bon gré mal gré. Le
mieux, serait sans doute, de l'aborder de front,
sans prévention d'aucune sorte et de voir ce qu'il
y a au fond.

En attendant, les polémiques vont leur train
sans prouver grand'chose.

Quand on lit tout ce qui s'imprime à ce sujet,
il paraît tout d'abord évident que beaucoup en
parlent à tort et à travers, sans être bien ferrés
sur la question et, surtout, sans tenir assez compte
des conséquences qu'on en peut tirer.

Bien sûr, tout le monde ne peut être d'accord,
mais dans l'espèce, il serait bon de faire appel à la
raison et c'est, malheureusement, plutôt l'esprit
sectaire et l'intérêt qui dominent un peu partout.
Les uns voient dans l'intervention de la loi un
renversement économique qui met leurs intérêts
en péril. A défaut d'autres motifs, ils expliquent
leurs répugnances sur ce fait, que la revendication

est conduite par les groupes socialistes. On sait que dans un certain monde, le socialisme a tou·jours joué le rôle d'épouvantail. Il est juste aussi de convenir, que le ton comminatoire des révolutionnaires n'est pas non plus de nature à rassurer les timorés.

D'autre part, les rescrits de l'empereur d'Allemagne (une surprise qu'on n'attendait guère) ont fait entrer la question de force dans le monde gouvernemental, lequel n'ouvre pas facilement la porte aux idées nouvelles et qui, tout naturellement, n'avait pas daigné jusqu'alors s'occuper de celle-ci, les économistes officiels l'ayant déclarée insoluble.

Ça n'ira peut-être pas plus loin ; mais il n'en est pas moins vrai, qu'en voulant supplanter la Suisse et faire de l'humanitarisme, sa majesté Guillaume II a réveillé les dormeurs par un coup de tam-tam qui n'est pas absolument du goût de tout le monde.

Penser, comme cela a été dit, que l'Empereur sous l'impulsion de son professeur Hinzpeter, a été touché de la grâce démocratique et qu'il est devenu socialiste militant, serait aller trop loin et faire preuve d'une étrange ingénuité, Guillaume II, comme tous ceux qui combattent pour ou contre, s'occupe de la question, non pas pour recueillir une popularité dont il n'a que faire, non pas, pour mériter les surnoms de *père des travailleurs* et de *roi des gueux* qu'on lui a prématurément octroyés ; il s'en occupe, par cette raison qui résume toutes les autres, c'est qu'il croit y être intéressé. Nous verrons pourquoi tout à l'heure.

Rappelons-nous qu'en affaires économiques, ce qui guide les hommes, c'est l'intérêt. — Il serait

plus juste de dire qu'en toutes choses le suprême
mobile est ce que Fourier a appelé l'*attraction
passionnelle*, dont l'intérêt n'est qu'une manifestation particulière.

Je sais bien que cette nouvelle évocation fourié-
riste va faire hausser les épaules à beaucoup de
gens, parceque Fourier est démodé, et que la plupart de ceux qui en parlent ne le connaissent que
par le côté fantaisiste de son organisation en pha-
lanstère qu'on suppose être du communisme ; ou
par le sans façon avec lequel il déshabille le cœur
humain, ce qu'on prend pour de l'immoralité. (1)

Il n'en est pas moins certain, qu'aucun philosophe n'a su mieux classer et analyser les impulsions
humaines, et qu'il est sur ce point infiniment supérieur à Auguste Comte, fort en faveur aujourd'hui.

Que l'attraction passionnelle, ou plus simplement la passion, ait des effets bienfaisants ou nui-
sibles selon la ligne de sa direction, c'est indéniable ;
mais, c'est là un fait du domaine de la philosophie
pure dont nous n'avons pas à nous occuper ici.
Je souligne seulement ceci, dont on a l'habitude de
ne pas assez tenir compte, c'est que la passion
est un sentiment exclusivement individualiste.
Notez que je m'abstiens de juger et laisse à chacun
sa liberté d'appréciation, sans prétendre y substituer
la mienne ; je ne blâme ni n'approuve, je constate
et je conclus que la passion n'a pas d'autre base
qu'un immense épanouissement de l'égoïsme.

Quoi qu'en aient dit de tout temps les moralistes, il en a été ainsi depuis la formation des sociétés

---

(1) Trois choses ont surtout nui à Fourier dans les milieux
démocratiques : c'est que la forme du gouvernement lui importait peu et qu'il ne considérait pas comme obligatoire la forme
républicaine ; ensuite il flagellait vigoureusement les révolutionnaires ; enfin il était déiste.

et il est fort probable qu'il en était de même auparavant ; il y a donc peu de raisons, pour supposer que les hommes de nos jours aient acquis assez de perfection, pour qu'il en soit autrement.

Les moralistes ont prêché dans le désert et l'événement a toujours été diamétralement le contraire de leurs leçons et de leurs doctrines. Les hommes se sont civilisés, les mœurs se sont adoucies, mais l'égoïsme n'a pas reculé d'une semelle.

L'histoire nous démontre au contraire, que, loin de s'affaiblir, l'individualisme croît en raison directe de l'intelligence, et que plus les esprits sont aptes à développer d'idées, plus ils s'appliquent à multiplier les ressources pour cultiver cet individualisme.— Par extension, les nations les plus civilisées sont celles où l'on voit l'égoïsme régner le mieux en maître absolu, exemple : l'Angleterre, l'Amérique du Nord, l'Allemagne.

En raison de ses instincts chevaleresques, la France a paru jusqu'ici une de ces exceptions qu'on est convenu de considérer comme confirmant la règle ; aussi, avons-nous la réputation de fous et de donquichottes.

Entre nous, je crois que la réputation est usurpée et que nous valons juste autant que les autres. Mais il me faut glisser sur cette incidente qui nous entraînerait trop loin.

Je viens de marcher un peu à l'étourdie, dans les plates-bandes des braves gens qui ont pris pour dada l'altruisme et le dévouement au prochain ; je dois m'en tenir là, et remettre à plus tard la tâche si facile de démontrer, preuves en main, que l'altruisme n'est en réalité qu'une forme amplifiée de l'égoïsme.

Quoi qu'il en soit, ceux-là qui critiqueront le plus ma généralisation individualiste, devront néanmoins admettre, ce qui crêve les yeux dans le mouvement que nous étudions sur la règlementation du travail, c'est que l'intérêt personnel y tient la place prépondérante, aussi bien dans le pour que dans le contre. Voyons donc un peu quelles suppositions probables on peut faire, pour deviner les pensées de derrière la tête qui agitent les intéressés directs, c'est-à-dire les gouvernements, les patrons, les ouvriers et les intéressés indirects, les meneurs, les chefs de sectes et les politiciens de toutes couleurs qui se sont attelés à la question, et qui font, à eux seuls, plus de bruit que tous les autres ensemble.

Des gouvernements, nous admettrons avec les optimistes, qu'ils ne demanderaient pas mieux que de voir leurs gouvernés heureux et contents. — C'est un désir tout platonique qui ne leur coûte pas beaucoup. — Mais convenons en même temps que tout se borne à peu près là, et qu'on n'en voit guère qui soient disposés à sacrifier à ce beau sentiment le moindre de leurs privilèges.

Guillaume II, et les autres avec lui, songent certainement, *in petto*, que l'agitation qui depuis quelques années, remue les masses profondes, devient menaçante et qu'il est nécessaire de faire au plus vite quelque chose, si on ne veut se trouver un beau jour acculé à la nécessité d'une formidable répression.

Cette répression, ils n'hésiteront pas à la faire, s'ils ne voient pas d'autre issue. On pourrait même avancer, sans trop de témérité, que certains ne seraient que médiocrement mécontents d'en finir par un grand coup, qui leur donnerait une vingtaine d'années de tranquillité ; cependant, avant de se décider à « *tirer dans le tas* » ils ne seraient pas fâchés de mettre, ne fût-ce que par pudeur, une apparence de droit de leur côté, afin de pouvoir dire qu'avant de mitrailler les gens, en vue d'assurer l'ordre, ils ont fait tout ce que peuvent faire des gouvernements qui se respectent, pour amener la conciliation et la paix. Et puis, par le temps qui court, les trônes sont peu solides et on ne sait jamais, si ce qui commence en insurrection ne finira pas en révolution.

De leur côté, les patrons, qui tiennent le bon bout de la corde économique, prévoient avec plus ou moins de raison, qu'il ne peut sortir, pour eux, dans tout cela, qu'une diminution sensible de leurs profits ordinaires, et ils protestent énergiquement en faveur du « *statu quo* ». Nous pèserons tout à l'heure le bien ou mal fondé de ces diverses opinions.

Quant aux ouvriers d'industrie, qui sont plus intéressés dans la cause et qui sont à la tête du mouvement, ils restent ce qu'ils ont toujours été : des moutons de Panurge. Les doctrines, ils ne cherchent guère à se les assimiler, c'est une opération laborieuse dont ils se sentent incapables ; ils les personnifient dans les hommes dont ils subissent l'ascendant. — Cela leur suffit.

Ils ne sont pas communistes, collectivistes ou radicaux ; ils sont Guesdistes, Marxistes, Allemanistes, Clémencistes, etc.

En tout temps, ils se sont emballés sur de grands mots, ou des phrases ronflantes qu'ils ne comprennent pas toujours ; ils continuent aujourd'hui les même errements : c'est dans l'ordre.

Cela ne prouve pas qu'ils soient inintelligents.

tant s'en faut ; cela prouve qu'ils sont ignorants et qu'ils n'ont pas le temps d'apprendre.

Le plus dangereux dans ces sortes de conflits, c'est qu'ils y vont de leur va-tout, c'est-à-dire de leur peau.

Ils brûlent de la foi ardente qui remue les montagnes ; mais cette foi aboutit aussi à se faire casser la tête ; c'est pourquoi les meneurs assument sur eux une effrayante responsabilité.

Beaucoup de ceux-là sont certainement de bonne foi et croient fermement, non pas que c'est arrivé, mais que ça va arriver.

Je n'en dis rien, car toutes les convictions sincères sont respectables.

Mais il y a malheureusement à côté d'eux, et souvent avant eux, des coureurs de popularité qui ne cherchent qu'à se placer en évidence, quitte à disparaître lorsque les horions commencent à pleuvoir. Leur objectif ce n'est pas la réglementation du travail, qui ne les touche pas par la raison qu'ils ne savent pas ce que c'est que de travailler ; leur objectif c'est de pêcher quelque chose dans cette eau trouble. — Dam ! on ne sait pas ce qui peut arriver, et un siège de député ou de sénateur est toujours bon à prendre. — La chose s'est déjà vue.

A ceux qui me reprocheraient d'enserrer trop étroitement l'idée dans un cercle infranchissable tracé par la passion, je répondrai : « Trouvez-moi donc autre chose. »

Quand on voit un autoritaire de la trempe du Hohenzollern qui gouverne l'Allemagne, des hommes de dévouement comme Benoît Malon ou César de Paëpe, qu'on peut considérer à bon droit comme le dessus du panier socialiste, des catholiques comme MM. de Mun et de la Tour du Pin Chambly, des révolutionnaires, des anarchistes, des politiciens de tout poil, que tout le monde connaît et dont je tais les noms, par respect pour le lecteur et pour moi-même ; quand on voit tous ces gens suivre une même voie, il n'est pas nécessaire d'être grand psychologue, pour s'expliquer que chacun d'eux est conduit par un mobile différent. Si la passion domine chez tous, cette passion affecte des formes diverses : chez l'un, c'est la stabilité du trône ; chez ceux-ci, c'est l'avènement du socialisme ; chez ceux-là, c'est l'église prenant en main la cause des humbles et des déshérités ; pour le reste, c'est l'intérêt personnel et l'assouvissement d'appétits souvent inavouables. Si j'ai insisté un peu longuement sur ce côté purement psychologique de notre sujet, ce n'est pas pour le stérile plaisir d'avocasser autour d'une incidente. Je l'ai fait avec intention et on verra que cette attraction passionnelle, qui semble s'être faufilée là en contrebande, nous sera d'une très grande utilité, pour démêler sûrement les véritables sentiments des diverses couches sociales qui se trouvent en cause.

Ceci préalablement établi, nous allons attaquer résolument la question sous toutes ses faces, la retourner dans tous les sens, la disséquer pour ainsi dire par des dichotomies infinitésimales ; en procédant ainsi avec bonne foi, sans parti-pris, sans autre désir que de trouver la vérité ; il serait bien étonnant que des matériaux ainsi préparés, ne nous conduisissent pas à formuler des conclusions exactes.

CHAPITRE II

LE TRAVAIL ET SES SUBDIVISIONS

SOMMAIRE. — L'intervention de l'Etat. — Que faudrait-il entendre par législation internationale du travail ? — Indépendance du travail cérébral. — Le travail matériel et ses subdivisions. — Travail agricole, industriel, des transports, du commerce. — Toutes ces catégories sont également nécessaires et doivent avoir les mêmes droits. — Sur quoi devrait porter la réglementation.— La question scindée. — On ne s'occupera que des ouvriers d'industrie. — Pourquoi ? — En France la population ouvrière agricole est le double de la population ouvrière industrielle. — La production agricole comparée à la production industrielle. — Choix illogique. — La question se réduit actuellement aux troit-huit.

A quoi bon le dissimuler, de son vrai nom la réglementation du travail s'appelle intervention de l'Etat.

C'est un grand déplaisir pour les employeurs et une grande mortification pour les apôtres du *laisser-faire*, mais on ne règlemente pas, sans prendre ses précautions pour être obéi. Réglementation, surveillance, contrôle, sanction pénale, tout cela se tient, se lie, ne fait qu'un ; et, tout cela implique nécessairement l'immixion active de l'Etat dans les choses économiques.

Les économistes libéraux se trouvent là, j'en conviens, en assez fâcheuse posture.

Quand, de tout temps, on a déclaré « *ex cathedra* » que la meilleure manière d'organiser le travail, était de le laisser se débrouiller tout seul ; que patrons et ouvriers ne demandaient rien autre chose, que de s'arranger ensemble en toute liberté ;

il est dur de s'entendre dire qu'on a mal vu et qu'on s'est trompé.

C'est cependant comme cela ; une des parties en cause, la plus nombreuse, fait rage auprès des gouvernants, pour qu'on mette des lisières à cette liberté, qui a le tort grave à ses yeux, de ne pas savoir marcher droit toute seule.

A tort ou à raison, le travailleur est comme la femme de Sganarelle qui voulait être battue ; il veut, lui, être règlementé. — Chacun son goût.

Déjà précédemment, les partisans de l'abstention gouvernementale avaient dû se résigner, à accepter des mesures de protection concernant les femmes et les enfants.

Il est vrai que c'était bien à contre-cœur, et qu'ils y avaient mis la plus mauvaise grâce du monde. — Cependant leur libéralisme officiel n'était en cela que fort légèrement chiffonné ; on ne sortait pas des grandes lignes du code civil ; la femme et l'enfant étant considérés comme des mineurs, incapables de se défendre eux-mêmes.

Mais, voilà qu'on ne se contente plus de cela ; on s'attaque au travail des adultes, on porte une main sacrilège sur le louage d'ouvrage, ce vénérable carosse où le patronat roulait si tranquillement, bien sûr que l'attelage suivrait, sans déviation possible, la profonde ornière que les législateurs avaient eux-mêmes creusée !

Les femmes et les enfants, passe encore, puisqu'on peut invoquer en leur faveur, une sollicitude qu'on met au compte de l'intérêt national; mais les adultes, est-ce qu'ils ne sont pas émancipés ? — Mais ce contrat de louage d'ouvrage, est-ce qu'il n'est pas librement consenti ? —

La couleuvre parait, à l'économie politique officielle, singulièrement difficile à avaler; aussi, on peut déjà prévoir qu'il y aura du tirage de son côté.

Quoiqu'il en soit, et malgré les répugnances et les mauvaises volontés, l'intervention de l'Etat est à l'ordre du jour et il faudra bien l'aborder. Bien mieux, il ne s'agit plus seulement aujourd'hui pour les gouvernements de légiférer, tant bien que mal, chacun chez soi ; il s'agit de s'entendre, de marcher avec ensemble ; enfin, de faire de l'internationalisme. — La chose est-elle facile, a-t-on pris le bon chemin pour y arriver ? — « *Chi lo sa ?* »

Commençons toujours par préciser les termes et bien nous entendre sur les mots.

Que faut-il entendre par « législation internationale du travail » ?

Prise dans sa plus large acception, l'expression « *travail* » embrasse toutes les branches de l'activité humaine.

Si c'est cela qu'on a la prétention de règlementer dans sa totalité, l'entreprise est vaste et ce n'est pas une petite besogne.

En bonne logique, c'est cependant ce résultat qu'il faudrait atteindre, à moins qu'on n'arrive à constater d'une manière pertinente que, dans certaines catégories de travail, la règlementation est inutile et superflue ; et, que le « *laisser faire* » qui est un fléau sur tel ou tel point, est complètement inoffensif sur tel ou tel autre.

Rendons-nous compte du fait en passant une revue des différentes subdivisions du travail.

Il y a d'abord — et je n'en parle que pour mémoire — une branche de travail qui, par essence, restera toujours rebelle à toute espèce de restriction et conservera, envers et contre tous, sa liberté d'allure : c'est le travail intellectuel sous toutes ses

formes : scientifiques, artistiques ou littéraires, —
Jamais, au grand jamais, on ne s'avisera, n'est-ce
pas, de vouloir règlementer l'intelligence, l'inspi-
ration, le génie. Cependant, s'il était possible que
les travailleurs de l'esprit fussent, aussi bien que
les autres, protégés contre l'exploitation et pussent jouir du fruit de leur travail, l'idée, ce me
semble, ne paraîtrait pas trop saugrenue et aurait
quelque chance d'être bien accueillie par les prolétaires de la plume ou du pinceau, qui n'ont pas
pour habitude de rouler sur l'or.

— Mais, passons.

Le travail cérébral étant éliminé, nous n'avons
plus devant nous que le travail matériel, qui a
pour mission de transformer en richesses palpa-
bles, les combinaisons, les conceptions, les inven-
tions du travail intellectuel. Le travail intellectuel
formule, le travail matériel exécute. — C'est ce
travail matériel que l'économie politique appelle le
travail de production, auxquels sont liées indisso-
lublement les questions d'échange, de répartition
et de consommation.

Sur ce mouvement, qui constitue la vie des nations, on a échafaudé une science qu'on a eu soin
d'embroussailler de difficultés et d'obscurités de
toutes sortes.

Cependant, soyons justes, si l'économie politique a souvent été chercher midi à quatorze heures,
à propos des choses les plus élémentaires ; les
autres écoles, et les socialistes en tête, ont bien
su. il est vrai, faire preuve d'une certaine supériorité dans leurs critiques, mais ils n'ont pas toujours
été bien inspirés dans leurs propositions de réformes.

Tant qu'il s'agit de démolir, ça va tout seul; dès

qu'il s'agit d'édifier, les difficultés commencent.

C'est à travers ces chausses-trappes tendues de tous côtés, qn'il faut marcher pour se rendre un compte exact des questions mises aujourd'hui en discussion ; et, si l'on veut n'être pas circonvenu, par les arguments passionnés qui nous assaillent de toutes parts, il faut avoir soin de faire table rase de toute velléité de sectarisme, se garder des apparences d'une fausse science et ne baser son opinion que sur des faits parfaitement établis, que le simple bon sens suffit à juger. Ce n'est pas toujours très facile, cependant je crois que la catégorisation que je vais donner du travail et des travailleurs remplira à peu près ces conditions essentielles.

La production se subdivise en production agricole et en production industrielle. — D'où naturellement, deux sortes de travailleurs.

Les richesses produites par ces deux groupes primordiaux doivent, pour recevoir leur utilisation, être transportés sur les lieux de consommation et distribuées aux consommateurs ; ce qui est l'office de deux autres catégories de travailleurs : les travailleurs du transport et les travailleurs de la distribution, c'est-à-dire du commerce.

Il n'est pas niable, que voilà quatre classes parfaitement distinctes de travailleurs, qui sont toutes à des degrés divers, absolument indispensables à la vie sociale et qui conséquemment, ont toutes des droits égaux à la sollicitude du législateur.

Quand je parle de la vie sociale, il est bien entendu que j'ai seulement en vue la vie sociale contemporaine, car il n'y a pas à tabler pour le quart d'heure, sur les sociétés plus ou moins parfaites, que nous promettent de tous côtés les faiseurs de systèmes et les romanciers en matière sociale.

Pour être conséquente avec son titre, il faudrait donc que la législation internationale du travail réglementât, dans tout le monde civilisé, les droits et aussi les devoirs des quatre classes de travailleurs que nous venons d'énumérer.

Or, sur quels points, doit tout d'abord porter cette règlementation ?

Il n'y a pas à chercher bien loin. — Tous les travailleurs fournissant leur concours physique ou intelligent, moyennant une somme d'argent, il s'agit de veiller à ce qu'ils ne donnent de ce concours. que juste ce qu'il en faut pour l'argent qu'ils reçoivent et que, sans tricher leurs employeurs. ils soient mis également à l'abri des tricheries de ceux-ci.

On voit que le *desideratum* se formule aisément. Ça n'a l'air de rien et ça se glisse en douceur ; mais au fond, c'est beaucoup moins anodin qu'on ne pense, parceque cela se réduit en pratique, à régler le temps du travail et à régler le salaire.

A part, naturellement. ceux qui ont en poche un système économique tout neuf, complètement inédit et garanti infaillible contre toutes les maladies sociales, l'idée d'avoir à régler le travail et le salaire des ouvriers agricoles, des ouvriers d'industrie, des employés des transports et du commerce, est suffisante pour donner à penser aux plus résolus, et les obliger à y regarder à deux fois, avant de se mettre à la besogne.

Il est vrai que la question prise sous l'aspect général que je viens d'indiquer, a paru si complexe et hérissée de difficultés tellement inextricables, que les promoteurs les plus fervents de l'idée, ont vu qu'ils ne pourraient pas en sortir et qu'ils

se sont résignés à la couper en deux et même davantage.

Au lieu de vouloir régler temps et salaires, ils
se sont rabattus en désespoir de cause, sur le
temps, qui leur a semblé plus facile à résoudre ;
au lieu de réclamer une loi unique pouvant s'appliquer à toutes les classes de travailleurs, ils se
sont décidés à ne s'occuper que des ouvriers attachés à l'industrie, à l'exclusion des autres.

Si on leur demande pourquoi ceux-ci, plus tôt
que ceux-là ? ils vous répondent que dans cette
portion du prolétariat, les souffrances ont acquis
le plus d'acuité et qu'il y a urgence à courir au
plus pressé.

La raison n'est que relativement bonne. Elle est
excellente, certainement, si on considère certains
pays où prédomine le travail industriel ; mais, elle
a une valeur beaucoup moindre en ce qui concerne
les pays d'agriculture.

Je demande si, en bonne justice, il n'y aurait pas
tout autant d'urgence à améliorer un peu le sort
des « *Contadini* » italiens, des métayers d'Irlande
et des paysans roumains, qui crèvent littérale-
ment de faim ; que de réserver toute sa sollicitude,
en faveur des mineurs de Belgique ou de West-
phalie, des métallurgistes de France, d'Angleterre,
d'Amérique ou d'ailleurs, dont la misère, pour être
pitoyable, n'est véritablement pas aussi grande.

On ne peut pas tout faire à la fois, objecte-t-on.
D'accord ! mais en faisant un choix comme on l'a
fait, on nous laisse sous cette impression pénible
qu'une grande injustice est commise. Puis, ce doute
vient à l'esprit, que la question doit être mal en-
gagée et surtout mal étudiée ; puisque ceux-là
même, qui se croient le plus de compétence pour

la résoudre se contentent seulement d en aborder une portion, sans oser aller plus loin.

Nous aurons bientôt à examiner en détail les différentes conditions du travail et nous pourrons juger, s'il est vrai que la situation du prolétariat agricole soit moins intéressante, que celle du prolétariat industriel, ainsi qu'on l'a prétendu. S'il en était ainsi, il serait assez difficile de trouver quelque raison plausible pour expliquer le mouvement continu, qui, depuis plus d'un demi-siècle, porte le travailleur des champs à émigrer dans les villes et à délaisser le travail de la terre pour le travail de l'atelier. — Peut-on raisonnablement admettre, que par une espèce d'aberration incompréhensible, des gens à qui on reconnaît quelque bon sens, se hâtent à l'envi d'abandonner le mieux, pour courir au pire.

Je reviendrai sur ce point. Contentons-nous pour l'instant, de faire un dénombrement sommaire de ces deux catégories de producteurs, et de comparer leur action réciproque dans la formation des richesses.

Naturellement, nous prendrons notre exemple là où cela nous intéresse le plus, c'est-à-dire dans notre pays, et cette statistique ne manquera pas de jeter quelque lumière sur la question.

Je laisse de côté les travailleurs du Commerce et des transports qui ne concourent pas directement à la production.

Nous avons en France, familles comprises, 19 millions d'âmes qui vivent de l'agriculture, c'est-à-dire à peu près la moitié de la population totale.

Dans l'autre moitié, les travailleurs de l'industrie, familles comprises, ne comptent que pour 9 millions et demi.

D'après le rapport présenté à la Chambre par M. Méline, relativement aux lois douanières, la production agricole est annuellement de 26 milliards en moyenne, tandis que la production industrielle est à peine de moitié.

Il est facile de contrôler le résultat que je viens de donner en chiffres ronds, sur les statistiques officielles.

Or, il se trouve qu'en réclamant une législation internationale du travail, ce n'est pas la masse la plus nombreuse de travailleurs qu'on a en vue, celle qui produit le plus de richesses, celle qui est incontestablement la plus utile — non — c'est l'autre.

On nous dit : « il est impossible de toucher à l'agriculture. »

On peut répondre : « Qu'en savez-vous, et qu'est-ce qui vous autorise à croire que vous aurez plus de succès avec l'industrie ? »

Ce qui ressort de plus clair, c'est qu'à force d'éliminat ons successives, la question est allée toujours en se rapetissant. — Il n'est plus question de règlementer le travail et le salaire, — le salaire, les socialislistes en parlent bien, mais ils remettent à une autre époque, le moment de s'en occuper,

Pour tous actuellement, ce qu'on a appelé si pompeusement la législation du travail, se réduit à une question d'heures. Ce qu'on demande, c'est la journée de huit heures, les trois-huit ; huit heures de travail, huit heures de repos, huit heures de loisir,

Il semblerait, à entendre les agitateurs que la question sociale va être résolue par cela seul qu'on aura donné par jour à l'ouvrier, non pas quelques francs de plus, mais quelques heures qu'il ne lui sera pas loisible de convertir en monnaie, qui est cependant la chose dont il a le plus besoin.

Comme en somme, ce mouvement n'est pas provoqué uniquement par des fous échappés de Charenton, et que les chefs de file, pour être un peu plus ou un peu moins révolutionnaires, ne sont pas tous pour cela des imbéciles, il faut bien qu'il y ait derrière les huit heures, autre chose dont on ne parle pas et que nous allons essayer de deviner.

CHAPITRE III

POURQUOI HUIT HEURES?

SOMMAIRE. — Pourquoi huit heures? — Peut-on prouver que la production sera suffisante? — M. Ward et Franklin. — La journée de huit heures en Amérique. — Calculs de M. Guesde. — Ils aboutissent à une journée de cinq heures 44 minutes. — Erreur de M. Guesde. — Son calcul rectifié aboutirait à une journée de neuf heures 10 minutes. — Danger des faux points de départ. — Les députés socialistes du Reichstag Allemand. — La méthode des étapes successives. — La journée normale. — Opinion de César de Paepe. — La vraie règlementation. — Défaut de la loi des huit heures.

Reprenons la question précédemment posée.

Pourquoi huit heures comme limite légale de la journée? — Pourquoi une règlementation s'appliquant seulement au travail industriel, à l'exclusion de tout autre?

Ce n'est pas faire montre d'une curiosité intempestive et déplacée, que de désirer quelques renseignements véridiques à ce sujet; et, je crois même, que parmi ceux qui mettent le plus d'ardeur à réclamer les trois-huit, il y en a plus d'un qui, fort embarrassé d'en expliquer le pourquoi, ne serait certainement pas fâché d'être édifié complètement sur la valeur d'une opinion qu'il a reçue toute faite et souvent sans grand examen.

Il est bien évident, par exemple, que parmi les ouvriers d'industrie, les plus intéressés à la chose, beaucoup y voient simplement une diminution dans la longueur de leur journée; diminution qui n'est pas pour leur déplaire. Mais, quant à examiner si cet avantage ne sera pas contrebalancé par quelques graves inconvénients, aucun d'eux ne s'en préoccupe et n'est véritablement apte à le juger.

J'ajouterais volontiers, que les meneurs ne semblent pas s'en préoccuper davantage, et, qu'à les entendre, ils paraissent beaucoup moins ferrés en déductions pratiques, qu'en déclamations tapageuses.

Pour proclamer d'un ton si péremptoire, que, dans le monde industriel, les patrons auront personnellement la liberté grande de travailler eux-mêmes autant qu'ils le voudront ; mais, qu'il leur sera expressément défendu de demander plus de huit heures de travail à leur personnel, il faudrait avoir des raisons à offrir, dont la validité fût hors de toute espèce de doute.

Certes, il est fort agréable de donner à la peine le moins de temps possible, mais encore faut-il que le résultat réponde à cette économie. On a précisé un chiffre d'une manière absolument affirmative pour limiter la journée, il faut maintenant, nous prouver que ce chiffre pourra répondre aux besoins de la production, ou plutôt de la consommation.

A-t-on fait pour s'en assurer, une supputation, au moins approximative, de la somme de produits que pourront fabriquer en trois cents journées de huit heures, la masse des ouvriers industriels ?

A-t-on, ensuite, examiné si cette somme de produits répondait largement à la consommation ordinaire, en tenant, bien entendu, compte de toutes les éventualités ?

Si ce travail a été fait, qu'on nous le montre.

Mais on ne nous le montrera pas corroboré par de sérieux documents statistiques, par cette raison majeure que la statistique actuelle, qui nous donne souvent des moyennes dont nous n'avons que faire, est la plupart du temps, complètement muette sur certains renseignements, qui permettraient d'établir la situation économique d'un pays, avec autant de facilité qu'un industriel se rend compte des détails de son industrie.

Veut-on savoir, qui le premier a dit que huit heures de travail étaient suffisantes pour répondre à tous les besoins de la consommation, et même au-delà ?

Ce fut M. Ward, vice-président des Etats-Unis de l'Amérique du Nord.

Pour se mettre d'accord avec lui-même, il proposa, en 1864, d'appliquer cette limitation de la journée à tous les ateliers de l'Etat. — Ce qui fut fait.

Remarquons que ceci se passait il y a vingt-sept ans et que le vice-président ne s'occupait que du travail des Etats-Unis, en vue de la consommation des Etats-Unis.

C'était en quelque sorte une affaire à régler en famille.

Pourtant, il n'est pas du tout certain que la situation soit aujourd'hui la même qu'en 1864, et que la mesure, qui était et qui est peut-être encore applicable en Amérique, puisse s'adapter aujourdh'ui avec facilité, aux conditions économiques des nations européennes.

On a beau dire que tout progrès industriel se répand partout où il y a de l'industrie ; c'est juste, mais il ne faut pas oublier non plus, que tout progrès nécessite une dépense qui n'est pas à la portée de tous ; il est très vrai que partout où il y a progrès, on suit de l'œil ce progrès. Les expositions sont là pour le prouver, mais quant à l'appliquer simultanémenc, c'est une auʒre affaire ; il y a des inégalités de ressources entre les nations, comme il y en a entre les individus, et toutes n'ont pas constamment à leur disposition, des moyens snffisants pour se tenir au premier rang.

En prenant au pied de la lettre la déclaration de M. Ward, on serait tenté de faire ce raisonnement *a priori* : « Si, seulement depuis vingt-sept ans, il est exact que les ouvriers industriels d'Europe et d'Amérique, aient travaillllé quatre heures de trop par jour, c'est-à-dire un tiers de la journée en plus du temps nécessaire à la production normale, il en résulte que nous devons avoir en ce moment, une accumulation de produits assez considérable pour alimenter les besoins pendant neuf années. »

Le raisonnement en lui-même est logique, mais je ne veux pas m'en servir ; car nous verrons bientôt que ce serait envisager la question sous un aspect trop simpliste, et qu'il existe des causes nombreuses pour qu'il n'en soit pas ainsi.

Revenons à M. Ward, qui, en bon Yankee, avait trop la pratique des affaires, pour prendre sous son bonnet une proposition aussi grosse de conséquences. Admettons, ce qui n'est pas douteux, qu'il ait été parfaitement convaincu ; mais sa conviction n'était certainement pas à elle seule de force à entraîner ses compatriotes, il comprit que pour la faire passer, il fallait encore autre chose, il invoqua donc l'autorité d'un homme, dont le souvenir a toujours fait avec juste raison l'orgueil des Américains

Cet homme c'était Benjamin Franklin.

Frappé des progrès merveilleux de la science et du machinisme, Franklin avait prédit qu'un temps viendrait où la perfection mécanique serait telle, que quatre heures de travail par jour suffiraient amplement à la production. M. Ward, en homme prudent, réfléchit vraisemblablement, que le temps prédit par Franklin, n'était peut-être pas encore tout à fait arrivé et dut se dire : « Au lieu de quatre heures, mettons-en huit et, nous serons sûrs de n'avoir pas de mécomptes. »

Ainsi fut fait, la proposition Ward fut adoptée, et la journée de huit heures fut appliquée aux ateliers de l'Etat.

Mais, si l'Etat Américain se contente de huit heures — huit heures qu'ils payent pour ce qu'elles valent, car l'Etat Américain est trop pratique pour jeter ses dollars par la fenêtre — les industriels particuliers n'entendirent pas de cette oreille-là, et ce n'est que forcés et contraints par des grèves, ou par d'autres circonstances, qu'ils en arrivèrent successivement au chiffre actuel, qui varie entre huit et dix heures. Du reste, à part les ateliers de la Confédération où la journée est légalement de huit heures, les ateliers des autres Etats sont soumis à des règlements particuliers à chacun d'eux, et conséquemment variables. — Inutile de remarquer que de l'aveu de tous, ces réglements ne sont pas, ou sont mal exécutés.

M. Guesde, qui s'est fait une réputation par la virulence de sa polémique contre le capitalisme et la bourgeoisie, a voulu, lui aussi, démontrer qu'on pouvait être tout à la fois un calculateur émérite, aussi bien qu'un ultra-révolutionnaire farouche et un irréductible marxiste. Se basant sur la théorie du travail non payé, il calcule, avec chiffres à l'appui, le temps que doit durer la journée normale de travail.

— « Les enquêtes industrielles, dit-il, nous

apprennent que dans la France actuelle, la production madufacturière se monte à 7 milliards 130 millions. La matière première et le combustible entrent dans ce total pour 5 milliards 136 millions (1) ; la différence qui est de 1 milliard 994 millions constitue la plus-value acquise par la matière transformée par le travail. — Cette plus-value se répartit ainsi : 980 millions de salaires et 1 milliard 14 millions de profits ou dividendes. »

Qu'elle est la conclusion tirée par M. Guesde des chiffres qu'il vient de nous donner ?

Elle est simple et je dois le dire rigoureusement mathématique.

Il prend pour point de départ la journée moyenne de douze heures ; et la divisant porportionnellement aux chiffres des salaires et des profits, il constate que 1 milliard 14 millions de profits représentent le travail de 6 heures 6 minutes et que les 980 millions de salaires n'équivalent qu'à 5 heures 44 minutes.

D'où ces déductions rigoureusement conformes au système de Karl Marx : « Le Capitaliste extorque au travailleur 6 heures 6 minutes de travail, qu'il ne lui paie pas.»

D'où encore ceci : la journée doit être diminuée de tout le temps qui n'est pas payé.

A ce compte la journée normale devrait être de 5 heures 44 minutes.

D'après les chiffres de M. Guesde, il s'ensuivrait que la moyenne des bénéfices réalisés par les industriels serait de 14 francs 22 pour cent, ce qui est, en effet, un assez joli taux. Seulement, pour

---

(1) Ces chiffres sont tirés du livre de M. Menier — l'*Impôt sur le capital* — ou du moins aux mêmes sources.

que le calcul soit irréprochable, il aurait fallu déduire de la plus-value, autre chose encore que le coût de la matière et du combustible, il aurait fallu encore déduire les frais généraux.

M. Guesde a tablé sur des bénéfices bruts, au lieu de tabler sur les bénéfices nets, qui sont seuls intéressants et dont l'introduction dans les données du calcul, en change singulièrement le résultat.

Rendons à César ce qui appartient à César; c'est M. Paul Leroy-Beaulieu qui le premier a relevé cette erreur, certainement involontaire. D'après cet économiste, si on avait tenu compte des frais généraux, les profits auraient pu se réduire de moitié, ou peut-être des trois quarts, ce qui diminue assez notablement l'extorsion reprochée au capitalisme.

Je ne veux pas abuser des chiffres; mais, en supposant que les frais généraux représentent en moyenne dix pour cent du prix de vente, il est facile de calculer que le bénéfice net descend à 301 millions, et qu'en divisant comme précédemment ce bénéfice et les salaires proportionnellement à la journée de 12 heures, on trouve la répartition suivante: 9 heures 11 minutes de travail payé et 2 heures 49 minutes de travail non payé.

Remarquez qu'en prenant le 10 pour cent du prix de vente, comme représentation des frais généraux, j'ai pris un chiffre qui au lieu d'être exagéré, est plutôt notoirement inférieur à la réalité.

Or, en procédant selon la méthode de M. Guesde, nous aurions pour durée de la journée normale 9 heures 11 minutes nécessairement obligatoires, pour compenser la somme des salaires payés.

De plus, M. Guesde semble oublier que tous

les salaires ne sont pas payés à la journée ; mais que beaucoup sont évalués par la quantité de travail accompli ; et, ce genre de travail n'a rien à voir avec une réglementation quelconque, puisque c'est l'ouvrier qui règle son temps lui-même. Dans ce cas, on ne peut pas accuser l'employeur de bénéficier d'heures de travail non payées. tout ce qu'on pourrait objecter, c'est que ce travail n'est pas payé assez cher ; alors nous rentrons dans la question des salaires qui a été distraite de la question de temps.

Il en est de même pour ceux qui sont payés à l'heure. Comment le patron pourrait-il s'y prendre pour extorquer une fraction quelconque du temps de son ouvrier, quand c'est la pendule qui sert de contrôleur ?

Qu'est-ce que cela prouve, c'est que tout en sachant parfaitement calculer, M. Guesde est arrivé à un résultat complètement faux.— Cette erreur serait par elle-même de peu d'importance, l'erreur étant chose trop fréquente et trop commune pour qu'on s'en étonne — le malheur est que si un écrivain d'une certaine notoriété commet quelque bourde de ce genre, il y a toujours derrière lui, des gens prêts à lui emboîter le pas et à prendre, par ignorance ou par paresse, tous ses calculs comme exacts ; et, c'est ainsi que les paradoxes se font et se répandent.

Cette manière d'étayer toute une série de déductions sur le chiffre global des bénéfices réalisés par les entrepreneurs, a quelque chose de si paradoxal, que je m'étonne grandement qu'elle ait pu obtenir quelque crédit auprès des socialistes sérieux. Ces bénéfices, en effet, sont essentiellement variables, il peut arriver et il arrive souvent, qu'une crise, une guerre, un fléau quelconque réduise dans une proportion considérable la masse générale des profits capitalistes ; et cela sans que la journée de travail ait varié. Alors, l'évaluation proportionnelle du temps non payé, au lieu de rester fixe, oscille selon les variations des évènements ; et, il peut arriver que, d'après cette méthode d'appliquer la théorie marxiste, dans telle année le patronat ayant fait d'énormes bénéfices, pourra être qualifié d'ignoble exploiteur de l'ouvrier ; et que dans telle autre année, quoique aucun changement n'ait été apporté dans le temps de travail, les profits ayant cependant considérablement baissé, le même acte qui était considéré comme un méfait extraordinaire du patronat, ne pourra plus être considéré, chiffres en main, que comme une petite gratte bien anodine, trop vénielle pour mériter les foudres d'une excommunication majeure.

Il est juste de reconnaitre que tous les socialistes n'ont pas été dévorés de la même ardeur calculatrice ; et qu'au lieu de faire des mathématiques appliquées à la sociologie, pour appuyer une conclusion révolutionnaire, il y en a qui se sont contentés de chercher un moyen pratique, reconnaissant ainsi, qu'il y avait lieu de tenir compte de la nécessité de procéder sans secousses, par voie de temporisation graduée.

Je suis fâché d'avoir à constater, que cet exemple de bon-sens nous a été donné par une nation qui est loin d'être notre camarade, et que de notre côté, nous n'aimons guère, par suite de cette absurde obligation qui rend les peuples solidaires des sottises de leurs gouvernements. On comprend que c'est de l'Allemagne que je veux parler.

En effet, le groupe des députés socialistes du Reichstag a déposé en mai 1890, un projet de loi demandant bien qu'on fixât la journée normale de l'ouvrier à huit heures ; mais en espaçant la réforme par trois étapes successives. On commencerait d'abord par le chiffre de dix heures, qu'on réduirait ensuite à neuf, pour arriver en fin de compte à celui de huit heures, qui est le mot d'ordre du mouvement actuel. (1)

On dira ce qu'on voudra, mais il me semble que cette méthode en vaut bien une autre et que, malgré son apparence de lenteur, elle aurait chance d'être la plus expéditive.

Les députés socialistes Allemands semblent dire : « Ne nous pressons pas, procédons par ordre, il n'y a pas péril imminent en la demeure et nous devons prendre notre temps pour ne marcher que pas à pas, dans cette épineuse expérimentation. »

« *Chi va piano, va sano.* »

Les Allemands ont peut-être raison et me paraissent en cette circonstance, être beaucoup mieux avisés que nos brûle-tout de révolutionnaires.

Raisonnons un peu. — Peut-on voir dans la série d'observations que je viens de rapporter, des motifs suffisants pour justifier ce choix de huit heures, qui est considéré comme devant servir de limite, à ce qu'on appelle la journée normale de travail ?

La journée normale, encore un de ces mots tous faits, qu'on s'en va répétant partout, sans se rendre compte que l'idée de journée normale exclut positivement l'idée de journée uniforme. Ici, je

(1 Les députés socialistes Allemands ont en Avril 1891, renouvelé leur proposition demandant la journée de 10 heures immédiatement, celle de 9 heures à partir de 1891 et celle de 8 heures à partir de 1898.

vais opposer aux affirmations de certains socialistes, l'affirmation contraire d'un autre socialiste,
dont les sentiments démocratiques ne peuvent
être suspectés, César de Paëpe. — César de Paëpe
a très bien compris que cette uniformité de journée était aussi absurde qu'impraticable et, avec sa
parfaite honnêteté, il n'a pas hésité à le déclarer.

« Je sais bien, disait-il, dans les conférences
qu'il donna à Bruxelles en 1880, conférences qui
ont été résumées par le *Moniteur Industriel* de
Paris, le 18 août 1881 : « Je sais bien que cette
fixation de la journée de travail, ne peut pas être
uniforme dans tous les pays, parce qu'il y a des
conditions différentes : le climat, par exemple ;
mais, ce à quoi il faudrait arriver, c'est à fixer un
maximum d'heures de travail par jour, une limite
au-delà de laquelle il est reconnu, que l'on ne dépense pas les forces de l'ouvrier sans risquer de
l'épuiser. »

N'est-ce pas que c'est bien et largement pensé ?
César de Paëpe, en savant hygiéniste et en philanthrope convaincu, s'occupe d'abord de l'individu,
avant de rechercher, s'il y aura ou non répercussion sur la masse ; pour lui, la condition essentielle, c'est qu'il ne faut pas qu'un ouvrier quel
qu'il soit, dépense au travail plus de force vitale
qu'il n'en peut donner, sans que son organisme
en souffre.

Eh bien ! mais la voilà la journée normale ; et
la question ainsi posée est autrement intéressante
que celle de savoir, s'il faut de par la loi s'atteler
à la tâche à telle heure, pour finir à telle autre
heure,

Je sais très bien qu'on objectera : « Mais c'est
là ce que tous nous voulons, nous avons cherché

une moyenne de temps qui remplisse ce programme, et cette moyenne est de huit heures. »

A cela, on pourrait répondre que les moyennes ne sont pas des solutions. Avec des moyennes, on avantage les forts et on ne soulage qu'imparfaitement les faibles.

La moyenne proposée, est basée sur des documents si peu certains, que tous ceux qui réfléchissent ne l'acceptent pas, ou ne l'acceptent que sous bénéfice d'inventaire, avec des restrictions et des additions. (1)

Il faudrait cependant se décider à voir les choses comme elles sont.

Une moyenne quelconque peut assurément être parfaite, pour l'ouvrier qui travaille dans tel milieu; mais elle peut être exécrable pour celui qui travaille dans un milieu différent.

Ce serait folie de supposer que les conditions hygiéniques sont partout les mêmes et qu'il n'existe aucune différence, entre un travail de huit heures exécuté au fond d'une mine et un travail de huit heures également, fait au grand jour et en plein air. Passer huit heures dans un atelier humide et surchauffé comme ceux des filatures de lin, par exemple, ou les passer dans un atelier bien aéré de construction mécanique, sont, à mon avis, des choses absolument dissemblables.

Croit-on, qu'il soit indifférent pour la santé, de travailler dans un local saturé de vapeurs mercurielles, comme il s'en trouve dans les étamages de glaces, ou saturé de vapeurs arsenicales comme dans certaines manufactures de produits chimiques, et pourra-t-on dire que la protection est

___

(1) On verra plus loin les réponses des ouvriers à l'enquête.

égale pour tous et que les malheureux qui travaillent dans ces milieux pestilentiels, sont aussi équitablement traités, que les ouvriers occupés dans une papeterie ou une imprimerie ?

Unifier les heures, ce n'est pas unifier l'hygiène ; et puisqu'on veut diminuer les heures de travail, c'est surtout aux ouvriers des industries insalubres ou dangereuses qu'il fallait faire bonne mesure.

La vérité, c'est que pour être juste, il faudrait pour chaque individu une règlementation spéciale basée aussi bien sur ses forces, que sur la nature de son travail.

Cette règlementation là, il n'y a que l'ouvrier lui-même qui pourrait la faire ; mais pour cela, il faudrait qu'il eût voix délibérative au chapitre ; et il ne l'a pas.

Il ne l'a pas, nous savons bien tous pourquoi ; c'est tout bonnement parce qu'il manque d'argent et que la nécessité du pain quotidien ne lui permet de débattre ni l'emploi, ni le prix de son temps.

Or, cette initiative qui manque à l'ouvrier, vous voulez la donner à la loi ; ce qui est d'un bon sentiment et ce qui serait excellent, si vous pouviez faire une loi complète, embrassant temps et salaires. Mais, en ce qui concerne les salaires, vous avouez vous-mêmes votre impuissance à résoudre le problème, vous vous rabattez sur une loi tronquée, qui ne pourra jamais remplir le but auquel on la destine, car elle n'aura pas l'élasticité suffisante, pour répartir une protection efficace sur chaque individu.

La loi des huit heures mesure tous les hommes et tous les travaux à la même aune, c'est là un défaut qui suffit à la faire condamner.

CHAPITRE IV

POURQUOI LA RÉGLEMENTATION EST RÉCLAMÉE SEULEMENT POUR LE TRAVAIL INDUSTRIEL

SOMMAIRE. — Le motif apparent. — Des catégories de travailleurs agricoles en France. — Personnel permanent, journaliers. — Conditions matérielles de l'ouvrier agricole. — Si le paysan abandonne la terre pour l'usine, c'est qu'il y trouve avantage. — L'ouvrier agricole gagne moins que l'ouvrier d'industrie. — Impossibilité de relever les salaires agricoles. — L'ouvrier agricole est plus surmené que l'ouvrier d'industrie. — L'émigration du paysan vers l'atelier est raisonnée et voulue. — Pourquoi on veut réduire seulement la journée industrielle. — Les partis socialistes veulent s'emparer des pouvoirs publics. — Ce que pensent M. Guesde et M. Vaillant. — Le comité des Blanquistes. — Boulangistes. — Le comité des Marxistes-Guesdistes. — Manifeste des anarchistes de Sheffield. — Le prolétariat industriel forme l'armée révolutionnaire. — Au premier rang se trouvent les mineurs. — Statistique minière — Tactique révolutionnaire — Gottfried Keller.

Passons maintenant à la seconde question : « Pourquoi une réglementation s'appliquant seulement au travail industriel à l'exclusion de tout autre ? »

J'ai noté en passant la réponse couramment donnée : c'est que la situation du prolétariat industriel est la plus misérable, et qu'il faut courir avant tout au plus pressé.

Il y a des gens qui acceptent d'emblée cette explication ; ce sont ceux qui ont la crédulité facile — il est vrai qu'ils sont nombreux. — Mais, lorsqu'on veut, comme nous, analyser à fond une question et fouiller dans ses plus petits recoins, on n'est pas fâché que ce premier motif, d'ailleurs fort respectable, en ait autour de lui quelques autres pour l'appuyer et le corroborer par quelques raisons solides.

En fait d'arguments sociaux, l'abondance ne nuit pas, au contraire.

Tout d'abord, pourquoi dit-on que la situation du prolétariat industriel est plus intéressante, que celle du prolétariat agricole ?

Sa misère est-elle plus noire, son labeur plus exténuant, l'exploitation patronale plus rapacement insatiable ?

Il serait, ce me semble, fort intéressant d'être fixé sur tous ces points.

Donc, regardons autour de nous et commençons par voir ce qui s'y passe.

En France, comme aussi dans beaucoup d'autres pays, les ouvriers agricoles se divisent en deux classes distinctes : le personnel permanent des fermes et les journaliers.

Je n'ai pas à parler dans le cas qui nous occupe, des petits fermiers et métayers, qui ne sont pas considérés comme ouvriers, quoique cependant on puisse dire d'eux, qu'ils travaillent dur et longtemps.

Le personnel permanent fait pour ainsi dire partie intégrante du domaine : il y est logé, nourri et blanchi.

Le journalier, qui n'y travaille qu'accidentellement, est également nourri. Voilà déjà une première remarque fort importante. — Pour tous ceux qui sont nourris, la question de pitance se trouve résolue et ce n'est certes pas une petite affaire.

Je sais bien que dans les Ardennes, par exemple, où prédomine l'industrie de la ferronnerie, quantité de petits patrons donnent le vivre et le couvert aux quelques ouvriers qu'ils emploient ; mais, cette exception aux us et coutumes industriels, n'a pas assez d'importance, pour compter sérieusement dans la masse.

Je constate même, en passant, qu'on fait à ces patrons le reproche plus ou moins fondé, de ne distribuer à leurs gens qu'une assez piètre nourriture, quoiqu'elle constitue la partie la plus importante du salaire.

Il y a probablement du vrai et du faux dans ces dires ; mais, selon toute vraisemblance, si la chose était aussi exagérée qu'on le dit, on comprendrait difficilement que ces patrons pussent trouver suffisamment d'ouvriers.

Quoiqu'il en soit, il nous reste acquis que notre ouvrier agricole n'a pas à se tracasser pour son logement et sa nourriture ; et, le fait d'être délivré de toute préoccupation relativement au gargottier et au propriétaire, est un avantage incontestable qui fait complètement défaut à l'ouvrier industriel.

En somme, on peut dire que l'ouvrier agricole ne connaît pas les jours sans pain. — Le pain qu'on lui donne est plus ou moins noir, mais enfin il en a toujours à sa suffisance. Les plus pessimistes doivent même concéder que de grandes améliorations ont été apportées, au détail très important de la nourriture des domestiques. Les gens de ferme ne se contenteraient plus à présent, de boire un coup de piquette et de manger un morceau de viande, comme au temps jadis, seulement les dimanches et jours de fêtes carillonnées ; ils exigent, et je les approuve fort, un

meilleur ordinaire. Je connais des pays où garçons
et filles de fermes stipulent leurs conditions de
vivres en s'engageant, tout comme nos cuisi-
nières urbaines stipulent leur indispensable café
au lait. Du reste, comme à la campagne tout se
sait, les propriétaires ou fermiers qui ont la réputation de liarder un peu trop sur la nourriture de
leurs gens, ne trouvent que difficilement à se faire
servir, et sont obligés de se rabattre sur les mauvais ouvriers.

Donc, en thèse générale, on peut dire que la
nourriture de l'ouvrier agricole est peut-être moins
variée que celle de l'ouvrier urbain ; mais elle a
cette supériorité que, composée en majeure partie
des produits de la ferme, elle est infiniment plus
saine, étant à peu près exempte des sophistica-
tions commerciales.

Il est entendu que dans tout ce qui précède, j'ai
parlé seulement de ce qui se passe en France, où
la situation de l'ouvrier est certainement meilleure
que partout ailleurs, surtout si on établit la comparaison avec les pays où le travail agricole est
organisé industriellement, comme en Angleterre
et en Amérique ; ou bien avec ceux où cette
exploitation se fait sous forme de métayage et
d'affermage, comme en Irlande, en Roumanie et
généralement, là où prédominent le régime féodal
et la grande propriété.

On voit que je n'hésite pas à faire la partie belle,
à la thèse qui soutient que le prolétariat industriel, a droit à la priorité dans les préoccupations
du législateur ; mais, en revanche, je suis pleinement autorisé à poser cette interrogation : « Comment se fait-il que le laboureur, dont la vie matérielle paraît assurée et exempte d'aléas, abandonne

si facilement la sécurité dont il jouit, pour courir tendre bêtement le cou au joug du travail industriel ? »

Ce n'est pas, à coup sûr, un caprice du hasard. A ce mouvement il y a une cause, et cette cause il nous faut la connaître.

Je ne sais plus quel général a dit : « Ce qui fait le bon soldat, c'est la soupe. »

Le mot est juste. En effet, un estomac bien lesté n'est jamais chose indifférente. Allez donc demander un grand effort physique, des marches forcées, des étapes doubles, quelques formidables coup de collier à des hommes exténués, dont le ventre est creux et le cerveau vidé par les privations ! — Nous en avons eu de malheureux exemples pendant la dernière guerre.

Je ne fais donc aucune difficulté, pour reconnaître la valeur de la soupe et pour en apprécier tous les mérites ; mais, si elle est indispensable au soldat, on admettra bien aussi, qu'elle est également nécessaire à l'ouvrier des champs, pour accomplir sa tâche de tous les jours.

J'entends bien qu'on me dit, que selon ma propre constatation le paysan en a, de la soupe, et même de la meilleure.

Très bien ; mais alors je répète ma question : pourquoi ne reste-t-il pas paysan ?

Car il n'y a pas à le nier, le mouvement incessant qui pousse l'homme des champs vers l'atelier, va toujours en s'accentuant.

Dans le principe l'impulsion primitive s'explique assez facilement, elle a été donnée par l'appât des salaires. En effet, l'industrie grandissante demandant des bras à l'agriculture, devait les payer largement, sous peine de n'être pas entendue.

Ceci est, je crois, parfaitement humain. L'intérêt était mis en jeu, et chacun sait que l'intérêt est l'amorce par excellence, pour opérer les changements d'habitudes et les déplacements populaires. Une fois la route tracée, la foule suit jusqu'à ce qu'un autre intérêt l'entraîne ailleurs. C'est comme cela que le monde industriel s'est peuplé au détriment du monde agricole ; et, c'est un phénomène identique qui a dirigé sur les deux Amériques, l'énorme contingent d'européens qui sont allés s'y établir.

Mais, comme toujours est venu un moment où il y a eu pléthore ; pour les ouvriers, l'affluence de bras a fait baisser les salaires au minimum ; pour les colons, les terres se sont raréfiées et maintenant les gouvernements les vendent au lieu de les distribuer gratis.

Avec les bas salaires industriels, il semble que l'avantage devrait être en faveur de l'agriculture, et que le mouvement d'émigration devrait s'arrêter et même rétrograder.

— Il n'en est rien. — La soupe industrielle paraît, au paysan, préférable à la soupe agricole.

Il ne peut y avoir erreur sur ce point ; et il faut, quand même, se rendre à l'évidence.

Soyons bien convaincus, que le campagnard sait ce qu'il fait et qu'il est trop madré, pour se tromper longtemps sur son véritable intérêt. S'il va à l'atelier, c'est qu'il s'est rendu compte que les salaires n'y sont pas aussi réduits qu'on se plaît à le dire ; et, qu'en tous cas, ils sont supérieurs, ou au moins équivalents, à ceux qu'il touche, soit comme domestique de ferme, soit comme journalier. S'il ne trouvait pas un avantage réel à changer, il ne changerait pas.

On ne peut pas dire de la France, ce qu'on a dit de l'Angleterre, qu'une modification de culture, substituant les paccages aux labours, ont mis en disponibilité un nombre considérable de travailleurs, qui ont dû se rejeter sur le travail industriel. — Chez nous, rien de cela ne s'est produit ; depuis des années on ressasse sur tous les tons que l'agriculture manque de bras ; et la chose est si vraie, et elle est même poussée si loin, qu'aux époques de fauchaisons, moissons, vendanges, etc., le ministre de la guerre autorise les chefs de corps, à mettre des soldats à la disposition des agriculteurs pour les aider à faire leurs récoltes. (1)

L'agriculture manque de bras par cette seule raison, qu'ils ne sont pas assez payés.

Pour retrouver le nombreux personnel d'autrefois, il faudrait donc que l'agriculteur y mit un peu du sien, en payant mieux sa main-d'œuvre. Le malheur est, que, le voulût-il, il ne le pourrait pas, parceque la concurrence étrangère est là pour l'en empêcher.

Let blés d'Amérique et de Russie ne permettent

---

(1) Statistique comparée des salaires. — Documents fournis à la Chambre des Députés et publiés dans le « Cahier des doléances des mineurs Français » par Georges Stell.

Professions	Ouvriers adultes	Moyennes des salaires	Nombre de journées de travail
Mineurs	Piqueurs...	4.60	300
	Boiseurs....	4.30	300
	Rouleurs...	3.60	300
Ouvriers indust.	Mécaniciens	4.08	300
	Chaufourn..	3.60	200
	Tuiliers....	3.65	200
	Tanneurs...	4.65	301
	Gaziers.....	4.10	365
	Tisseurs....	3.50	300
	Apprêteurs.	3.80	310
Ouvriers agric	Laboureurs.	3.00	200
	Manœuvres.	2.75	250
	Charretiers.	3.50	300

pas de grever davantage les frais de production ; surtout, si on tient compte des impôts toujours plus lourds qui pèsent sur l'agriculture et en raréfient si fortement les profits, malgré les lois de surtaxe, qu'on a si justement appelées les lois de famine.

Ce qui existe pour le blé, existe également pour les autres produits de la terre ; et, on ne voit pas d'issue possible à la situation actuelle, si ce n'est dans un changement radical du système économique, que la journée de huit heures n'arrivera pas à opérer.

En l'état, il n'y a donc pas à tabler sur un relèvement des salaires agricoles, et l'ouvrier des champs continuera à se considérer, comme moins avantagé que son confrère de l'atelier. Sa déception, il ne la manifestera pas par des réclamations bruyantes et par des agitations tumultueuses ; mais, tranquillement, sans bruit, sans discours, il continuera sa marche vers les centres industriels.

Remarquez, qu'en dehors de l'attraction puissante de l'intérêt, il y a d'autres mobiles d'ordre purement psychique, qui sollicitent l'ouvrier de la ferme et rendent plus ardent son désir de la quitter.

Vivant sous le même toit que son maître, il est par cela même, nuit et jour à la disposition de ce dernier; et, c'est une lourde sujétion dont il a hâte d'être délivré.

Tout autre est la situation de l'ouvrier d'atelier ; une fois sa journée faite, il est libre de faire ce qui lui convient. Que son goût le porte vers l'école du soir, ou vers le cabaret, personne n'a rien à y voir. Cette liberté relative n'est pas sans charme, et paraît particulièrement désirable à ceux qui en sont privés. Le paysan, et cela coule de source, ne serait pas du tout fâché d'en jouir comme un autre. Il se dit, avec raison, que son labeur commence à l'aube, pour finir souvent à la nuit noire, surtout au moment des grands travaux : semailles, fauchaison, moisson, etc. Des journées comme cela paraissent terriblement longues, d'autant qu'il faut trimer dur, et qu'il n'y a pas à économiser sa peine.

Je crois qu'en fait de surmenage, il n'est guère possible de trouver quelque chose de mieux réussi ; cependant, les amis déclarés de l'ouvrier industriel, les promoteurs des trois-huit ne sont pas de cet avis,

Sont-ils plus compétents, que les intéressés eux-mêmes, pour en décider et diagnostiquer à coup sûr, l'importance du mal de chacun ? — Cela me paraît au moins douteux.

Une chose à noter : c'est toujours dans les rangs des plus intelligents et des plus actifs parmi les ouvriers agricoles, que se manifeste le plus vivement, cette ardeur à changer de milieu. Et, il est si vrai, qu'ils n'agissent pas en aveugles et au hasard des circonstances ; qu'on les voit invariablement guigner l'atelier ; mais jamais, ils ne montrent la moindre velléité de partager le sort du mineur et d'aller travailler sous terre.

Cette distinction est typique et prouve combien ce mouvement est voulu et raisonné. Descendre dans la mine, serait pour l'ouvrier agricole tomber de mal en pis, il le sait, et il s'en garde bien. — Travailler au jour, ou dans les ateliers industriels annexés à la mine, ça lui va, à la condition qu'il y trouve un avantage pécuniaire ; mais, aller piocher au fond, c'est une toute autre affaire et il n'en veut pas.

Après tout ce que je viens d'exposer relativement au prolétariat agricole, je devrais peut-être analyser de la même façon la situation des autres sections prolétariennes qui, comme lui, ne bénéficieraient pas de la réduction de la journée ; mais, ce serait de la superfétation et je crois en avoir assez dit, pour que nous puissions maintenant, démêler avec facilité, pourquoi la revendication vise exclusivement les ouvriers industriels.

La chose est d'une merveilleuse limpidité, et les déductions se font pour ainsi dire toutes seules. pour si peu qu'on prenne la peine d'écouter ce qui se dit et de voir ce qui se passe autour de nous.

Pour les partis avancés qui cherchent à tracer une route au mouvement social, la phase de la critique théorique est terminée.

Je me plais à leur rendre cette justice, que la bataille a été superbement menée contre le capitalisme, qui a été traqué et harcelé sans relâche.

Avec l'admirable intuition qui caractérisait son génie, Fourier avait prédit l'avènement de la féodalité financière, et en avait pour ainsi dire précisé mathématiquement la marche et les empiètements.— Tout ce que les socialistes, y compris Karl Marx, le pontife du Socialisme allemand, ont dit après Fourier et son école, n'a guère été qu'une répétition et une amplification des censures du maître. Cependant, si le socialisme contemporain qui s'est maintenu dans le Communisme n'a rien inventé de nouveau — à moins qu'on ne considère les trois-huit comme une trouvaille — on doit reconnaître qu'il s'est fortement démené et qu'il a su tailler de rudes croupières au Capitalisme. Pas un abus nouveau qui n'ait été éventé, pas une injustice honteuse qui n'ait était montrée du doigt.

Si le Capitalisme est encore debout, c'est que tenant en main le pouvoir politique il a pour lui la force.

Eh bien, cette force, les socialistes veulent la prendre. — Il n'y a pas à s'extasier d'étonnement devant ce désir ; c'est le pont aux ânes des révolutions, qu'aucune phase sociale ne cède la place à une autre phase, sans que celle-ci la mette sans cérémonie à la porte.

Du reste avec une chevaleresque franchise dont on ne saurait trop les louer, la plupart des chefs qui dirigent les groupes socialistes, préviennent charitablement leurs adversaires des sentiments qui les animent.

M. Guesde dit à Lille : « La manifestation du 1ᵉʳ mai est la préface d'une révolution universelle, de la révolution planétaire. La manifestation de cette année vous mettra sur la voie de la victoire complète ; et alors, les fabriques, les usines, les mines deviendront la propriété commune de la société ».

M. Vaillant au Conseil Municipal de Paris, déclare que la manifestation du 1ᵉʳ mai, marquera une étape en avant du mouvement socialiste-révolutionnaire.

« Le jour, dit-il, où les ouvriers auront obtenu cette réforme, la force ouvrière sera constituée et le peuple pourra agir *pour conquérir son droit entier*. »

Le manifeste lancé par le comité central socialiste-révolutionnaire (Blanquistes-Boulangistes) dit notamment : « les ouvriers n'ont à se préoccuper des pouvoirs publics, que pour s'en rendre maîtres ; et, ils n'ont rien à attendre des pouvoirs actuels, que duperie et mystification ».

Le comité des Marxistes-Guesdistes ne se laisse pas distancer, et publie un long manifeste sur la journée de huit heures, où se lisent ces phrases significatives: « Camarades, unis de cœur, de volonté et d'action avec vos frères de travail des deux mondes, vous manifesterez le 1er mai en désertant l'atelier et en signifiant à ceux qui ont la prétention de vous représenter, que vous voulez une législation protectrice basée sur la journée de huit heures et, le lendemain du 1er mai, vous ne désarmerez pas ; vous continuerez avec une énergie, accrue par la preuve de votre force, à peser sur les pouvoirs publics de la bourgeoisie, jusqu'à ce que vous leur ayiez arraché cette journée de huit heures qu'ils ne peuvent, malgré leur mauvais vouloir, vous refuser plus longtemps.»

Des citations comme celles-là, on pourrait les multiplier à l'infini, car c'est là le ton ordinaire des socialistes révolutionnaires, qui ne semblent dans leur véritable élément, que lorsqu'ils font appel aux passions désordonnées des foules.

Cette tactique a cependant un inconvénient grave, c'est d'attirer des alliés qu'on a beau chercher à éloigner ; avec lesquels on désire éviter toute espèce de compromission ; mais c'est en vain ces alliés s'imposent. Ce sont les anarchistes.

La journée de huit heures a fourni aux anarchistes de Sheffield, l'occasion de lancer un de leurs brulots accoutumés.

A qui croirait-on que cet appel est adressé ?

Aux braves et honnêtes ouvriers, qu'on représente comme si indignement exploités par le patronat ?

Pas du tout ; les anarchistes-communistes de Sheffield s'adressent à l'honorable corporation des hôtes ordinaires des bagnes et des prisons.

A titre de curiosité je transcris leur proclamation.

« Criminels, nos frères ! — Nous vous saluons du titre de frères, parce que nous vous considérons comme tels, et que nous voulons faire de vous nos camarades. — Comme vous, nous sommes en guerre avec la société et nous souhaitons faire ce que vous faites vous-mêmes, pour mieux marquer notre mépris de l'ordre des choses actuellement existant. — Vous êtes cependant inférieurs à nous, parceque, égarés par l'éducation que vos maîtres vous ont donnée, vous croyez mal faire en volant ceux qui nous volent, tandis que nous savons, nous, que le vol est chose juste et légitime. — Venez avec nous étudier la question sociale ; et, vous comprendrez bientôt qu'au lieu de rougir de votre genre de vie, vous devez en être fiers ; car vous êtes dans la glorieuse situation de braves soldats combattant à l'avant-garde de la liberté. »

Après celle-là, il faut tirer l'échelle.

Je sais bien qu'en bonne justice, on ne saurait. rendre un parti responsable des insanités de fous furieux, dont l'idée fixe est de tout démolir. Mais, il n'en est pas moins vrai, qu'aux yeux du public, la ligne de démarcation, qui pourtant est bien réelle, n'est pas suffisamment accentuée. Pour la masse, anarchistes et socialistes révolutionnaires c'est tout un ; surtout lorsqu'ils se rencontrent sur une même plate-forme de revendication.

A Chicago, l'agitation des huit heures était conduite par des anarchistes, et c'est un fâcheux précédent.

A Paris, à Londres, à Berlin, à New-York, partout enfin, les anarchistes se posent comme les pionniers avancés du socialisme militant. Ils ne vont pas tous aussi loin que ceux de Sheffield et ne fraternisent pas ouvertement avec les pick-pockets ; mais cependant, leur intervention bruyante, dès qu'il se manifeste une émotion populaire, est faite pour maintenir l'illusion d'une entente commune.

C'est gênant, j'en conviens, pour les socialistes-révolutionnaires qui ont beau évincer de leurs réunions ces amis compromettants ; mais qui sont toujours exposés à les retrouver dans la rue. C'est encore plus gênant pour les socialistes-réformistes, qui sont en général des gens honnêtes, convaincus, avides de progrès ; mais du progrès qui s'accomplit à son heure, sans qu'il soit nécessaire pour cela de batailles et de ruines.

Donc, il est entendu que le but avoué du socialisme révolutionnaire est la conquête des pouvoirs publics. Le moyen, ce sera au besoin la révolution violente, dès qu'on se sentira assez fort pour la tenter.

Alors, il nous est bien facile de comprendre pourquoi on laisse de côté le prolétariat agricole, pour ne s'adresser qu'au prolétariat industriel.

Les prolétaires agricoles sont disséminés sur toute la surface du territoire, sans aucun lien véritable qui les unissent et les solidarisent. — En dehors du clocher, il n'y a plus rien pour eux.

Tout au contraire, le prolétariat industriel est compact, aggloméré dans les centres industriels, il y a contact incessant de tous ses membres, il suit le mouvement politique et social, il a ses éducateurs qui le sermonnent sur ses droits, ses meneurs qui fomentent les grèves, qui formulent ses réclamations.

Ce sont là les éléments d'une puissante armée

révolutionnaire, qui à un signal donné, pourrait se lever comme un seul homme et peser d'un poids considérable dans le conflit prévu, dont on voudrait, coûte que coûte, avancer la date.

Au premier rang de cette armée se trouvent les mineurs.

En France, d'après une brochure publiée par la chambre syndicale des mineurs de la Loire, nous avions en 1881, 107.200 mineurs dont 75.000 ouvriers du fond, et 30.000 ouvriers du jour — aujourd'hui ils sont 127.000.

On évalue à 536.000 les individus de tout âge et de tout sexe, qui forment les familles de ces 107.200 mineurs ; en outre on évalue à 300.000 les gens qui vivent du travail des mineurs, et dont les industries et les métiers disparaîtraient si on fermait les puits (1).

Ce sont là, on en conviendra, des chiffres respectables et qui sont faits pour donner à réfléchir; surtout, si on tient compte des menaces d'une grève générale et simultanée, de tous les mineurs du continent.

La vérité — vérité sombre s'il en fut — c'est que les mineurs, et surtout ceux du fond, peuvent à bon droit formuler cette redoutable protestation, qu'ils ne se trouvent pas payés, en raison du rude labeur qu'ils fournissent, et des risques mortels auxquels ils sont exposés.

C'est sur cette disposition d'esprit que comptent les agitateurs ; et, ils ont dans leur jeu cet atout important que, si à tous les degrés, la répartition des fruits du travail, est inégalement établie entre le travailleur et l'employeur, cette iniquité est

____

(1) Le cahier de doléances des mineurs français par Georges Stell. — Paris — Bureaux du journal le *Capitaliste*.

bien plus flagrante, en ce qui concerne les mineurs et qu'avec ceux-ci, il suffirait d'une étincelle pour mettre le feu aux poudres.

A première vue, la tactique révolutionnaire que nous voyons mettre en œuvre, paraît donc logique et même semble dénoter une certaine habileté.

Grouper autour d'une formule simple, facilement compréhensible pour les intelligences les moins ouvertes ; d'abord les mineurs et, à leur suite, la masse des ouvriers industriels, c'est mieux qu'une sorte d'enrégimentation qui permet de se compter : c'est un véritable essai de mobilisation.

Pourtant, en y regardant de près, cette tactique est-elle au fond réellement habile, réellement pratique ?

Habile, pour le présent, oui sans doute.

Pratique pour l'avenir, on me permettra de faire quelques réserves, que je vais tacher de justifier.

L'ouvrier industriel malgré son inflammabilité est beaucoup moins révolutionnaire qu'on ne pense. Il est révolutionnaire parce que ses chefs le sont ; il est révolutionnaire surtout parce qu'il est mécontent de sa position. La raison en est que depuis vingt ans, on lui a beaucoup promis et qu'on lui a très peu donné. Il veut quelque chose.

C'est ce mécontentement qui l'a poussé au boulangisme, et la dictature du général Boulanger aurait certainement réussi, si l'homme avait été à la hauteur de la situation.

Sans doute, ce n'était pas de ce côté qu'était la solution, et c'eût été à recommencer ; mais cela prouve bien l'incohérence d'esprit et la crédulité de la classe ouvrière.

C'est sur ce mécontentement, qui s'accroît tous les jours, que comptent les révolutionnaires ; mais c'est pure illusion de leur part, de tabler sur la fidélité inébranlable de leurs soldats.

Il leur faudrait pour contenter tout le monde, transformer instantanément la marche du mouvement industriel et cela ne s'improvise pas : d'autant plus que les agitateurs,'sont loin d'être d'accord sur les voies et moyens : et, qu'il se trouve parmi eux, des ambitieux et des brouillons qui ne manqueraient pas de gâter tout.

En somme, les révolutionnaires préparent une crise, sans certitude du lendemain.

Est-ce donc là de l'habileté ?

Quoi qu'il en soit, habileté, dans ce cas, n'est pas synonyme d'équité. Séparer, comme on le fait, le monde des travailleurs en deux tronçons : mettre le prolétariat industriel d'un côté, le prolétariat agricole de l'autre et dire : « nous donnerons à celui-là la journée de huit heures et nous laisserons l'autre dans le *statu quo*. » Franchement, il faut être singulièrement prévenu pour voir là de l'égalité démocratique. A mon sens, c'est une injustice et une faute, on entraînera peut-être les travailleurs de l'atelier, mais on s'aliénera les travailleurs de la terre.

C'est là que se trouvera la pierre d'achoppement.

Ce que je viens de dire se trouve vérifié en Suisse.

Les paysans se montrent jaloux et se plaignent amèrement, de ce que les ouvriers des villes n'ont qu'à demander pour tout obtenir, tandis que l'agriculteur ne reçoit rien.

Un paysan Gottfried Keller du canton de Zurich, a publié une série de brochures et de pamphlets sous le titre « *l'esclavage du paysan moderne* » dans lesquels il attaque avec virulence avocats, profes-

seurs, notaires, banquiers, journalistes, fonction-
naires et magistrats, gens d'études ou de comptoirs
qu'il appelle parasites vivant du paysan, dont ils
sucent les moëlles.

A côté de cela, il s'élève avec autant de violence
contre les prétentions des ouvriers des villes,
qu'il trouve exagérées, et combat particulièrement :
la réduction de la journée de travail et les autres
réclamations ouvrières.

S'il ne s'agissait que de quelques publications
violentes, la chose serait de peu d'importance,
mais l'appel de Keller a été entendu, et une ligue
agraire s'est formée, qui compte déjà de nombreux
affiliés ; et, qui se met directement en opposition,
avec les associations ouvrières socialistes.

Tout cela, j'en demeure d'accord, ne se passe
que dans un rayon peu étendu ; n'empêche qu'il y
a là un symptôme qui devrait donner à réfléchir.

CHAPITRE V

SOMMAIRE. — L'agitation actuelle n'est qu'une phase de
la lutte pour la vie. — La journée du 1er mai 1891 —
Mauvaise direction du mouvement. — Les socialistes révolutionnaires répugnent à toute solution pacifique. — Résolutions des congrès de Paris en 1889. — L'État seul pourrait concilier le capital et le travail. — Embarras des
gouvernants. — Intransigeance des partis. — Scission dans
l'école économique officielle. — La nouvelle école préconise l'intervention de l'État. — Adhésion du socialisme
catholique à la journée de huit heures.

Dans les explications que je viens de donner,
est-il raisonnablement possible de m'accuser de
malveillance et de partialité ? — Je ne le crois pas.

Il me semble, au contraire, que mes conclusions
se déduisent, tout naturellement, des conditions
d'existence au milieu desquelles gravite le peuple
des travailleurs ; et aussi de l'état de surexcitation
pathologique qui, des chefs, s'est communiqué de
proche en proche, à la partie la plus remuante des
ouvriers industriels.

A considérer les choses du haut des sommets
philosophiques, il n'y a dans la revendication socialiste en elle-même rien de bien nouveau.

Ce n'est qu'une phase de la lutte pour la vie,
l'effort toujours répété et souvent infructueux des
non privilégiés, de ceux qui n'ont rien contre ceux
qui possèdent, la tendance éternelle de l'humanité
soumise malgré elle, aux oscillations énervantes
d'un équilibre instable, et qui cherche à en sortir

avec la persistance opiniâtre de l'eau qui tend à prendre son niveau.

L'histoire nous apprend qu'à certains moments, la poussée est plus forte, le torrent plus impétueux ; on sent comme quelque chose qui craque dans la machine sociale. Cela a pris, selon les temps, toutes sortes de formes différentes ayant leur formule particulière : guerre servile, séditions agraires, jacqueries, révoltes de paysans, grêves ; aujourd'hui cela s'appelle la journée de huit heures.

Peut-être sommes-nous à un de ces moments phychologiques?

La journée de huit heures est-elle une panacée qui guérira sûrement et radicalement nos plaies sociales ?

Je n'en sais rien et il est bien probable que parmi ceux qui la préconisent avec tant d'ardeur, il en est beaucoup qui n'en savent pas davantage, à en juger par le décousu de leurs arguments.

Du reste, que l'idée soit bonne, ou qu'elle soit mauvaise, la question pour nous, n'est pas là en ce moment et l'analyse détaillée qui en sera faite dans le cours de cette étude, fixera, je l'espère, notre opinion à cet égard, Ce qu'il nous faut considérer maintenant avec attention, ce qui ressort clairement de ce qui se passe autour de nous, c'est, d'abord, la marche incessante du socialisme à la conquête du pouvoir politique ; et, en second lieu, la progression croissante de son hostilité contre le bourgeois.

Que les ouvriers s'organisent en parti politique et visent à acquérir une importance proportionnelle à leur nombre ; c'est parfaitement admissible et il n'y a là rien que de très normal. Cependant, la condition qui devrait s'imposer chez nous, aussi bien que chez les nations de suffrage universel, c'est que le mouvement se fit légalement.

Je sais bien que les meneurs, quoique violents en paroles, en sont encore à recommander jusqu'à nouvel ordre, d'agir avec calme et de ne pas commettre d'imprudence. Leurs journaux à propos du chômage décidé pour le 1er mai 1891, préconisaient une manifestation entièrement pacifique, ils jugaient assez sagement, quelle importance il y avait, à ne pas donner prétexte à une répression brutale qui eut tout compromis.

Cette tactique était une absurdité, sinon une pensée machiavélique.

Chez les peuples à sang froid, la recommandation avait chance d'être exécutée à la lettre ; mais il était clair que pour les peuples de sang chaud, la chose serait beaucoup plus difficile à obtenir. — Aussi au 1er mai, tout se passa comme il était aisé de le prévoir. Les anglais flegmatiques, habitués aux meetings en plein air, ont défilé processionnellement, bannières déployées, musique en tête, en l'honneur de la journée de huit heures ; sans se départir de leurs habitudes de calme correction. Il en fut de même chez les allemands, qui exécutèrent sans beaucoup d'entrain la consigne socialiste. Peut-être aussi, avaient-ils la certitude peu encourageante, que leur empereur, à la moindre incartade, n'hésiterait pas à faire tirer dans le tas. Chez les belges, la tradition flamande aurait menti à son passé fécond en séditions populaires, si la journée s'était passée sans que des coups fussent échangés ; du reste, chez les belges, le principal objectif est le suffrage universel. Comme toujours, c'est chez les peuples de race latine, qu'en ses occurences, se déroulent les incidents les plus mouvementés ; c'est dans l'ordre. Donc, en France, en Italie et en Espagne, les foules ayant été mises en contact, non pas seulement avec la police, mais avec la troupe, il y a eu bataille, ou pour réduire les choses à leurs véritables proportions, il y a eu escarmouches.

Je ne veux pas faire ici de polémique et m'étendre sur ces douloureux évènements ; ce serait inutile, car, au demeurant, chacun juge les faits conformément à sa passion politique ; les uns s'en prenant aux gouvernements et aux agents provocateurs, les autres accusant les meneurs et les exaltés. Cependant, il est bon de faire ressortir sans relâche cette leçon si souvent et si inutilement expérimentée ; chaque fois que le soldat se trouve placé entre un mouvement populaire et une consigne qui lui enjoint de le réprimer, il commence par obéir à sa consigne.

On a fusillé le 1er mai à Fourmies, comme on a fusillé à Aubin, comme on a fusillé à Château-Villain — cette fois pour une émeute toute cléricale — comme on a fusillé, il y a 25 ans à la Riccamarie ; et, les mêmes causes produisant immanquablement les mêmes effets, si demain, situation semblable se présentait, fatalement la fusillade recommencerait.

Dire aux détenteurs de l'autorité : « sous le fallacieux prétexte que vous êtes responsable de l'ordre public, vous exagérez les précautions qui, par cela même, tournent précisément contre le but que vous voulez atteindre. » — Dire aux orateurs écoutés du peuple ouvrier : « vous recommandez le calme à des gens, dont vous avez surchauffé les imaginations par des discours incendiaires ; bien plus, vous les conviez à descendre

dans la rue et vous savez bien que la troupe y
sera aussi, c'est d'un cœur léger, mettre une allu-
mette enflammée en présence d'un baril de poudre. »

Dire cela, c'est prêcher dans le désert.

Quoique on sache bien d'avance, que toute
bagarre ne va pas sans quelques têtes cassées, on
marche quand même ; et le résultat est de creuser
un peu plus profondément ; le fossé qui sépare les
adversaires, puis après chacun retourne chevaucher
son dada favori ; les mécontents recommencent à
lancer leurs foudres contre le capitalisme ennemi,
les gouvernants voient s'il n'y aurait pas moyen,
de multiplier encore les moyens de répression.

Certes, ce n'est pas de cette façon qu'on aura
chance d'arriver à une détente.

Du reste, il est bien évident que la masse des
socialistes, ne désire nullement une conciliation
avec la bourgeoisie capitaliste. Les quelques socialistes modérés qui rêvent de réformes successives,
se font de douces illusions, ils ne seront pas suivis, à moins qu'ils n'entrent de plein pied dans
les combinaisons pratiques. Alors, ils entraîne-
raient la majorité.

Logiques avec eux-mêmes, les révolutionnaires
qui veulent conquérir le pouvoir, ne sont pas dis
posés aux concessions et ils préféreraient de beaucoup, voir éclater partout la grève générale à laquelle ils travaillent, avec l'acharnement que les
exaltés mettent toujours à faire une sottise.

Pour sauvegarder les apparences, et pouvoir dire
qu'ils ont épuisé les moyens légaux, ils ont consenti à adresser aux gouvernants et aux législateurs, celle de leurs revendications qu'ils ont prises
comme mot d'ordre ; mais au fond, il seraient
désolés de réussir, et si on leur accordait d'emblée

la journée de huit heures, ils se rabattraient immédiatement sur le minimum de salaire, qui certainement brouillerait les cartes. Les esprits sont montés chez eux à un degré tel, qu'il n'y a plus place pour les demi-solutions. Ils en sont à ce malencontreux « tout ou rien » qui fait commettre tant de fautes politiques. Pour obtenir ce « tout ou rien » ils comptent exclusivement sur les masses du prolétariat industriel, et ils tachent de les surchauffer par tous les moyens en leurs pouvoirs.

D'ailleurs, voulussent-ils revenir en arrière, qu'ils ne le pourraient pas ; ils sont liés par les résolutions votées à l'unanimité, dans les deux congrès internationaux, tenus à Paris en 1889.

Ces résolutions pouvant être considérées comme le « Credo » actuel du socialisme militant, il me paraît de toute nécessité que nous en fassions un rapide examen.

Ces deux congrès tinrent leurs assises en même temps ; et sauf quelques différences de rédaction, les résolutions votées furent identiques. L'un des congrès était composé du groupe des socialistes possibilistes, qui n'était pas encore coupé en deux tronçons irréconciliables ; l'autre était tenu par les socialistes indépendants. Les délégués étrangers s'en allaient à celui-ci, ou à celui-là et quelques fois aux deux, selon leur fantaisie, ou selon qu'ils trouvaient à l'un ou à l'autre, plus de conformité avec leur propre opinion.

Des naïfs, mauvais appréciateurs des nuances politiques, pourraient se demander : pourquoi deux congrès votant les mêmes résolutions, lorsqu'un seul aurait grandement suffi ?

La question dénote une certaine logique, mais dévoile en même temps une pitoyable inexpérience.

Pour être socialiste, on n'en est pas moins homme, c'est-à-dire, qu'on n'échappe pas pour cela, aux rivalités individuelles et aux chocs des personnalités prétentieuses, ou encombrantes ; voilà pourquoi, d'accord sur le fond. les congressistes n'ont pas voulu se trouver face à face, dans la crainte, justement, de briser cet accord.

— C'est là une de ces absurdités si fréquentes de l'humaine nature.

Sans plus insister sur cette critique, examinons maintenant les *desiderata* formulés.

1° Journée maxima de huit heures fixée par une loi internationale ;

2° Un jour de repos par semaine et point de travail les jours fériés ;

3° Abolition du travail de nuit, autant que possible pour les hommes, entièrement pour les femmes et les enfants ;

4° Suppression du travail des enfants, avant l'âge de 14 ans et protection de l'enfance, jusqu'à l'âge de 18 ans ;

6° Education intégrale, générale, technique et professionnelle ;

6° Les heures supplémentaires ne pourront excéder quatre heures par vingt-quatre heures et seront payées double ;

7° Responsabilité civile et criminelle des employeurs en cas d'accident ;

8° Nomination par les ouvriers d'un nombre suffisant d'inspecteurs capables, payés par l'Etat ou par le commerce, avec pleins pouvoirs d'entrer à tous moments dans les ateliers, ouvroirs, maisons de commerce et de visiter les apprentis dans leurs propres demeures ;

9° Création d'ateliers par les ouvriers, avec subventions des municipalités ou de l'Etat ;

10° Le travail des Workouses et des prisons sera soumis aux mêmes conditions que le travail libre et consacré autant que possible à de grands travaux publics ;

11° Aucun travailleur étranger ne pourra accepter un emploi, ou aucun patron ne pourra employer des ouvriers étrangers, au-dessous du prix fixé par la chambre syndicale de leur profession ;

12° Fixation d'un minimum de salaire, dans chaque contrée, en rapport avec le coût de tout ce qui est raisonnablement nécessaire à l'existence ;

13° Abrogation de toutes les lois, contre l'organisation internationale des travailleurs ;

14° Salaire égal et facilité de travail égale en faveur des hommes et des femmes, pour égal travail.

Comme rédaction, ça laisse à désirer, mais les congrès ne se piquaient pas d'être littéraires.

Dans leurs considérants, les socialistes des congrès déclarent prendre pour point de départ, le *desideratum* qui leur tient le plus au cœur : « *L'action internationale du prolétariat organisé en parti de classe, s'emparant du pouvoir politique, pour arriver à l'expropriation de la classe capitaliste et l'appropriation sociale des moyens de production.* » (1)

Ici encore, l'aveu est dépouillé d'artifice et, il serait en vérité, malséant de ma part, d'accuser

---

(1) Au congrès de Bruxelles août 1891, les considérants son pareils :

« Le congrès se plaçant sur le terrain de la lutte des classes et convaincu qu'il ne peut être question de la classe ouvrière, aussi longtemps qu'il y aura des classes dirigeantes, déclare.....

Au congrès d'Erfurt le rapporteur Liebnecht a dit : « ce qu'il des socialistes de manquer de franchise, au moment même où ils confirment très nettement l'opinion que j'ai émise, à savoir ; qu'ils n'avaient aucun désir d'entrer en conciliation avec leurs adversaires.

Et les socialistes-réformistes, qu'ont-ils fait ?

Rien, que vouliez-vous qu'ils fissent ? — Est-ce que dans les congrès ce n'est pas toujours à peu près les mêmes programmes, qu'on se fait un devoir de ressasser ?

Les socialistes-réformistes pouvaient bien désirer la conciliation, mais ils n'étaient pas en position de la faire prévaloir aux congrès, et ils auraient été mal venus de la proposer.

Une conciliation, l'Etat seul pourrait l'imposer ; l'Etat seul est en position de forcer les belligérants à signer la paix. C'est son rôle, c'est son droit, c'est son devoir.

Tout le monde le dit ; les gouvernements même despotiques en sentent la nécessité ; c'est ce qui a motivé l'intervention de l'empereur Guillaume II, et c'est ce qui explique les recherches laborieuses faites par les dirigeants, pour trouver un vrai terrain de discussion.

Seulement on n'aboutit pas ; d'abord, parceque les gouvernements ont un secret penchant qui leur fait écouter de préférence la classe riche, sur laquelle ils se sont constamment appuyés ; et cette

---

fallait établir tout d'abord, c'était les causes qui ont amené la marche du développement économique, *la nécessité de la lutte des classes,* et le fait que l'exploitation et l'oppression des travailleurs, ne sont qu'une conséquence logique du système de production en vigueur. »

Du reste, Benoît Malon, dans une substantielle analyse de ce congrès (Revue Socialiste de Novembre 1891) après avoir constaté que le programme d'Erfurt est très nettement anti-réformiste, écrit : « A ce point de vue le programme d'Erfurt est le plus tendanciellement révolutionnaire de tous les programmes ouvriers socialistes existants, puisqu'il ferme intentionnellement la porte à toutes les réformes de caractère véritablement socialiste. »

classe ne veut pas démordre du *laisser-faire* économique. D'autre part, les revendications populaires,
outre qu'on n'en distingue pas avec évidence les
applications pratiques, sont présentées sur un ton
impératif qui, de tout temps, a fait regimber
l'autorité.

Tout cela est donc assez mal engagé et la possibilité d'un conflit reste toujours aussi menaçante.

Examinées selon la lettre et selon l'esprit, les
résolutions des congrès de 1889, ne signifient rien
autre chose, qu'une déclaration de guerre ; toujours la même.

Les révolutionnaires ont beau prétendre qu'ils
répudient tout projet belliqueux, en demandant
l'abolition des armées permanentes. — L'abolition
des armées, c'est la fin des guerres étrangères ;
c'est la fin des armements ruineux — donc plus
d'armée :

Et alors tous unis dans une fraternelle étreinte,
nous n'aurons plus qu'à chanter, avec Pierre Dupont
« *les peuples sont pour nous des frères.* »

Oui, mais le bourgeois n'est pas un frère et gare
à la guerre intérieure. Car enfin, ce bourgeois, il
est bien entendu qu'on veut l'exproprier ; et,
comme il pourrait trouver la chose mauvaise et se
défendre, l'opération serait beaucoup plus commode, si on n'avait plus à redouter l'intervention
des soldats,

Voilà donc l'espèce de fraternité qui découle en
droite ligne, de cette découverte soi-disant scientifique, qu'on a appelée la lutte des classes, et voilà
pourquoi, on cherche à former une armée révolutionnaire.

— Mais, objectera-t-on, toute la responsabilité
du conflit, qui s'annonce comme inévitable, n'in-

combe pas aux seuls socialistes ; le mauvais vouloir de la bourgeoisie capitaliste y est bien pour quelque chose.

— D'accord, la bourgeoisie est essentiellement égoïste ; je le sais de reste, je connais ses méfaits et n'ai nullement l'intention de m'en faire le défenseur.

Si je n'ai pas hésité à adresser mes critiques à une sorte de socialisme brouillon qui, selon moi, choque la justice et le bon sens, il est de toute équité, que je ne recule pas davantage pour dire son fait, à une classe que le succès et les jouissances ont pervertie.

La méthode a bien cet inconvénient de mécontenter les deux partis ; mais, c'est tant pis, il ne s'agit pas ici de faire œuvre de sectaire, mais bien d'étudier la question présente, avec une indépendante impartialité.

Ce qu'on peut reprocher aux uns et aux autres, c'est un exclusivisme intransigeant, dont il est facile de se rendre compte, pour peu qu'on aille au fond de leurs sentiments.

Du côté socialiste, ceci est passé à l'état de dogme que l'ouvrier seul produit la richesse, d'où cette conclusion, que la part très large que s'attribue le capital, est un vol manifeste fait au travailleur. « *La propriété, c'est le vol ; le capital, c'est du travail non payé, c'est-à-dire volé* » le thème est connu.

Du côté capitaliste, c'est une autre gamme, on ergote d'autre façon sur le même point en litige.

— Le capital et le travail, dit-on, étant aussi indispensable l'un que l'autre à la production, cette production leur appartient à tous deux ; mais l'ouvrier, librement, de son plein gré, pour sa convenance personnelle, cède ses droits et escompte à forfait sa part de bénéfices, avant que ces bénéfices soient réalisés. Cette cession se fait moyennant paiement d'un salaire journalier. Du moment que ce salaire lui est régulièrement payé, il n'a plus rien à réclamer. »

C'est dans la différence de ces deux interprétations, que réside tout le conflit économique ; c'est bien plus une question de partage inégal dans la plus-value, qu'une histoire de journée plus ou moins longue.

L'employeur s'appuie sur la loi qui reconnaît la validité du louage d'ouvrage, et laisse aux parties la liberté d'en fixer les conditions ; les législateurs s'appuient sur les décisions de l'école économique officielle qui, par la voix de ses professeurs, déclarent que le « laisser-faire » est parfait et que la liberté économique doit être inviolable comme la liberté politique.

Les gouvernements s'en lavent les mains, et arguant de leur devoir, qui est de faire respecter la loi et de maintenir l'ordre, ils déblaient les rues avec des charges de cavalerie.

Voilà où nous en sommes : lutte du haut en **bas.**

Il y a dans cette situation quelques curieux rapprochements à faire, que je vais sommairement indiquer.

La faculté d'édicter des lois et la puissance d'en assurer l'exécution, qui sont maintenant aux mains de la bourgeoisie, malgré notre étiquette républicaine : c'est précisément ce qui manque aux socialistes révolutionnaires, pour mettre leurs théories sociales, en pratique. Ce pouvoir, ils pourraient le conquérir, en faisant passer leurs convictions dans, l'esprit de l'électeur-ouvrier qui, au demeurant, est le nombre.

Seulement cette évolution, quoique éminemment sûre, a le défaut d'être trop lente et les impatients révolutionnaires ne sauraient s'en accommoder. Divisés entre eux sur certains principes, et plus divisés encore par les rivalités individuelles, ils s'accordent cependant sur un point unique : pousser le prolétariat industriel à un immense chambardement de la société actuelle. — Après, — dam ! on verra — « *fata viam invenient.* »

Ça, c'est la lutte des chefs pour le pouvoir.

Les ouvriers industriels, qui sont tout particulièrement circonvenus, s'agitent, non pas pour la plus grande gloire d'un collectivisme obscur qu'ils ne peuvent comprendre ; mais pour l'idée essentiellement pratique de gagner plus. en travaillant moins.

Voilà la lutte des employés contre les employeurs.

Enfin, lutte encore, dans les sphères scientifiques où les doctrinaires rompent des lances, pour ou contre l'intervention de l'Etat dans les relations économiques.

A ce sujet, il y a à noter une curieuse observation qui fait la joie des socialistes. L'ancienne cohésion de l'école économique libérale se désagrège, une espèce de schisme semble se déclarer parmi ceux qui sont chargés de répandre la science officielle. Les anciens, les pontifes pontifiant s'en tiennent naturellement à leur vieux rituel et repoussent toute immixtion de l'Etat dans le domaine économique ; mais les jeunes ne se gênent pas, pour professer du haut de leur chaire universitaire, la nécessité de l'intervention gouvernementale dans les questions de travail.

Cette école nouvelle, a l'avantage de compter parmi ses adhérents des hommes d'un talent distingué.

Citons en France : MM. Gide et Cauvet en Angleterre M. Wallace, les membres du *Katheder-Socialisten* en Allemagne, l'école Mangérienne en Autriche, le socialisme catholique un peu partout, mais tout particulièrement représenté en France par M. de Mun.

Tous ces hommes ne sont pas les premiers venus et ne peuvent être considérés, comme d'ambitieux polichinelles faisant de l'opposition, pour attirer l'attention sur leur personne.

C'est bel et bien, comme je le faisais remarquer tout à l'heure, un schisme, qui, je l'espère, démolira en même temps et les formules surannées de l'école libérale et les projets utopiques du socialisme communiste.

Naturellement, devant cette scission, qui divise en deux les forces de leurs adversaires, les socialistes sont dans la jubilation, par suite de l'important appoint qui leur est apporté, pour réclamer l'intervention de l'Etat en matière économique. En effet, si aucun de ces groupes n'admet la possibilité d'une organisation sociale basée sur le collectivisme, tous sont favorables à une législation réglementant le travail. La journée de huit heures a donc parmi eux des partisans convaincus.

Maintenant, étant donné le milieu que je viens de décrire, est-on fondé à espérer qu'on puisse faire, sans difficultés insurmontables, l'application de la réforme des trois-huit ?

C'est ce que nous allons analyser.

CHAPITRE VI

ARGUMENTS DE SENTIMENTS

SOMMAIRE. — Quoique réduite, la question reste aussi difficile. — Deux sortes d'arguments. — Arguments de sentiment. — L'hygiène, la morale et la philanthropie. — Opposition des économistes. — Socialistes et catholiques. — Thèse particulière à chaque parti. — Sociabilité de l'homme. — Nécessité de l'éducation familiale. — Aujourd'hui, il y a progrès intellectuel et régression morale. — Fausses appréciations des piétistes. — Bonnes intentions des sentimentalistes. — Argument unique des économistes libéraux. — La liberté économique n'existe pas pour l'ouvrier.

Eh ! quoi, cette question d'une incommensurable vastitude, que nous avons vu s'étaler si pompeusement sous le titre de « *législation internationale du travail* » ; cette question, qui aurait dû englober tous les détails de la production, réglementant les rapports entre maîtres et serviteurs, fixant le taux des salaires, pourvoyant minutieusement à tout et préparant cet objectif lointain : la suppression du salariat et l'entente fraternelle de tous les producteurs de richesses ; cette question ne s'appellerait plus maintenant « *la législation internationale du travail* » elle s'appellerait la *journée de huit heures?*

Ses promoteurs mêmes l'auraient diminuée, rapetissée, à ce point qu'elle en serait réduite à n'être plus qu'une affaire de police intérieure, chargée de décréter, si l'ouvrier d'atelier devra travailler plus ou moins de huit heures par jour ?

Oui, vraiment !

Mais qu'on ne s'y trompe pas ; tout se tient

en économie sociale, ceux qui essaient ainsi de faire de la simplification, oublient trop qu'on ne peut toucher à un point quelconque de l'organisation du travail, sans que tous les autres en ressentent aussitôt le contre-coup. La question toute ratatinée qu'elle paraisse, reste donc encore passablement compliquée, et donnera pas mal de tablature à ceux qui en cherchent la solution. Nous sommes, hélas ! loin d'être au bout des interminables discussions qu'elle a soulevées et qu'elle soulèvera encore, et, les pauvres gouvernements qui n'en peuvent mais, en ont pour longtemps encore, avant d'être délivrés de leurs embarras, même en supposant ces gouvernements animés de toute la bonne volonté possible, ce qui est assez problématique pour quelques-uns.

Il est vrai, qu'autour de ce problème d'apparence si simple, qui se présente tout bonassement avec un énoncé d'une clarté extrême, on s'est ingénié à entasser, comme à plaisir, une quantité telle de sophismes, de fausses preuves et d'arguments à côté, qu'il faut souvent aux plus clairvoyants, y regarder à deux fois avant de se décider. L'esprit humain est ainsi fait, de commencer en toutes choses par les combinaisons les plus compliquées, pour n'arriver au vrai qu'après une suite d'éliminations successives ; cependant je crois que dans l'espèce, il n'est pas absolument impossible de s'en tirer avec honneur, si dans les moments d'indécision et de doute, on a soin de se raccrocher, fortement, à cette branche si solide qu'on appelle le bon-sens.

Les arguments qui militent pour ou contre les trois-huit, sont de deux sortes ; les uns sont des aarguments de sentiment, à l'usage des gens qui ont la fibre humanitaire délicate ; les autres sont des arguments de faits, intéressant surtout les gens pratiques, qui ne s'abandonnent pas facilement aux mirages de l'imagination, et cherchent surtout à voir les choses telles qu'elles sont.

Les raisons « *pour* » sont-elles aussi puissantes que les raisons « *contre* » ? Il n'est guère possible d'en décider à priori, car, tout dépend du point de vue particulier qu'on envisage et surtout des dispositions d'esprit qu'on apporte à son examen. La morale, la philanthropie, l'hygiène, bataillent énergiquement pour l'affirmative ; mais l'économie politique et la politique pure, se mettent résolument en travers, et ne voient de salut que dans la négative. Et pourtant, il faut choisir ; impossible de rester plus longtemps dans cette immobilité de l'indécision, qui embarrassait si fort l'honnête baudet de Buridan. La question passionne trop de monde et touche à trop d'intérêts, pour qu'on puisse supposer un instant qu'elle s'éteindra toute seule, faute d'aliments, comme un feu de paille.

Des aliments, mais nous avons vu que chaque parti en apporte avec une émulation qui tourne à la frénésie — surtout du côté des partisans de la règlementation. — Faute d'autres points de contact où ils soient d'accord, ils ont au moins cette idée commune, que le système économique en vigueur aujourd'hui, a besoin d'un fort raccommodage, pour ne pas tomber irrémédiablement en loques. Seulement chaque parti s'ingénie à tirer du même sac. la mouture qu'il trouve le mieux à son goût ; et, il manœuvre en conséquence.

Ecoutez les socialistes ; ils nous disent à peu près ceci : « Il est très vrai que notre véritable but, est d'arriver à la socialisation du sol et des instruments de travail ; mais, comme les esprits ne sont pas suffisamment imprégnés de cette idée, que nos adversaires sont les plus forts et qu'il pourrait bien nous en cuire, si nous voulions brusquer le mouvement, nous prenons le parti de temporiser, nous renvoyons à une autre époque la réalisation intégrale de nos *desiderata*. Pour le quart-d'heure, nous nous contentons donc de réclamer la journée de huit heures au profit des ouvriers d'industrie ; après, nous verrons. »

Les socialistes chrétiens aboutissent exactement à la même conclusion « nous voulons la journée de huit heures. »

Pourquoi ?

C'est ici que les arguments sentimentaux entrent tête baissée dans la mêlée, et tonnent bruyamment contre les vices du capitalisme. Les démonstrations se pressent, se succèdent, se prêtent une aide réciproque et appellent à la rescousse, l'autorité de la science,

MM. Franck, de Pressenssé, Claudio Jeannet, Siegfried ; de Mun, de Lœzevitz, etc., etc., luttent d'émulation. Toutes les sectes religieuses donnent avec un merveilleux ensemble.

Ce qu'il y a de singulièrement remarquable dans cette défilade de raisons ainsi mises en branle, c'est que les arguments sentimentaux sont en eux-mêmes excellents, et qu'ils frappent par une simplicité d'exposition, qui semble défier toute critique.

Que répondre à ceux qui vous disent que : forcer l'ouvrier à travailler trop longtemps et prolonger outre mesure sa journée, c'est le conduire fatalement à un épuisement. qui rejaillit d'une façon désastreuse sur l'espèce.

— Qu'un ouvrier qui reste à l'atelier douze heures et plus, ne peut après cela, trouver le temps nécessaire pour s'instruire et cultiver son intelligence.

— Que pour l'ouvrier, la vie de famille se trouve annihilée par la séparation de tous ses membres ; le mari travaille d'un côté, la femme de l'autre, les enfants eux-mêmes sont enrégimentés par l'industrialisme, ou vagabondent sans surveillance ; il en résulte que la famille est pour ainsi dire dissoute et cette anomalie provoque une dégénérescence rapide de la classe prolétarienne.

Tout cela est parfaitement vrai et il faut bien convenir que rien, absolument rien, ne détonne dans ce chœur, chanté à l'unisson aussi bien par les socialistes les plus révolutionnaires, que par les socialistes les plus catholiques. Là où il y a divergence. c'est dans la pensée inspiratrice. la pensée personnelle qui à un moment donné, et le cas échéant, ne manquerait pas de troubler cette cordiale entente.

Les socialistes, que j'appellerai volontiers les socialistes laïques, veulent que l'ouvrier ait assez de temps à lui, pour se plonger dans l'étude d'un communisme plus ou moins mitigé.

Chez les socialistes catholiques, la pensée est tout autre, quoique aussi intéressée. Ils veulent refaire un peuple uniquement composé de ces bons chrétiens d'autrefois, qui n'avaient pas de plus grand bonheur que de s'abriter sous le giron de l'Église, avec un pape infaillible tout en haut, pour décider sans appel, sur les choses du ciel et de la terre.

Bien entendu, en ce moment, les socialistes catholiques ne parlent pas très haut de conquérir le pouvoir politique et n'affichent ouvertement aucunes visées ambitieuses, différant en cela des socialistes laïques, qui déclarent sans ambages, qu'au moment opportun, ils n'hésiteront pas à donner un violent assaut au capitalisme.

Cependant, il est prudent de ne se fier qu'à moitié à la croyance illusoire que l'église consentira jamais à se confiner exclusivement dans le domaine spirituel et qu'elle ne cherchera pas un tantinet, à se faufiler dans les bons endroits du domaine temporel, où se fait la récolte des richesses et de la puissance. — Qui a bu boira, qui a gouverné voudra encore gouverner. — Nous savons tous ce qu'il en est de cette humilité ecclésiastique ; et, sans remonter jusqu'à l'implacable omnipotence cléricale de l'ancien régime, nous sommes à même de constater, que sous le régime républicain, et à une époque où on prétend que les Dieux s'en vont, le cléricalisme jouit encore d'une part d'influence, qui n'est certainement pas à dédaigner. En outre, s'il n'a plus l'avantage du nombre, il a conservé son ancienne organisation basée sur une savante hiérarchie et, sous ce rapport, il possède sur ses concurrents une incontestable supériorité.

Les arguments sentimentaux en faveur des trois-huit, trouvent donc dans tous les socialismes, ceux de gauche et ceux de droite, des défenseurs d'autant plus zélés, que ces défenseurs sont convaincus eux-mêmes et qu'ils comprennent parfaitement, que leur succés est étroitement lié à cette sorte d'arguments, la seule qui soit appréciée des masses.

Nous avons vu d'ailleurs, qu'en tant que prémisses, ces arguments défient toute casuistique, il s'agit alors de s'assurer si les conclusions ont été régulièrement tirées et si la solution pratique est applicable.

Creusons le sujet.

Sans entrer dans des développements scientifiques qui sont hors de ma compétence, je crois qu'on peut admettre comme démontrés deux ou trois points, sur lesquels les hygiénistes et les physiologistes sont unanimement d'accord. Il ne s'agit pas, bien entendu, d'exposer tel ou tel système médical sur lesquels Purgon et Diaphoirus trouveront toujours moyen de se prendre aux cheveux ; il s'agit de considérer, comme définitivement acquis, ce que l'expérience et l'observation ont depuis longues années mis hors de doute.

Je présente donc à titre de postulats à admettre sans discussion, quelques-uns de ces préceptes d'hygiène pratique dont la nomenclature s'étale en toutes lettres au bas de n'importe quel prospectus de maître d'hôtel, et que la première bonne femme venue est apte à commenter, sans avoir eu la moindre accointance avec l'école de Salerne. Cela se traduit ainsi : exercice modéré, air salubre, habitation intelligemment orientée, nourriture saine et abondante. C'est court, c'est simple, ça paraît bébête et cependant ça contient tout. Dans de semblables conditions, il est généralement reconnu qu'il faut y mettre une véritable mauvaise volonté, pour ne pas traverser gaillardement la vie, à l'abri de la plupart des fâcheuses infirmités qui la rendent parfois si maussade.

J'ajoute à ces conditions premières, et au risque

d'être considéré comme épicurien, un minimum de superflu que je considère, comme devant faire partie intégrante du nécessaire et je clos la série, en réclamant la plus grande somme possible de distractions physiques et intellectuelles.

C'est là, dira-t-on, le côté tout matériel des arguments de sentiment. — C'est juste, mais, d'accord en cela avec le jovial jugement de l'immortel Sancho Pança, j'estime que ce côté n'est pas dépourvu d'importance et qu'il vaut la peine qu'on s'y attache quelque peu. Il est bien évident que les choses en marcheraient beaucoup mieux, non seulement pour les ouvriers d'industrie, mais pour tous les travailleurs en général et même pour une bonne portion des patrons, si on se préoccupait un peu plus de trouver les applications à cette science si bonne fille et si facile à comprendre sans étude.

A tout prendre, il faut convenir que les sentimentaux ont au moins cette qualité, qui en vaut bien une autre : d'être de braves gens brûlant du désir de voir tout le monde heureux et content, ce qui vaut infiniment mieux que de se creuser la tête à la recherche d'une mélinite quelconque.

Ce n'est pas tout. Aux savants qui s'occupent des moyens d'améliorer le corps, viennent se joindre ceux qui se consacrent à la culture de l'esprit : les philosophes, les moralistes, les sociologues apportent, eux aussi, leur contingent d'observations revues, corrigées et mises à la portée de toutes les intelligences.

Aristote — qu'à cause de son grand âge les superficiels ont le tort de considérer comme un vieux radoteur — Aristote avait dit que l'homme est non-seulement un être éminemment perfectible, mais qu'il est également éminemment sociable.

Depuis Aritoste, la nature humaine n'a pas changé. Il est sûr que si l'homme peut jusqu'à un certain point se perfectionner lui-même, le frottement de ses semblables lui en facilite singulièrement les moyens, en lui permettant de s'assimiler leurs idées.

Le progrès de notre espèce réside tout entier dans cette assimilation qui va toujours grandissante par l'accumulation des idées nouvelles, qui viennent sans trêve s'ajouter aux idées anciennes.

L'assimilation commence à l'extrême enfance par *l'éducation* et se continue par *l'instruction*, laquelle ne s'arrête qu'au point extrême où les facultés intellectuelles défaillantes, n'ont plus la force d'acquérir et vont s'émiettant en détail jusqu'à la déliquescence finale. Or, pour être éduqué, il faut des éducateurs ; et ces éducateurs de la première enfance, vous ne pouvez les trouver ailleurs que dans la famille. Il faut donc que le père et la mère puissent prêcher d'exemple, et mettre en action, sous les yeux de l'enfant, les bons principes qui lui seront plus tard enseignés à l'école et qui feront de lui un citoyen intègre, marchant droit son chemin, avec la connaissance approfondie de ses droits et de ses devoirs.

Ce résultat, on ne peut l'obtenir, s'il n'y a pas contact suffisant entre les membres de la famille.

Donc, il est nécessaire, il est indispensable, que la journée soit limitée.

D'aucuns objectent que la fréquentation de l'école est obligatoire et que l'enfant est instruit.

C'est vrai pour la France et pour quelques nations avancées ; mais, n'empêche que cette instruction élémentaire a besoin d'être soutenue et complétée par une intelligente éducation familiale; l'exemple des parents ayant toujours une influence décisive, sur la direction bonne ou mauvaise que prendra l'enfant.

En réalité, il ne faut pas se faire illusion, le peuple est certainement moins ignorant, mais c'est manquer grandement de clairvoyance, que de ne pas constater combien le progrès moral a été plus lent que le progrès intellectuel. Les pessimistes prétendent même qu'il y a rétrogradation et ils en trouvent les preuves dans l'extension toujours croissante de l'alcoolisme, et surtout, dans la criminalité juvénile et la récidive.

Devant cette défaillance morale, les piétistes ont beau jeu pour attribuer cette recrudescence de vices à l'absence de la foi religieuse, qui se servait de la crainte des châtiments célestes, comme d'un frein puissant contre les mauvais instincts. Les piétistes, en cette circonstance, ne font guère que ressasser une fois de plus leur rengaine ordinaire et profitent adroitement de l'occasion, pour prêcher le même sempiternel sermon à la gloire de leurs petites chapelles. Mais aujourd'hui, ça ne prend plus, surtout auprès des gens qui se rendent parfaitement compte, que les pays les plus dévôts ne sont pas les plus vertueux, tant s'en faut. L'illusion s'est envolée ; on commence à voir distinctement, que la dévotion n'est au fond qu'une forme particulière de l'égoïsme, comme la plupart des impulsions humaines, pour ne pas dire toutes.

Le dévôt place sur terre un capital de bonnes actions ou réputées telles, pour en toucher dans le ciel des revenus fantastiques, exactement comme l'usurier fait signer à un mineur, des lettres de change payables à sa majorité, ou à valoir sur l'héritage paternel.

La crainte de l'enfer est tout aussi impuissante à arrêter le criminel dévôt, que la crainte de l'échafaud à arrêter le criminel instruit ; l'un espère se racheter par une confession *in extremis*, l'autre compte sur son habileté pour échapper au châtiment.

Qu'est-ce que cela prouve, sinon que ni la religion, ni l'instruction ne peuvent suppléer à ce sens moral, dont le germe n'est cultivé avec fruits, que dans l'éducation familiale de la première enfance.

Quoi qu'on dise, c'est encore là qu'est le meilleur système de dressage humain.

Par le peu que contient ce chapitre, on doit ce me semble, s'expliquer facilement que les arguments sentimentaux aient convaincu beaucoup de braves gens qui, n'écoutant que leur bon cœur, se sont mis résolûment à crier comme les autres : « Vive la journée de huit heures ! »

Pour mon compte, je le comprends d'autant mieux que, — je dois le dire — je faisais partie moi-même de ces braves gens, *quorum pars parva fui ;* et que, j'ai dit, j'ai clamé, j'ai imprimé, que les difficultés matérielles ne devaient pas arrêter un instant l'accomplissement de la réforme.

C'était le premier mouvement, le mouvement généreux, celui qu'on appelle le bon mouvement, parce que dans son élan spontané, il ne se préoccupe pas des difficultés.

Je ne m'en repens pas, car on ne doit jamais se repentir d'un sentiment humanitaire ; seulement, je regrette que la réflexion m'ait apporté plus tard les tristesses de la désillusion.

Comment ! nous voulons tous que le travailleur jouisse comme les autres, des douceurs de la vie et qu'il ne soit pas systématiquement tenu à l'écart des progrès accomplis. Nous voulons qu'il soit suffisamment instruit, soigneusement éduqué, bien nourri, bien logé, bien vêtu, pas surmené et même qu'il soit quelque peu ragaillardi de l'uniformité de sa tâche quotidienne par quelques ditracstions attrayantes ; et, pour cela, nous ne trouvons rien de mieux que la journée de huit heures !

Est-ce là prendre véritablement le bon chemin ?

Nous pourrons en décider bientôt, après avoir passé au crible les arguments de faits et que nous aurons établi un parallèle comparatif entre les deux théories.

Il faut dire encore que les adversaires de la journée de huit heures, ceux qui, élevés sur les bancs de l'économie politique libérale, prennent pour argent comptant tout ce que celle-ci leur a enseigné ; les disciples du *laisser-faire*, partisans déterminés du *statu quo* ; les libertaires intransigeants et irréductibles font eux aussi un chaleureux appel aux arguments de sentiment.

A proprement parler, ils n'ont à leur disposition qu'un seul argument de cette catégorie ; mais ils espèrent obvier à cette pénurie, en prétendant qu'ils remplacent la quantité par la qualité et ils accommodent leur unique syllogisme à toutes les sauces possibles.

On devine sans peine que toute leur argumentation roule sur le respect de la liberté individuelle en matière économique et sur l'indépendance des parties contractantes, à établir selon leurs fantaisies, les conventions particulières qu'ils érigent en lois.

Le thème est trop connu, j'ai déjà eu occasion d'en parler, et je le rappelle seulement pour mémoire.

Nous sommes suffisamment édifiés sur cette prétendue liberté économique qui serait parfaite en principe, si elle n'avait pas été complètement faussée, et si elle passait un égal niveau sur tous ses justiciables.

Il en est d'elle comme des fagots du personnage de Molière ; il y a liberté et liberté.

Le philosophe stoïcien, dont le nom m'échappe, qui prétendait que, même dans les fers, il se sentait libre, avançait simplement une de ces fanfaronnades philosophiques, qui habillent parfois pompeusement une sottise.

Oui, sans doute, en théorie, je suis parfaitement libre de refuser ma bourse au bandit qui m'arrête au coin d'un bois ; mais si je suis le plus faible, il me l'arrache et, toute ma liberté consiste à prendre mes jambes à mon cou, dans la crainte qu'il ne lui prenne fantaisie de me dépouiller en plus de mes habits.

Le nègre aussi serait libre de ne pas travailler, seulement comme le maître tient le fouet, la liberté s'incline.

Avec l'ouvrier, le maître ne tient pas le fouet, ça ne se fait plus en pays civilisé, mais il tient la bourse, ce qui est considérablement plus suggestif.

Devant des nécessités de ce genre, on aurait bien encore la liberté de se jeter à la rivière ; mais les plus libertaires des philosophes se tâtent

le pouls, avant de se décider à cette extrémité ;
et, comme le bûcheron de Lafontaine, s'ils appellent la mort, c'est pour qu'elle les aide à reprendre
leur faix.

Est-ce à dire qu'il faille faire bon marché de la
liberté humaine ?

Non pas ! je me plains au contraire de ce qu'elle
n'existe pas pour l'ouvrier, et je me plains surtout
d'être amené à prouver, qu'il ne deviendra pas
plus libre avec la journée de huit heures.

CHAPITRE VII

SOMMAIRE. — Obligation sociale du travail. — Pourquoi l'ouvrier travaille. — Le minimum de salaire — Le minimum uniforme est une absurdité. — Minimun capitaliste et minimum socialiste. — Le salaire vrai. — Minimum basé sur le coût des subsistances. — Le minimum implique le maximum. — Le minimum selon Fourier. — Aucun gouvernement n'osera soutenir le minimum. — La conférence de Berlin et les salaires. — Délibérations inutiles du Conseil Municipal de Paris. — Les prix de séries. — Les usages locaux. — Leur impuissance légale. — La loi des huit heures et la fixation du taux des salaires. — Patrons et ouvriers. — Conclusions socialistes.

Maintenant il nous faut, comme on dit, attaquer le taureau par les cornes et aborder sans hésitation les arguments que fournissent les faits, en portant nos investigations sur les conséquences probables, qui surgiront de la mise en pratique des trois-huit.

La première chose à voir, c'est naturellement son influence sur les salaires.

Travailler c'est fort bien. On doit même dire que le travail à lui seul constitue le fond du mouvement vital : travail de composition ou de décomposition, travail de perfectionnement ou de régression, pour les choses et pour les êtres.

Mais, si la grande loi de l'évolution roule sur le travail, il faut bien reconnaître que le mouvement n'est pas toujours correctement ordonné, et que les effets en sont parfois fâcheusement stériles.

Dans le monde, civilisé ou non, le travail est soumis à certaines conditions particulières émanant du milieu où il s'exerce ; et il s'ensuit, que le travailleur n'a pas toujours la faculté de travailler selon sa fantaisie. Il serait plus exact de dire, que c'est une condition d'une extrême rareté.

Le monde industriel est tout particulièrement soumis à cette fatalité, et ceux qui y sont enregimentés, avancent une triste vérité en prétendant qu'ils travaillent non pour la gloire, mais pour l'argent ; non pour jouer volontairement un rôle dans l'évolution économique, mais tout bonnement par besoin, pour manger. Donc, si en thèse générale, on ne travaille que pour l'argent, la réglementation du travail traîne forcément avec elle, tenace, irréductible, obligatoire : la question terriblement épineuse des salaires.

Avec la loi des huit heures les salaires resteront-ils, ou non, ce qu'ils sont aujourd'hui.— C'est le moment d'en parler.— Je rappelle pour mémoire le dilemme bien connu des Economistes : « si les salaires baissent, l'ouvrier sera plus misérable ; s'ils restent stationnaires les produits hausseront et l'ouvrier, en tant que consommateur subira, comme tout le monde, les effets de cette hausse. Donc, des deux côtés il y perd. »

Nous verrons en épluchant de près cet argument ce qu'il contient au juste de vrai et de faux.

Les socialistes ont bien compris qu'on ne pouvait passer sous silence cette question d'argent, puisque dans les propositions votées au congrès de 1889, ils ont introduit et maintenu depuis, la clause de la fixation d'un minimum de salaires.

Mais, s'ils ont fait preuve de perspicacité, en soulevant la difficulté, ils ont singulièrement pataugé en dehors du bon sens, dans les moyens qu'ils ont proposés pour la résoudre. — N'en déplaise aux fortes têtes du socialisme, cette idée de fixer légalement un minimum de salaire, comme cela, tout de suite, par une promulgation à l'*Officiel*, est, sans contredit, la plus rondelette ineptie, qui ait pu être amoureusement caressée par un de ces philanthropes naïfs, dont le métier est de travailler en chambre au bonheur des peuples.

Au fond, qu'est-ce que cela, le minimum de salaire ?

Le mot le dit : un prix au-dessous duquel, il sera interdit de descendre pour rémunérer le travail.

Mais, ce minimum sera-t-il le même, pour toute espèce de travail ? L'ouvrier graveur, par exemple, qui, par le talent est presque un artiste, aura-t-il le même minimum que le portefaix, à qui il suffit d'avoir du biceps et les reins solides ?

Vous répondez qu'il y a égalité dans les exigences de leurs estomacs.

Soit — mais il vous est défendu d'affirmer qu'il y a égalité dans leur capacité. — En tout cas, je vois là une logomachie qu'il faut éclaircir.

Il y a minimum et minimum : le minimum socialiste et le minimum capitaliste.

L'employeur, sans le crier sur les toits, est constamment à la recherche du minimum qu'il devra débourser, pour le paiement de ses employés. Ce minimum là, on l'a baptisé la *loi d'airain* des salaires, loi qui par parenthèse n'en est pas une, quoiqu'elle ait beaucoup fait parler d'elle.

Les socialistes veulent mieux que cela, et ils ont parfaitement raison. La loi d'airain, si elle était appliquée, donnerait bien un minimum de nécessaire ; mais ce qu'il faut, ce qu'on veut, c'est un minimum de confortable.

Je suis loin de chicaner sur cette exigence, que je trouve fort légitime, je reproche seulement aux socialistes, de ne pas suivre la bonne route pour obtenir satisfaction.

Au lieu de fixer un minimum, pourquoi ne pas fixer de suite le salaire vrai, le salaire normal, le salaire mérité, et dire : « à tant d'heures de tel travail, correspondra telle somme d'argent ? »

Il me semble, puisque nous sommes embarqués dans les règlementations, qu'il ne faudrait pas plus de tâtonnements pour déterminer le prix de la journée, qu'il n'en a fallu pour en déterminer la durée.

Pour établir le minimum, on parle de prendre pour base le coût des subsistances et de toutes les choses nécessaires à la vie. Or, ce coût varie selon les régions, de sorte que le minimum de Paris ou de Lyon, ne sera plus le même que le minimum de Pont-à-Mousson ou de Landernau. Les prix des denrées sont soumis à toutes les fluctuations du commerce ou de la spéculation, et peuvent varier d'un mois sur l'autre. Les saisons ont aussi leur part d'influence et il faudra établir un tarif d'hiver et un tarif d'été.

Dans tout cela, il y a des complications pratiques qui seront difficilement levées, et on risque fortement de mécontenter ceux qu'on désire soulager.

Pour établir un minimum invariable de salaire, il faudrait presque établir en même temps, un maximum dans les prix de vente des marchandises, ce qui serait loin de simplifier les choses.

Du reste, je conviens que, rendus prudents par

l'essai du maximum tenté par la Convention en
1793, les plus aventureux ne soufflent mot sur
cette scabreuse combinaison.

Ce dont on n'a pas l'air de se douter, c'est que
le patron qui est le payeur, pourrait bien avoir lui
aussi, la prétention d'être consulté sur l'affaire,
ce qui n'a rien d'exagéré.

D'après la critique socialiste, il paraîtrait même
qu'à notre époque, c'est le patron seul qui fixe le
taux du salaire et que l'ouvrier doit, bon gré mal
gré, s'y soumettre ou passer par la porte. Évidemment, il y a du vrai dans cette observation ,
mais il est inexact de prétendre que le patron
exerce constamment ce privilège. A l'occasion, la
revanche ne se fait pas attendre, et pour s'en
convaincre, il n'y a qu'à se rappeler les grèves
ouvrières, qui ont eu pour prétexte et pour résultat de faire hausser les salaires.

Quoi qu'il en soit, admettons, pour un instant,
la toute puissance du patron. Est-ce qu'il ne
tombe pas sous le sens, que si vous fixez un
minimum de salaire, le patron ne voudra pas en
démordre ; et que c'est condamner d'emblée, l'ouvrier à ce minimum. Heureusement, pour les uns
et pour les autres, que les choses se passent autrement.

Cette idée de minimum est une réminiscence
maladroite du minimum de Fourier. Seulement,
Fourier prenait la peine d'être conséquent avec
lui-même. Il déclarait que la société devait à
chacun de ses membres, le minimum de tout ce
qui est nécessaire à la vie, comme compensation
des droits primordiaux : chasse, pêche, cueillette,
pâture et libre parcours, qui se trouvaient confis-
qués par le contrat social. Selon Fourier, ce

minimum n'était qu'une indemnité et il n'était pas nécessaire de travailler pour y avoir droit. C'était même tout spécialement à ceux qui ne voulaient pas travailler qu'il était destiné.

Du reste, si on voulait pousser la critique un peu loin à l'égard des réformateurs, on pourrait s'étonner de leur entendre parler d'une réglementation des salaires. Que les socialistes demandent l'abolition du salariat, rien de mieux, c'est se placer sur un excellent terrain et rester dans la logique de leurs théories. Mais, parlementer pour obtenir des changements, même des changements heureux, dans son mode de fonctionnement, c'est, sinon en reconnaître la légitimité, au moins avouer qu'on n'a rien de pratique à mettre à la place.

Je sais bien que le communisme et le collectivisme sont là en réserve, tout disposés à entrer en lice ; mais, franchement, c'est là un morceau trop gros à avaler pour l'instant ; et d'ailleurs, il n'est pas question en ce moment, de retourner tout le système social, ce que l'on cherche, c'est à appliquer légalement la journée de huit heures.

Pour en revenir aux salaires, je le demande en toute sincérité aux plus convaincus, n'ai-je pas dit vrai en prétendant qu'en l'état actuel, pas un gouvernement ne serait disposé à englober la question des salaires, dans n'importe quelle loi de réglementation du travail ?

Qu'on les suppose animés de sentiments aussi démocratiques qu'on voudra ; qu'on interroge le Conseil Fédéral Suisse, qui est certainement celui de tous qui s'intéresse avec la plus vive sollicitude à la classe ouvrière. Qu'on s'adresse encore à S. M. Guillaume II, qui a rêvé d'attacher son nom à une grande entreprise humanitaire (en supposant qu'aucun revirement ne vienne modifier et retourner ses intentions premières), Guillaume II, malgré son autoritarisme, n'oserait pas s'embarquer dans cette galère.

Pense-t-on que les parlements de l'Angleterre et des Etats-Unis se risqueraient à accepter, et même à discuter une loi, où serait mentionnée la clause d'un minimum de salaires ; et cela, malgré la pression que pourraient exercer les Trades-Union et les Chevaliers du Travail ?

Il est probable, que plus d'un gouvernement s'est dit *in petto*, que l'empereur d'Allemagne avait levé bien intempestivement, un lièvre qu'il aurait mieux fait de laisser chasser par la Suisse. C'eût été d'autant plus rationnel, que celle-ci avait pris l'initiative du projet, qu'elle l'aurait discuté sans précipitation et qu'on aurait ainsi évité le ridicule de provoquer un immense retentissement, autour d'une proposition mal préparée et insuffisamment étudiée, destinée à tomber piteusement dans l'eau.

Du reste, à la conférence de Berlin, la motion du minimum de salaire n'a pas osé se produire et, en somme, tout s'est borné à des déclarations platoniques qui n'ont pas fait avancer la question d'un pas.

Il n'y a eu aucune de ces déclarations catégoriques qui vont droit au but et disent carrément : « Voilà, ce qu'il faut faire. »

Dans cette conférence, tout s'est borné, en fait de réforme, à insinuer timidement, que ceci ou cela *serait désirable*. Ce n'était pas la peine, assurément, de mener si grand tapage au début, pour aboutir à des causeries aussi inutiles, que celles qui se débitent dans n'importe quelle parlotte politique.

A la rigueur, il est admissible, que les plus fervents, parmi les législateurs, se laisseraient peut-être aller à voter la journée légale ; mais quant à les amener à consentir, à ce que la loi vienne poser son visa sur le livre de paie, c'est une tout autre affaire.

Le Conseil Municipal de Paris, qui n'a pas son pareil en fait de zèle, a voulu entrer dans cette voie et mal lui en a pris.

Par ses délibérations des 2 mai 1888 et 13 juin 1890, il avait décidé qu'on inscrirait dans les cahiers des charges, pour les adjudications de travaux municipaux : 1º la journée de neuf heures (on n'avait pas osé descendre jusqu'à huit) ; 2º Un jour de repos par semaine ; 3º le paiement des ouvriers, calculé d'après les prix des séries.

Les entrepreneurs se sont abstenus, le ministre a annulé les délibérations.

Avec une persistance digne d'un meilleur sort, le Conseil est revenu à la charge en mars 1891.

Nouvelle annulation, mais pourvoi devant le Conseil d'Etat.

Cela pourra marcher encore longtemps du même train ; affaire de goût ; il y a des gens qui ne sont jamais plus heureux et ne pensent avoir réellement bien mérité de la patrie, qu'après avoir donné un vaillant coup d'épée dans l'eau.

On nous dit qu'on espère, en manifestant ici, là, partout enfin, en arriver à une pression telle sur les pouvoirs publics, qu'il ne leur restera plus d'autre alternative que de se soumettre.

J'en doute, mais quand cela serait, c'est un motif de plus pour savoir ce qui est possible et éviter ainsi, de faire quelqu'irrémédiable pas de clerc.

On ne manquera pas de m'objecter, qu'il existe déjà une espéce de taxation de la main-d'œuvre dans les prix de séries, dressés par les chambres de commerce et les chambres syndicales,

Je sais cela, mais je sais tout aussi bien, que les prix de séries n'ont aucune valeur légale, puisqu'ils peuvent varier au gré des conventions particulières.

Les prix de séries servent tout bonnement de limite coercitive aux prétentions exagérées que, faute de traité régulier l'entrepreneur, serait tenté d'émettre au détriment de son client. L'homme d'argent entrepreneur, capitaliste, ou propriétaire connaît de reste la facilité d'absorption de ses congénères ; et par les prix de séries, il a simplement pris ses précautions contre les mémoires grassouillets, dont les apothicaires ont eu paraît-il, le monopole autrefois, mais qui se sont acclimatés avec la plus grande facilité, chez tous les faiseurs d'affaires.

Les prix de séries sont employés surtout de capitaliste à capitaliste ; mais personne ne s'occupe de vérifier, si ces prix ont été réellement payés au travailleur. D'ailleurs, chacun semble admettre, que l'entrepreneur est en droit de s'attribuer un gain sur la journée de ses ouvriers ; et même, avec le mode de concurrence en vigueur, c'est souvent là qu'il récolte le plus clair de ses bénéfices. Lorsque l'Etat, les communes, ou même les particuliers mettent des travaux en adjudication, les soumissionnaires consentent à un tant pour cent de rabais sur la série ; et c'est celui qui a fait la plus forte réduction qui est déclaré adjudicataire. Or, personne n'aurait la naïveté de croire, que l'entrepreneur n'a d'autres visées que d'être

agréable à son client, en sacrifiant ainsi une partie
de son gain. Il se donne, il est vrai, la satisfaction
de jouer un tour à ses concurrents, en enlevant
l'affaire, mais le tour lui paraît infiniment
meilleur, s'il est accompagné de quelque profit ;
aussi on peut être sûr, qu'il rognera sans ver-
gogne le salaire de ses ouvriers, si la chose lui est
possible, et cela sans le moindre respect pour les
prix de séries.

On me rendra cette justice, que je n'hésite pas
à cogner à droite et à gauche, lorsque je découvre
un abus d'un côté ou de l'autre ; et, qu'en ce
moment, si mes confrères en bourgeoisisme doivent faire la grimace, mes confrères en socialisme,
au moins, doivent être satisfaits.

En dehors des prix de séries, qui ne profitent
guère aux ouvriers, il y a les prix fixés par les
usages locaux ; et ce sont ceux-là surtout, qui
sont employés comme base des salaires dans le
louage d'ouvrage.

Je ne m'y appesantis pas davantage en ce moment, car j'aurai occasion d'y revenir amplement
dans la suite ; je me contenterai de cette dernière
observation : que les prix de séries et les prix
acceptés par les usages locaux, n'ont aucune
valeur légale contre les stipulations particulières,
qui peuvent les modifier au gré des parties.

De tout cela, il résulte, que par ses délibérations, le Conseil Municipal de Paris intronisait,
pour les travaux de la Ville, la pratique du minimum de salaires. — Quand je dis *minimum*,
c'est pour ne pas sortir de la phraséologie ordinaire, car. en réalité c'est *maximum* qu'il faudrait
dire, les prix de séries appliquant à la main-
d'œuvre un taux qui n'est jamais atteint.

Rien d'étonnant alors, que le ministre compétent ait reculé devant cette innovation, dont les Parisiens, en particulier, n'auraient pas eu lieu de se réjouir, puisque c'est avec les deniers des contribuables, que leurs édiles comptaient opérer cet acte de générosité.

Si les raisons qui précèdent paraissent suffisantes, et si toute clause ayant trait aux salaires est forcément éliminée de la loi, il s'en suit, qu'avec la journée de huit heures, la question d'argent restera, comme devant, une affaire à débattre entre l'employeur et l'ouvrier.

On aura beau ergoter, nous n'en sommes pas moins acculés dans une impasse infranchissable.

On se risque à toucher au temps, mais on n'ose pas ou on ne peut pas toucher aux prix ; donc, rien de changé dans les relations d'argent entre l'ouvrier et le patron, qui devront, tout comme aujourd'hui, arranger cela ensemble.

Remarquez, que la question d'argent est une cause de dissidence, qui prime d'une façon bien autrement sérieuse, la question de temps et qu'il n'y aura de fait, tant qu'on ne sera pas débarrassé de ce germe de dispute.

Actuellement, il n'y a que deux manières de régler les salaires : selon le temps, ou selon la quantité de travail fourni. Dans le premier cas, c'est le salaire à l'heure ou à la journée ; dans le second cas, c'est le salaire aux pièces ou à la tâche.

Dans le premier cas, le patron ne manquera pas de dire : « Je vous donnais tant d'argent, pour dix, douze ou quatorze heures de travail, la loi ne vous permet dorénavant de ne plus me donner que huit heures, comptons, c'est une proportion à établir. »

Dans le cas du travail aux pièces, le patron n'aura absolument rien à dire. Ce qui lui importe, c'est d'obtenir la même quantité de production. Si, à cause de la réduction de temps, son personnel est insuffisant, il avisera à se mettre en rapport avec un nombre plus grand d'ouvriers, pour rester dans les limites nécessaires. Ce que nous pouvons donc dores et déjà constater, c'est que l'ouvrier aux pièces, par le fait de la réduction de la journée, ne pourra livrer la même quantité de travail et supportera conséquemment une réduction de salaire.

Pour la même raison, l'ouvrier à la journée se trouvera dans une situation analogue, parce qu'il ne pourra livrer la même quantité de temps.

J'entends qu'on me dit : « Non pas, les bras devenant plus rares, la loi de l'offre et de la demande fera son office, le prix du louage d'ouvrage s'élèvera et le moins qu'on puisse obtenir, c'est que le taux des salaires se maintienne aux cours actuels, s'il ne devient pas plus fort. »

Les socialistes en ont conclu, que la journée de huit heures aurait pour résultat, la hausse des salaires et la suppression du chômage.

La chose vaut la peine qu'on y consacre un chapitre.

CHAPITRE VIII

ARGUMENTS DE FAITS. — LA SUPPRESSION DU CHÔMAGE

SOMMAIRE. — Formule générale. — Un tiers en moins dans le temps, nécessite un tiers en plus dans le nombre d'ouvriers. — Théorie de Karl Marx sur le chômage. — Y a-t-il toujours et dans chaque industrie, un tiers d'ouvriers disponibles ? — Personne ne le sait. — On a posé une simple supposition, comme un fait démontré. — Statistique ouvrière. — Un million de chômeurs. — Erreurs d'appréciations. — Un moyen d'équilibre, impraticable quoique logique. — La hausse des produits inévitable. — Cette hausse frappera tous les consommateurs. — Injustice de la répartition tout à l'avantage des ouvriers industriels. — Ce que feront les entrepreneurs.

Il n'y a pas lieu de trop grandement s'extasier si, dans les discours des prôneurs des *trois-huit*, on entend revenir avec la persistance d'un refrain : *La suppression du chômage* et la *hausse des salaires*. Ceci tient d'abord, à ce qu'une formule, dont la moindre prétention est de trancher d'un coup, un des côtés les plus épineux de l'organisation du travail, a besoin, pour être prise véritablement au sérieux, que d'autres formules retentissantes viennent se grouper autour d'elle, pour renforcer la note et lui donner plus de sonorité. Puis, comme en matière sociale, il n'est pas très difficile de pérorer jusqu'à perte d'haleine, sans qu'il soit obligatoire d'être bien ferré sur les conséquences pratiques de son sujet, il est tout naturel que ceux qui n'ont ni assez de savoir, ni assez d'imagination pour trouver de nouveaux arguments, essaient de se tirer d'affaire en mâchonnant les vieux clichés, qui traînent dans tous lescoins, à la disposition de qui veut les ramasser.

Que les socialistes veuillent bien ne pas se formaliser de la réflexion ; elle ne leur est pas exclusivement destinée, et leurs adversaires peuvent en prendre aussi leur bonne part.

Quoi qu'il en soit, voici comment se déroule le raisonnement : « Si la journée de travail était en moyenne de huit heures au lieu de douze, cette réduction d'un tiers dans le temps, nécessiterait l'emploi d'un tiers d'ouvriers en plus, pour accomplir la même besogne. Donc le chômage serait supprimé, et comme dans ce cas, les bras seraient moins offerts, les salaires hausseraient forcément. »

Je conviens que tout cela a l'air de se coudre assez proprement ensemble ; et ceux qui procèdent ainsi par voie de déduction, ont toutes les apparences de gens parfaitement respectueux de la logique.

Seulement, il est bon de voir au juste ce qui se cache sous cette expression « suppression du chômage. » Ici, je ne demanderai pas au socialisme qui se targue d'être scientifique, de me faire une démonstration par A + B, je me contente simplement, de poser ce petit calcul qui peut aisément se comprendre, sans le secours d'aucune autre science, qu'un peu de mathématiques très élémentaires.

Par la réduction de la journée, si l'emploi d'un tiers d'ouvriers en plus devient nécessaire, évidemment, une réduction du chômage suivra naturellement.

En effet, il coule de source qu'il faudra prendre ce tiers d'ouvriers quelque part, et qu'on ne peut les trouver que parmi les inoccupés.

Jusqu'ici ça marche tout droit ; mais voici, selon

moi, le point scabreux, où la logique me paraît bifurquer.

Dans le problème ainsi posé, le tiers que l'on retranche à la journée, est une donnée parfaitement connue et invariable ; mais il n'en est pas de même, de ce tiers d'ouvriers qu'il nous faut en plus.

Ce tiers là, c'est l'inconnu à chercher l'X. de l'équation ; et, c'est en même temps la pierre d'achoppement.

Le pourquoi est bien facile à expliquer.

Pour que la production reste ce qu'elle est, il faut, disons-nous, que vous compensiez la réduction de temps, par une augmentation dans le nombre d'ouvriers.

Or, ce nombre d'ouvriers qu'il vous faut en plus et qui représente le tiers du total ouvrier, êtes-vous sûrs de l'avoir là sous la main, tout prêt à entrer en ligne ?

Répondre que oui, est un « *a priori* » passablement téméraire qu'il faudrait prouver.

Je m'attends bien à ce qu'on vienne de suite m'opposer la théorie du chômage imaginée par Karl Marx. et me dire que le machiavélisme bourgeois tient toujours systématiquement en chômage, une réserve de travailleurs destinée à combler les vides que la mort, les accidents, l'épuisement font dans les rangs des travailleurs actifs.

Ce parodoxe a été et reste encore, un des plus beaux sujets de déclamations, fournis par les conceptions Marxistes. On conçoit que ce n'est pas le moment de prendre à partie le socialisme allemand tout entier, je ne m'occuperai donc que de ce qui touche directement à mon sujet, et je réponds aux Marxistes :

— Oui, sans doute, que la cause soit ceci ou cela, il y a toujours, et c'est déplorable, un certain nombre de *sans-travail*, qui n'ont pas lieu de voir la vie en rose. Mais, pour que cette réserve d'oisifs par nécessité, puisse équilibrer les quatre heures qu'on veut retrancher à la journée, il faut — je souligne — *il faut qu'il y ait en tout temps et dans chaque branche d'industrie, exactement un tiers des ouvriers, attendant les bras croisés qu'on les embauche.*

Il n'y a pas à regimber et chercher à tourner la difficulté, il est indispensable qu'il en soit ainsi, pour que la production ne diminue pas.

Eh ! bien, cette condition est-elle remplie ?

J'affirme hardiment, que ni les socialistes, ni leurs adversaires économistes, libéraux ou non, ne le savent. J'ajoute que les gouvernements ne le savent pas davantage, par la raison péremptoire qu'ils n'ont jamais eu la curiosité de le savoir, quoique seuls, ils soient outillés pour mener à bien une semblable enquête. Les gouvernants ont de toute éternité fait de la politique, bonne ou mauvaise, plutôt mauvaise que bonne, mais ils n'ont jamais voulu faire de la statistique ouvrière, ce qui, par le temps qui court, serait cependant beaucoup plus intéressant.

Lorsque de grandes grèves se produisent, qui menacent de troubler l'ordre, on suppute bien à peu près le nombre d'ouvriers qui ont déserté l'atelier, cela c'est assez facile ; il en est à peu près de même par les crises industrielles intenses ; mais, en temps ordinaire, qui donc pense à noter, que dans telle ou telle industrie, un ralentissement s'est produit qui met à pied, ici ou là, un certain nombre d'ouvriers ? — Qui donc s'occupe des mutations incessantes du personnel ouvrier, et des oscillations constantes de l'offre et de la demande, dans les cours de la marchandise travail?

Les patrons qui y sont intéressés, et encore ?

Les ouvriers, qu'y pourraient-ils faire ?

Il est si vrai que personne n'y voit goutte, les socialistes pas plus que les autres, qu'on s'est décidé chez nous, à créer d'abord une commission consultative, afin de concentrer et de rechercher les renseignements chiffrés, qui nous manquent. (1)

En outre, nous avons en perspective un office du travail, si toutefois la proposition n'est pas enterrée comme tant d'autres. Franchement, on aurait tout aussi bien fait, de se décider de suite pour un ministère du travail ; car il faudra bien un jour ou l'autre en venir là, mais nos législateurs ne sauraient marcher si vite.

Toutes ces institutions existent plus ou moins en Amérique et en Angleterre ; cependant, ces tentatives isolées, pour être excellentes, ne peuvent être considérées, que comme des rudiments imperceptibles, si on songe qu'on cherche à mettre sur pied une organisation internationale.

Ceci prouve donc, que ce n'est pas en connaissance de cause, mais par une sorte d'intuition et pardessus tout pour ne pas rester cois, que les socialistes de tous pays prétendent que les ouvriers en chômage fourniront assez de travail, pour compenser les quatre heures dont la journée sera diminuée.

Comme ce n'est pas seulement avec des intuitions et des suppositions qu'on édifie de bonnes

(1) Le congrès socialiste de Bruxelles a également décidé la création d'un *secrétariat international du travail*.

lois. je soumets aux gens que n'aveugle aucun parti pris, le petit calcul dont j'ai parlé précédemment ; et, nous verrons quelles conditions sont nécessaires en France, pour réaliser la suppression du chômage, sans que la production soit modifiée.

En s'en tenant aux chiffres les plus bas, il y a chez nous, en nombres ronds, trois millions de chefs de famille qui vivent du travail industriel.

Ce chiffre de trois millions est-il bien exact et ressort-il de documents bien certains ; je n'ai pas à le vérifier, je le prends parce qu'il est cité par tous les écrivains socialistes, ou non socialistes, et je dois d'autant mieux le prendre, que je l'oppose à ceux mêmes qui le considèrent comme bon.

Or, pour rester dans les limites d'une production normale, nous venons de voir que les *trois-huit* nécessitent l'embauchage d'un tiers d'ouvriers en plus ; donc, pour trouver ce tiers, il faut supposer qu'en tout temps, nous avons *un million d'ouvriers* qui restent là, immobiles, attendant qu'une occasion favorable les fasse rentrer dans le rang actif.

Vous avez bien entendu? — *Un million* de chômeurs sur trois millions d'ouvriers Un million de chômeurs, traînant après eux deux ou trois millions de femmes et d'enfants, c'est-à-dire au bas mot, un total de trois à quatre millions de meurt-de-faim.

Le bon sens me souffle que s'il en était malheureusement ainsi, cette armée, fut-elle moitié moindre, cette armée, serait encore suffisante, pour se soulever et arracher par la force, le pain qu'elle ne pourrait gagner par son travail. Le drapeau noir des ouvriers de Lyon, avec la devise « *du pain ou du plomb* » nous le verrions, d'un bout de l'année à l'autre, défiler dans les rues ; et il ne manquerait certes pas de Louise Michel, pour conduire les affamés à l'assaut des boulangeries.

Vous voyez donc bien, que vous serez indubitablement déçus dans vos espérances, la journée de huit heures supprimera bien le chômage, mais les bras sur lesquels vous comptez pour maintenir votre production, seront insuffisants.

Alors, comment ferez-vous ? Faudra-t-il après avoir raccourci la journée, venir déclarer honteusement, qu'on s'est trompé et qu'il faut abroger la loi, pour laquelle on avait créé une si violente agitation ?

On n'aurait même pas la ressource d'appeler à l'aide les ouvriers étrangers ; car si la loi devient internationale, comme on le prétend, les ouvriers étrangers se trouveront dans la même situation que les nôtres ; alors, ils préféreront rester chez eux et ils auront raison.

Donc, pas d'issue ouverte, pas de certitude sérieuse.

Au fond de tout cela, on ne trouve que des paroles sans sanction « verba et voces pretereaque nihil » — Ce n'est pas avec cela, qu'on pousse les sociétés vers le progrès.

Il y aurait bien un moyen « un moyen qui se présente avec des allures mathématiques propres à réjouir agréablement les instincts scientifiques du socialisme contemporain. Ce serait, dans chaque branche d'industrie, de diviser le nombre d'heures nécessaires à la production, par le nombre d'ouvriers attachés à cette industrie, le quotient donnerait exactement le nombre d'heures que chaque ouvrier devrait fournir.

C'est simple comme conception, et il n'y a pas

un entrepreneur, ni même un contre-maître, qui ne sache faire ce petit calcul, qui serait autrement rigoureux que le chiffre de huit heures choisi au hasard, par M. le Vice-Président Ward et par ceux qui l'ont cru sur parole.

Seulement, malgré la précision mathématique de ce petit calcul, il faut bon gré malgré, y renoncer par la bonne raison, que pour obtenir un quotient il est indispensable d'avoir un dividende et un diviseur, et que ces deux éléments nous manquent absolument. Personne n'est capable de dire combien il y a d'ouvriers de chaque industrie, et nul ne sait le nombre d'heures nécessaires, à chaque genre de production industrielle.

D'ailleurs, en supposant qu'on parvienne à trouver ces chiffres, ce qui n'est pas absolument impossible, on retomberait dans un autre ordre de difficultés bien plus dangereuses encore, parce qu'elles auraient pour ferments une inégalité dans le traitement des différentes branches d'industrie, inégalité qui ne manquerait de choquer les ouvriers et d'exciter entre eux de fâcheuses rivalités.

' Tout d'abord, le règlement qui en résulterait perdrait son caractère d'uniformité, parce que les travailleurs sont répartis sans ordre régulier entre les différents corps d'état ; il y en, a où le nombre d'ouvriers est beaucoup trop grand et d'autres, ou ce nombre n'est que juste, ou à peu près. — Aucune loi ne serait acceptée pour régulariser cette situation, sans être justement accusée de nous faire retourner aux corporations fermées de l'ancien régime. On voit d'ici comment serait reçu un règlement, qui fixerait le nombre des cordonniers ou des tailleurs, avec interdiction de ne pas le dépasser.

On va dire que je me plonge à plaisir dans la recherche des infiniments petits ? Je pourrais répondre que je ne fais que supputer des probabilités, comme on le doit, lorsqu'on est embarqué dans une aventure inconnue et périlleuse. Je trouverais même assez facilement, d'autres objections à entasser sur les précédentes, mais j'aurai le bon goût de ne pas insister ; et comme, en réalité, je veux faire de la clarté et non de l'opposition quand même, je vais accepter toutes les espérances, et au besoin, je permettrai de les concevoir plus grandes qu'on ne le dit. J'admets que la répartition des ouvriers se fera toute seule, j'admets que la production ne diminuera pas, j'admets que les salaires ne diminueront pas non plus. Mieux que cela, j'admets encore qu'ils doubleront, qu'ils tripleront même, si cela peut faire plaisir à mes contradicteurs.

Eh ! bien, qu'en résultera-t-il ?

L'économie politique vous le crie sur tous les tons, il en résultera une hausse des produits.

Pour une fois par hasard, que l'économie politique a raison, il ne faut pas lui chicaner les éloges ; la hausse du produit suivra nécessairement la hausse des salaires. Il ne faut pas être grand clerc, pour comprendre que si la façon d'une paire de bottes, augmente de trois francs, la paire de bottes sera vendue trois francs de plus.

Maintenant, veut-on par curiosité, évaluer quelle sera la moyenne du renchérissement des produits ? C'est facile à établir et ici encore, comme dans tout le cours de ma discussion, je ne me servirai que des chiffres donnés par les écrivains socialistes, qui défendent la loi des huit heures.

D'après leurs dires, la main-d'œuvre afférente aux produits industriels est de 18 %.

Si cette main-d'œuvre est augmentée d'un tiers seulement, elle deviendra donc égale à 24 %, soit 6 % en plus. Or, il faut remarquer, que cette augmentation d'un tiers, découle seulement de la réduction de la journée ; si en même temps les salaires venaient à croître parallèlement, et si l'ouvrier venait à gagner davantage tout en travaillant moins, alors ce ne serait plus une augmentation de 6 %, ça pourrait être aussi bien 8 ou 10 % et même plus encore.

Quels sont alors les alternatives qui doivent forcément se présenter, c'est, que la journée étant réduite, ou le salaire restera aux taux actuels, ou il deviendra plus élevé, je supprime l'hypothèse de la diminution des salaires pour faire une concession à mes adversaires.

Dans les deux cas, il n'en reste pas moins établi que le produit deviendra plus cher.

Donc, si le salaire demeure invariable, l'ouvrier sera un peu plus misérable ; si le salaire augmente, ce supplément sera *en partie* absorbé, par la cherté plus grande des objets de consommation.

Je prie de remarquer que je viens de dire : « *en partie absorbé* » par conséquent, il en restera une portion, qui profitera réellement à l'ouvrier.

C'est parfaitement vrai, mais c'est aussi parfaitement injuste.

Voyons pourquoi.

Si l'ouvrier industriel était l'unique consommateur, les salaires se répercutant sur le prix de la marchandise, pourraient indéfiniment augmenter, sans rien changer à la situation, l'équilibre resterait invariable, l'ouvrier rendant d'une main ce qu'il recevrait de l'autre. Mais, ce n'est pas du tout comme cela que les choses se passent ; à côté de l'ouvrier industriel il y a d'autres consommateurs.

Il y a d'abord le bourgeois dont je ne parle que pour mémoire, parce qu'en essayant de le défendre, je me ferais violemment prendre à partie.

Bon ! le bourgeois est riche, laissons-le payer.

Oui, mais en outre du bourgeois, il y a toute la série des autres travailleurs : travailleurs agricoles, travailleurs du commerce, etc., etc., dont j'ai fait la nomenclature au commencement de cette étude.

Ceux-là ne sont pas des richards, quoique on les ait exclus du bénéfice de la loi ; ceux-là subiront la cherté qui frappera les produits, sans avoir aucune compensation, ils ne travailleront pas une minute de moins et ne gagneront pas un sou de plus.

Ils paieront la plus grande partie de l'augmentation de salaires, que les ouvriers industriels empocheront. Voilà pourquoi j'ai dit qu'il y avait là une flagrante injustice.

Qu'on ne me dise pas que j'exagère, il est trop facile de prouver par chiffres, l'exactitude de ce que je viens d'avancer.

La population industrielle, famille comprise, représente à peine le quart de la population totale. Elle recevra intégralement en salaires les 6 % dont les produits seront renchéris, et ne souffrira qu'un quart de renchérissement. Les trois autres quarts seront supportés par le reste de la population. — Ce qui revient à dire que la population ouvrière recevra 6 %, en rendra 1/2 % et laissera payer aux autres 4 1/2 %.

On conviendra qu'au point de vue de la justice distributive, cela laisse singulièrement à désirer.

Veut-on maintenant savoir au milieu de tout cela, ce qu'il adviendra de l'entrepreneur ; car enfin, du moment que la loi qui règlemente le travail ne supprime pas carrément l'entrepreneur, nous sommes bien obligés de ne pas le considérer tout à fait, comme une quantité négligeable.

Eh ! bien l'entrepreneur, cela va va sans dire, cherchera tout naturellement à conserver intacts ses bénéfices,

La réduction de la journée suivie de la hausse des salaires, augmentant le prix de revient du produit de 6, 8, 10 %, il vendra 106, 108 ou 110 francs, ce qu'il vendait précédemment 100 francs et le tour sera joué.

A ce compte, on doit se demander pourquoi les entrepreneurs qui pourraient ainsi, sans bourse délier, accueillir les réclamations de leurs ouvriers, se montrent-ils si récalcitrants à accepter une règlementation, qui amènerait sûrement la paix entre le capital et le travail ?

L'observation a sa valeur, elle découvre un autre aspect de la question, qu'il nous faudra nécessairement élucider.

Ce qu'il fallait d'abord démontrer et ce que je crois avoir mis hors de doute : c'est la hausse infaillible des produits suivant la réduction de la journée et lui servant de corollaire.

CHAPITRE IX

L'INTENSITÉ COMPENSATRICE

SOMMAIRE. — L'augmentation des prix de revient entraîne forcément l'augmentation des prix de vente. — Réponse des intensistes. — L'intensité compense le temps. — Avec l'intensité, il n'y a plus à compter sur la suppression du chômage. — Dilemme embarrassant. — Ce que c'est que l'intensité. — Formule scientifique. — Réalité de la force intensive. — Son application dans l'industrie. — Ce que c'est que le travail aux pièces. — Ses avantages. — Comme quoi son principe est faussé. — L'ouvrier y trouve avantage au début. — En dernière fin, c'est le patron qui en profite. — Le marchandage. — L'intensité ne remédie pas au vice du salariat. — Pourquoi l'ouvrier développe son intensité. — L'amour du patron. — Illusions des intensistes.

Interrogez autant d'industriels qu'il vous plaira, ils seront unanimes à vous répondre, que s'il leur faut payer le même salaire, pour huit heures de travail que pour douze, les prix de revient hausseront nécessairement d'une quantité équivalente.

Or, — chacun sait ça — lorsque les prix de revient s'élèvent, il faut des circonstances bien extraordinaires, pour que les prix de vente ne soient pas entraînés dans le même mouvement. Il y a là un phénomène d'attraction facilement vérifiable. Les prix de vente sont par nature doués d'une force ascensionnelle si intense, qu'il faut bien peu de chose pour les faire bondir au-delà de la normale ; et, c'est ensuite toute une affaire, pour les obliger à rétrograder. Les économistes ont donc très habilement circonscrit le problème dans un cercle d'une étroitesse extrême, en donnant pour corollaire à la réduction de la journée, le renchérissement obligatoire des produits. Les révolutionnaires affirment carrément, que c'est un mensonge inventé pour perpétuer l'exploitation capitaliste. C'est bientôt dit, mais ce n'est pas une réponse.

En revanche, les socialistes intelligents ont parfaitement compris, qu'il fallait trouver quelque chose de meilleur et de plus neuf à objecter. Ils ont senti que la première chose à démontrer et, à démontrer pour de bon, c'est qu'en matière de travail, huit heures peuvent en valoir douze. Quoique cela donne une équation cocasse, qui se formule par cet étrange énoncé : *huit égale douze*. Il y aurait là, en s'en tenant au pied de la lettre, de quoi faire dresser les cheveux sur la tête, à tous les mathématiciens qui ont des cheveux.

Nos réformateurs ne se sont pas laissés arrêter par cette apparence d'absurdité ; et, sans sourciller, sans reculer d'une semelle, ils répètent triomphalement : « Oui ! huit égale douze. Huit égale douze, de par l'intensité compensatrice. L'ouvrier compensera le temps, par une rapidité d'exécution inaccoutumée. En appliquant l'intensité à une journée réduite, il produira tout autant, car huit heures de travail intensif équivalent haut la main, à douze heures de travail ordinaire. L'intensité compensatrice arrange tout ; grâce à elle, rien ne sera changé dans les prix de revient et les produits seront à l'abri du surenchérissement. »

Tout cela est vrai, ou tout cela est faux.

Si l'intensité compensatrice n'est pas un pur chef-d'œuvre, une idée de génie capable de forcer l'admiration ; si ce n'est qu'un simple sophisme, on peut toujours convenir, qu'il ne manque pas d'une certaine originalité ; et une fois de plus, il nous sera donné de nous extasier sur cette fécondité d'imagination, qui permet à certains socialistes de toujours tirer de leur sac, au moment opportun, une spéciosité embarrassante, qu'ils lancent adroitement dans les jambes de leurs adversaires.

Mais, en sociologie, l'imagination ne suffit pas.

Une chose frappe tout d'abord dans l'intensité compensatrice, c'est qu'elle est en opposition directe avec la *suppression du chômage*. L'intensité compensatrice démolit, sans façon, toute espérance de voir licencier la réserve de travailleurs inoccupés ; avec elle, le chômage ne sera pas vaincu comme on l'a prétendu.

Un esprit droit, ne distinguant pas clairement toutes les beautés des *Trois-Huit*, mais ne demandant cependant pas mieux que d'être édifié à ce sujet, ne pourra s'empêcher de faire cette réflexion, que les réformateurs devraient avant tout se mettre d'accord, et ne pas prêter le flanc à une critique aussi grave. Il est mauvais, pour une idée, de se voir acculée à un dilemme, dont elle ne peut sortir que diminuée ; car ce n'est pas là une affaire de goût, où chacun peut choisir ce qui lui convient le mieux ; l'une des deux alternatives doit se produire en annulant l'autre. Ou bien la journée de huit heures augmente le nombre des bras embauchés et renchérit la production, ou bien l'intensité s'oppose à la diminution du chômage. C'est l'un ou l'autre, peut-être ni l'un ni l'autre ; mais, à coup sûr, ce n'est pas les deux à la fois.

Ici, comme toujours, procédons par voie d'analyse. L'intensité dans le travail, cela se comprend tout seul, n'est rien autre chose que le rapport existant entre l'effort produit et le temps passé à le produire. L'opération toute entière peut se résumer dans l'exemple suivant, qu'on est libre de qualifier d'enfantin, mais que je considère comme topique pour ma démonstration. Le voici dépouillé d'ornement et dans toute sa simplicité native : En me promenant tranquillement, je mets juste une heure pour faire un kilomètre, en pressant le pas, je ne mets plus qu'une demi-heure ; en courant, je le parcours en dix minutes. Dans les trois cas, le travail produit est le même, le temps seul est modifié, mes jambes n'ont fait qu'un kilomètre, mais les délais ne sont pas les mêmes et donnent ainsi trois degrés différents, qui résument toute la théorie de l'intensité.

La formule scientifique serait celle-ci : tout individu possède une dose d'énergie musculaire, qu'il peut à volonté, transformer en mouvement utile c.-à-d. en travail, et, ce travail, comme tout effort mécanique peut être calculé mathématiquement et traduit en kilogrammètres.

Le travail cérébral est régi par des lois différentes, mais ayant cependant quelque analogie avec le travail physique. En résumé, l'homme peut dépenser sa force vitale en un temps plus ou moins long, mais il y a pourtant des limites de vitesse, qu'il ne peut dépasser, limites précises et variables pour chaque individu. La loi pour la machine humaine est, la même que pour toute machine : elle perd en force ce qu'elle gagne en vitesse. Donc, il est permis de considérer comme possible, qu'un ouvrier, dans certains cas, abatte en huit heures, la tâche qui lui demande habituellement dix, douze ou même quatorze heures.

Je ne cherche pas, en ce moment, à savoir s'il

en résultera une fatigue plus grande et, s'il est réellement préférable au point de vue de la santé et de l'hygiène, de produire rapidement un maximum d'effort, pour se reposer ensuite plus longtemps ; ces considérations viendront plus tard, lorsque nous aborderons le surmenage.

Ce qu'il nous faut examiner pour le quart-d'heure, c'est l'influence de l'intensité sur le travail industriel et ses différents modes d'application.

Partant de ce principe, que l'intensité n'est pas niable, si nous sommes curieux de savoir comment aujourd'hui elle est industriellement mise en pratique, nous la trouvons appliquée sur une très large échelle, dans ce qu'on appelle le travail à la tâche, le travail à prix fait, le travail aux pièces.

Tout le monde connaît le travail aux pièces.

Un patron donne à un ouvrier un travail déterminé à exécuter pour un certain prix, sans autres conditions que celles d'une bonne exécution et d'une livraison dans des délais convenus. Ce sera, par exemple, un meuble, un vêtement, une pièce mécanique, une fraction même minime d'un produit complet, peu importe, c'est affaire de métier et on peut affirmer qu'il n'y a guère d'industrie. où le travail ne puisse ainsi se scinder et s'accommoder, en tout ou en partie, du travail aux pièces.

L'ouvrier dans ce cas, a donc un intérêt personnel à produire le plus rapidement possible, par cette simple raison, que plus souvent il apportera de pièces achevées, plus souvent il touchera le salaire convenu. C'est clair, c'est net. Son activité n'est aiguillonnée que par son désir de gagner plus ou moins ; c'est à lui de la régler.

La seule chose qu'il faille considérer comme nécessaire, c'est que le salaire convenu soit suffisant, pour le dispenser d'un surmenage exagéré. Nous verrons bientôt ce qu'il en est.

Dans le travail aux pièces, l'ouvrier s'ingénie à développer toute sa puissance de travail, tandis que dans le travail à la journée, il se ménage autant que le lui permet la surveillance patronale. Il n'a plus intérêt à faire de l'ouvrage, il a intérêt à passer les heures le plus doucement possible.

Et, remarquez bien, que ceci n'est pas un argument à côté, employé pour les besoins de la cause. Pour si peu qu'on soit initié aux agissements industriels, on sait parfaitement que si un ouvrier travaillant à la journée, reçoit un salaire représenté par le coefficient 2, — qui peut être aussi bien 2 francs que 20 francs — le même ouvrier mis aux pièces, pourra presque toujours faire monter aussitôt ce coëfficient à 2 1/2 ou 3, ou même davantage.

Pourquoi ? — Parce que dans ce cas, il développe un supplément d'intensité, qu'il se dispense naturellement d'émettre, lorsqu'il est payé à l'heure ou à la journée.

Le travail aux pièces bien compris et raisonnablement payé, offre ce double résultat, d'être avantageux pour l'ouvrier, qui bénéficie du surcroît de travail qu'il fournit, et pour le patron, qui se délivre d'une surveillance difficile et ennuyeuse, sans risquer de voir diminuer la somme de sa production.

Au fond, c'est de part et d'autre une combinaison essentiellement égoïste, je le reconnais ; chacun n'envisage que son intérêt ou sa convenance ; mais, en tout cas, si ce sentiment n'est pas très moral, il est parfaitement humain, et il serait difficile de trouver dans le monde industriel, et même ailleurs, une autre impulsion motrice des déterminations humaines.

Le salaire aux pièces serait donc en réalité, la forme la plus rationnelle du salariat, si tant est qu'il puisse y avoir quelque chose de rationnel dans cette institution.

Il paraît en effet beaucoup plus logique, d'évaluer directement un travail qui se présente complet, parachevé, incorporé dans un objet matériel qu'on voit et qu'on touche, que de tabler sur des probabilités aussi incertaines, que l'emploi plus ou moins judicieux, que l'ouvrier fera de son temps. — Donnant donnnant, le travailleur apporte sa pièce et le patron lui en paie le prix.

Pas de discussion possible, sur le fond de la question, tant qu'on ne sort pas des conventions acceptées.

Seulement, il est dit que dans notre aimable société, l'abus ne perd jamais ses droits. Grâce à l'égoïsme mal dirigé qui nous distingue, l'arrangement du travail aux pièces n'a pu s'établir, sans qu'aussitôt la tricherie ait fait des pieds et des mains, pour s'y faufiler ; et, elle y a réussi.

En allant au fond des choses, on voit que dans la plupart des cas, l'ouvrier ne trouve dans le travail aux pièces, qu'un avantage éphémère ; et, que presque toujours, il donne plus qu'il ne reçoit. Il gagne au début, lorsqu'un ouvrage à la journée est remplacé par le travail à la tâche, parceque, faute d'autres éléments d'appréciation, les prix sont fixés d'après le rendement à la journée. L'ouvrier se hâte alors de déployer toute l'activité, qui restait auparavant chez lui à l'état latent, il abat de la besogne à tour de bras, il se multiplie, il y met toute sa force et toute son intelligence, aussi, le jour de paie, il rentre avec un magot rondelet, qui lui avait toujours été inconnu jusques-là.

Ça, c'est la lune de miel du travail aux pièces ; mais la lune rousse ne tarde pas à faire son apparition Le patron qui paye, calcule ce qu'il débourse et il ne tarde pas à s'apercevoir, que son ouvrier gagne beaucoup plus que précédemment ; dès lors, son imagination se met en campagne pour déterrer un moyen sûr et prompt, qui lui permette de mettre ordre à la danse folle que prennent ses écus. Il ne se dit pas que sa production suit le mouvement, il se confine dans cette idée fixe, que précédemment ses ouvriers le volaient et ne lui donnaient pas son compte de travail ; d'où cette conclusion, que leur salaire est exagéré et qu'il n'est que temps de rogner les vivres à des gaillards qui, à ce train, ne tarderaient pas à gagner plus que leur maître.

Tenir compte du supplément d'effort et de fatigue, est une idée qui paraîtrait absurde à tout employeur. l'axiôme social du moment étant : « chacun pour soi. »

De là, à imposer des réductions de tarifs, il n'y a qu'un pas qui est rapidement fait, et c'est ainsi, que par le travail aux pièces, l'intensité peut atteindre son maximum d'effet, au profit exclusif du patron.

Qu'on ne s'imagine pas que celui-ci soit seul à ferrailler ainsi, pour la plus grande satisfaction de ses intérêts ; il trouve aussi à qui parler ; et la contre-partie ne manque pas son tour. Dès qu'une occasion favorable se présente, l'ouvrier use aussitôt de son droit de belligérant pour imposer, par la grève ou quelqu'autre moyen tout aussi anodin, des relèvements de tarifs.

Et ce jeu là se continue ainsi, tantôt à l'avantage de l'un, tantôt à l'avantage de l'autre ; nos législateurs depuis un siècle, n'ayant pas trouvé de meilleur moyen pour cimenter l'union du capital et du travail, que de laisser aux prises ces deux frères Siamois, qui ne peuvent marcher l'un sans l'autre, et dont la principale occupation est de se chamailler sans cesse.

A celui qui dira qu'un système économique basé sur des agissements aussi absurdes, est un système condamné qu'il faut au plus vite faire disparaître, je n'ai rien à répondre, sinon qu'il a raison. Mais c'est justement pour cela, qu'il est indispenssble de ne pas s'embarquer au hasard sur les trois-huit, ou sur toute autre combinaison imparfaitement élucidée, avant de s'être bien assuré, qu'on ne remplacera pas son cheval borgne par un aveugle.

Ce qui est certain, c'est que de cette guerre idiote, il résulte une anomalie préjudiciable à tout le monde.

L'ouvrier aux pièces quand il est intelligent, sait bien ce qui l'attend, s'il s'avise de donner constamment son maximum de travail. Il se cantonne alors dans une moyenne médiocre, qui lui assure un salaire un peu supérieur au salaire de la journée, mais très inférieur à celui qu'il pourrait obtenir en travaillant à plein collier. La production générale en souffre, sans compensation d'aucune sorte et l'intensité reste à peu près à l'état de lettre morte. — L'ouvrier qui travaille en chambre pour plusieurs patrons, se trouve dans de meilleures conditions. parceque son gain total échappe mieux au contrôle.

D'autre part, il faut remarquer que le patron a, presque toujours, l'avantage de la situation et qu'il sait en profiter. Il trouve des auxiliaires encore plus avides que lui, parmi les ouvriers qui font ce qu'on appelle le *marchandage*, qui n'est qu'une exploitation de second degré : l'exploitation de l'ouvrier par l'ouvrier. Puis, il y a en outre les besoigneux, les sans-travail qui sollicitent au rabais, aimant mieux gagner moins, que de ne rien gagner du tout.

Donc, malgré son apparence de logique, le salariat aux pièces n'est toujours qu'une variété de salariat ; et à ce titre, il ne peut éviter d'avoir des côtés défectueux. Quelques syndicats corporatifs l'ont bien compris, et ont demandé non-seulement l'abolition du marchandage ; mais aussi la suppression de tout travail aux pièces ; malheureusement, ils n'ont pas su aller plus loin, et ils n'ont trouvé de remède que dans l universalisation du travail à la journée, ce qui n'est pas sortir du salariat. (1)

Ce serait peut-être le moment de rechercher, si tout le mal ne vient pas de ce fait, que les tarifs de salaires sont laissés sans contrôle à l'appréciation des parties ; mais, il faudrait aborder en détail les considérations de liberté économique et d'intervention de l'Etat, ce qui serait greffer de grosses questions sur un sujet déjà suffisamment compliqué. Il y a là. matière à une étude spéciale. Ce qu'il me fallait démontrer, c'était que l'inten-

---

(1) La suppression du travail aux pièces a été agitée au Congrès de Bruxelles, à la demande des délégués du Danemark et de la Hollande.

sité avait bien dans le milieu économique actuel, un champ d'application assez étendu, mais que cette application laissait fortement à désirer et qu'elle ne sauvegardait que très médiocrement les intérêts des travailleurs.

Or, c'est sur cette intensité-là que comptent les partisans des trois-huit, pour compenser la réduction de la journée.

J'aime à croire qu'ils sont de bonne foi, mais en parlant ainsi d'intensité compensatrice, ils ont fait preuve d'une méconnaissance complète du caractère, non pas de l'ouvrier industriel en particulier, mais de l'homme en général.

Marchons un peu terre à terre et voyons les choses dans toute leur nudité, qui n'est pas toujours très propre. Pour développer, ainsi qu'on l'espère, une somme d'intensité égale à un travail ordinaire de quatre heures, par quel mobile peut-on supposer que l'ouvrier soit entraîné?

A coup sûr, ce ne serait pas par un sentiment d'affection pour ce même patron, qu'il qualifie si aimablement de *singe*, pas plus que par le désir aussi honnête qu'absurde, de voir ce singe entasser une plus grande somme de profits.

Franchement.! il faudrait avoir à sa disposition une jolie dose d'illusion et une foi merveilleuse dans la générosité et le désintéressement des hommes, pour espérer que le prolétariat, qui se plaint d'avoir toujours été malmené par le patronat, irait subitement prendre son exploiteur en affection et consentirait, oublieux du passé, à se dévouer corps et âme à ses intérêts.

Ces choses-là ne se voient plus, même dans les romans.

Dira-t-on que l'ouvrier, en obtenant ainsi une diminution dans la longueur de sa journée, comprendra, séance tenante, que la reconnaissance l'oblige à fournir la même quantité de travail, — Honorable scrupule d'honnête homme ! — mais n'oublions pas que ces quatre heures, ce n'est pas le patron qui les offre, le patron regimbe, le patron se défend comme un beau diable, il donne même a son opposition des raisons que nous aurons bientôt à apprécier. Si l'ouvrier obtient ses quatre heures, c'est qu'il les aura arrachées de force, et alors il ne doit aucune espèce d'obligation à son maître.

Je n'insiste pas et, aux socialistes de toutes les écoles, aux catholiques comme aux collectivistes, comme aux révolutionnaires : à MM. de Mun ou de La Tour du Pin, comme à MM. Vaillant Lafargue ou Guesde ; je me contenterai de demander ceci : Peut-il y avoir au développement de l'intensité ouvrière, d'autre mobile que le propre intérêt de l'ouvrier ? Si oui, il fallait le dire.

Or, rien n'étant changé dans le milieu économique, qu'un raccourcissement de quatre heures à la journée ; qu'on nous montre donc la raison qui ferait naître subitement chez lui, un zèle, qu'aucune loi n'est capable de lui imposer. — — Encore un coup s'il y a d'autres ferments assez forts, pour développer cette intensité indispensable à la justification de la journée de huit heures, on doit nous les indiquer, sinon nous sommes autorisés à considérer l'intensité compensatrice, comme un fâcheux paradoxe, qui ne peut que nuire à la cause prolétarienne

Qu'on me donne une réponse valable, je ne demande pas mieux de m'incliner. Mais cette réponse valable, m'est avis que je l'attendrai longtemps sous l'orme.

CHAPITRE X

L'INTENSITÉ COMPENSATRICE. — ARGUMENTATION
DELAHAYE

SOMMAIRE. — Nécessité d'analyser toutes les théories. —
M. Delahaye est un des premiers vulgarisateurs de la
journée de huit heures. — Documents dont il se sert. —
Tableau comparatif entre les usines Cail, des Téléphones,
du Massachusset et du New-Jersey. — Différences en apparence, tout à l'avantage Américains. — Pourquoi les
ouvriers américains ne se déclarent-ils pas satisfaits ? —
Les points faibles de l'argumentation Delahaye. — Les comparaisons sont basées sur la valeur vénale des produits.
— Différence industrielle entre les établissements comparés. — Les usines Cail et des Téléphones ne peuvent
être considérées comme de nature identique. —
M. Delahaye conclut à une production triple avec la
journée de 8 heures. — Approbation des socialistes. —
Réfutation des conclusions Delahaye.

J'ai prouvé de mon mieux que l'intensité, toute
réelle qu'elle soit, est loin d'être un argument
irréfutable, en ce sens qu'elle suppose chez l'ouvrier, une bonne volonté que rien ne justifie, et
qu'en outre, elle est en flagrante contradiction
avec la suppression du chômage, qui selon les
dires de certains socialistes, doit accompagner les
trois huit.

Ce que j'en ai dit serait sans doute suffisant
pour des esprits non prévenus ; mais sur ce point,
trop de gens ont leur siége fait et, je sens, que
pour en finir une bonne fois avec l'intensité, il
faut se résigner à la démonter pièce à pièce.

Cette exécution est d'autant plus nécessaire,
que personne ne l'ayant sérieusement attaqué de

front, elle a si bien fait son chemin qu'elle défraye encore toute la polémique socialiste, où elle est considérée comme une des meilleures objections à opposer aux économistes libéraux. Du reste, cette tâche m'est grandement facilitée, par les études antérieures que j'ai publiées dans la *Revue Socialiste* et ailleurs, études qu'il me suffira de rééditer ici en les complétant.

Commençons par faire brièvement l'historique de l'idée en France.

C'est à M. Delahaye, ouvrier mécanicien de son état, publiciste et conférencier à ces heures, que revient le mérite d'avoir, non pas inventé, mais largement propagé la théorie de l'intensité compensatrice, appliquée à la solution de la question sociale.

Comme M. Delahaye, a sur beaucoup de ses confrères, l'avantage très appréciable de savoir parler et de savoir écrire, il fut envoyé comme délégué à l'exposition de Philadelphie ; et ce fut lui, qui rédigea la déposition de la société professionnelle des ouvriers mécaniciens, remise à la commission chargée de l'enquête parlementaire sur le travail et l'agriculture.

Son rapport figure au journal officiel du 19 avril 1884. Plus tard, en 1885, il prit, sans succès il est vrai, comme plate-forme électorale la journée de huit heures, dont il fit sa spécialité. Il acquit ainsi une notoriété, qui lui valut d'être choisi par le ministère, pour faire partie de la conférence de Berlin, en qualité de délégué ouvrier.

Ne tirons pas, s'il vous plaît, cette conclusion que le ministère en faisant cette nomination, avait une inclination secrète, qui le portât à favoriser l'idée si ardemment préconisée par son délégué ;

ce serait supposer gratuitement des velléités réformatrices, dont tout ministère désireux de vivre se garde comme de la peste. D'ailleurs, les évènements ont surabondamment prouvé par la suite, que la théorie des huit heures additionnée de la théorie de l'intensité, était loin de faire la joie des gouvernements, et particulièrement du gouvernement de sa majesté Guillaume II.

Quoi qu'il en soit, M. Delahaye, peut à bon droit passer comme une autorité en la matière, et je crois que la cause sera suffisamment entendue, s'il est possible de le convaincre d'erreur, tout en gardant bien entendu, vis-à-vis de l'homme privé le respect auquel il a droit.

Voici comment M. Delahaye a procédé, et on va voir qu'avec toute la bonne foi possible, un homme, à la condition d'être très intelligent, peut s'atteler à un paradoxe et trouver pour le défendre des spéciosités de raisonnement, capables de faire illusion à des hommes, eux-mêmes très intelligents, mais qui ont le tort grave, de ne pas aller jusqu'au fond du sujet dont ils s'occupent et de n'en pas tirer les dernières conséquences.

Le procédé est si simple, qu'on s'étonne tout naturellement que personne n'y ait pensé avant lui, il en est un peu de cela comme de l'œuf de Christophe Colomb ; c'est un rien, mais il fallait le trouver.

M. Delahaye tient à être sérieux, ce qui l'honore ; il ne veut point passer pour un de ces romanciers en socialisme comme il y en a tant ; il connaît son affaire et connaît son époque ; il sait que par le temps qui court, il faut être *documentaire*, si on veut ne pas être taxé de hâbleur ; aussi, après s'être bien armé, il étale devant nos yeux une jolie petite collection de chiffres puisés à bonne source.

C'est d'abord une notice publiée par les *Anciens Etablissments Cail et Cie*, lors de l'exposition d'Amsterdam en 1882.

Puis, un rapport de la *Société des Téléphones* du 22 mars 1883.

Puis après, un extrait du *Bureau de Statistique de New-Jersey*, en 1882.

Enfin, un autre extrait tiré du *Compendium of census of Massachusset de 1875*.

Au moyen de ces renseignements, il établit avec une réelle maëstria, une série de petits tableaux, qui nous démontrent clair comme le jour, comment il faut s'y prendre pour faire parler les chiffres, et les amener à proclamer, en un langage d'une éloquence quasi mathématique, les beautés et les avantages pratiques des courtes journées. Pour éviter les complications, j'élague de ces tableaux tout ce qui est inutile à notre discussion, et je les résume en un seul.

ATELIERS	Nombre d'heures de travail par jour	Valeur vénale de la production par l'ouvrier et par an
Ancien établissem. Cail et Cie	12	4.000
Société générale des téléphones	10	5.695
Ateliers de Massachusset	9	9.136
Ateliers de New-Jrsey	8 1|2	13.505

On voit de suite la gradation.

Par une progression continue, qui paraîtrait miraculeuse si elle n'était corroborée par des chiffres, plus la journée diminue, plus la production augmente, pour en arriver à cet écart énorme, qui nous montre qu'un ouvrier des Etablissements

Cail produit une misérable valeur de 4,000 francs par an, tandis que son confrère américain du New-Jersey, en produit pour 13,505 francs, c'est-à-dire mieux que trois fois plus.

Ce n'est pas tout, et ceci paraîtra eucore plus fabuleux : c'est que l'ouvrier des Etablissements Cail, fait douze heures de présence à l'atelier, tandis que l'autre en prend gaillardement tout à son aise, et ne donne à son travail que huit heures et demie par jour,

N'est-ce pas que ce résultat est bien fait pour nous plonger dans une mélancolique tristesse; et, que M. Delahaye n'y va pas par quatre chemins, pour nous faire voir doctoralement quelle vanité est la nôtre, quand nous prônons la prestesse, l'ingéniosité et l'esprit laborieux de nos ouvriers ?

Avec lui, il nous faut singulièrement en rabattre et il n'y a pas à regimber contre l'évidence ; il nous prouve comme deux et deux font quatre, qu'un ouvrier américain vaut davantage que trois ouvriers français.

J'entends qu'on me crie qu'il ne s'agit qu'incidemment de l'ouvrier français, qui n'est, comme on sait, que la pauvre victime d'un état économique vicieux. Il s'agit au fond d'une comparaison à établir entre notre organisation du travail et le système employé par les patrons américains ; système qui délivre le travailleur d'un labeur trop prolongé, tout en profitant avantageusement à la production.

Très bien ! Alors je suis en droit de conclure que la question ouvrière est résolue et archi-résolue en Amérique, et tout particulièrement dans l'Etat de New-Jersey. En ce cas, je demande qu'on m'explique, avec ou sans chiffres, quelle est la cause réelle de cette espèce d'aberration mentale, qui talonne les américains et les pousse à demander la liquidation sociale, avec le même entrain, que les pauvres habitants de l'ancien monde.

Est-ce qu'il se produit moins de grèves en Amérique qu'en Europe ?

Est-ce que la journée de huit heures n'y est pas réclamée avec la même violence ?

Et, pour citer particulièrement les ouvriers de New-Jersey, qui travaillent seulement huit heures et demie, est-ce que s'il n'y avait pas au fond de l'affaire quelqu'autre chose qu'on ne dit pas, ils chicaneraient ainsi pour une simple demi-heure, au risque de troubler leur bonne entente avec leurs patrons ?

Bien mieux. Est-ce que cette réduction consentie ouvertement dans les ateliers de New-Jersey, réduction si avantageuse qu'elle triple la production, n'est pas un exemple assez alléchant pour inciter les autres patrons à le suivre ?

On pourrait sans trop chercher, multiplier presque à l'infini les objections, rien qu'en se tenant sur le terrain des probabilités, et de la plus vulgaire logique ; mais il y a mieux à faire, il faut prendre corps à corps l'argumentation, qui accompagne les tableaux de M. Delahaye et ramener le tout à sa juste valeur.

Disons d'abord qu'on peut tenir pour vrais les chiffres qui nous sont donnés, ce serait une injure d'en douter. Ce qu'il nous faut seulement bien mettre en vue, c'est l'ingéniosité spécieuse de leur groupement, qui conduit doucereusement et sans qu'on s'en aperçoive, à des conclusions absolument erronées.

Une première observation qui a bien quelque valeur, c'est que les exemples consignés dans le tableau, n'ont pas été pris à une même époque : la notice des Établissements Cail est de 1882, le rapport de la société des téléphones de 1883, l'extrait du Compendium of Census du Massachusset de 1875 et enfin la statistique de New-Jersey de 1882.

Or, puisqu'on établit une comparaison basée sur la valeur vénale des produits, il aurait fallu avant tout, nous montrer que les conditions du marché étaient les mêmes en 1875, 1882 et 1883.

Ça n'a l'air de rien et c'est beaucoup. Il n'est pas nécessaire d'être très fort en matière commerciale, pour savoir que d'une année sur l'autre, et quelquefois même d'un mois sur l'autre, les prix peuvent subir des écarts considérables.

Voilà donc une première lacune.

En second lieu, il me semble assez téméraire de juger une affaire de production, par un résultat commercial.

Vous avez beau me dire que la valeur vénale d'un produit, est une mesure comme une autre pour évaluer la somme de travail qui y a été appliqué, je réponds sans ambages que si c'est vrai quelquefois, c'est faux le plus souvent.

Du reste, en admettant que cette théorie fut exacte, il faudrait en tous cas, que les produits qu'on veut comparer fussent absolument identiques comme nature.

Si on me présente deux montres de même système, de même grandeur, de même matière, dont l'une vaut cent francs et l'autre mille francs, je pourrai admettre sans réplique que la seconde a nécessité un travail supplémentaire, qui motive la différence des prix. Mais, si on me présente la même montre de cent francs en regard d'un paletot de cent francs également, on aura beau me dire qu'il y a parité de travail puisqu'il y a égalité de prix, cette parité, je ne la vois pas.

Cette identité de nature, M. Delahaye en a-t-il tenu compte dans ses comparaisons?

Une enquête bien facile à vérifier, nous fait voir déjà qu'entre les établissements Cail et la Société des Téléphones, aucune similitude d'industrie ne peut être invoquée. Les établissements Cail, à l'époque indiquée, faisait de la grosse construction mécanique ; et cela, avec un outillage que l'auteur qualifie lui-même de défectueux. De ce simple fait, on peut déjà facilement induire, que l'infériorité de production était inévitable.

Quant à la société des Téléphones, elle se trouvait dans des conditions toutes différentes, avec un outillage parfait ; et de plus, étant en possession d'un monopole par ses brevets, elle pouvait établir les prix de ses appareils, sans avoir à se préoccuper en rien de la concurrence.

Autre chose différenciait encore la Société des Téléphones ; c'est que son industrie est une industrie mixte, tenant d'un côté au caoutchouc et à la gutta-percha, par la fabrication de ses câbles conducteurs, et d'autre part à la petite mécanique de précision par la fabrication de ses appareils téléphoniques.

Avouons, qu'il faut y mette passablement de bonne volonté, pour trouver entre ces établissements une analogie suffisante.

Comparer la production de la Société des Téléphones à la production des établissements Cail, est juste aussi logique, que de comparer un chronomètre à une locomotive, ou une lorgnette à un canon de Bange.

Ainsi que je l'ai dit, tout cela est à notre porte et assez facilement vérifiable, pour qu'on puisse s'assurer que je ne cherche pas à ergoter sur des minuties ; et que je me tiens au contraire, dans l'étroite réalité des faits.

Malheureusement, nous ne pouvons pas voir aussi clair en ce qui concerne les données fournies sur le New-Jersey et le Massachusset. M. Delahaye nous dit bien qu'il est question de quatre maisons de constructions mécaniques, dans un de ces Etats ; et de cent trente ateliers dans l'autre ; mais, à en juger par la facilité avec laquelle il a assimilé les établissements Cail à la Société des Téléphones, on est parfaitement fondé à supposer qu'il a fait la même confusion pour les autres.

Maintenant, allez donc essayer d'établir une enquête, pour débrouiller ce qui se passe en Amérique : quand l'auteur lui-même, qui a visité le pays, laisse dans l'ombre des détails qu'il aurait dû éclaircir. Il ne nous dit pas plus, s'il a établi ses chiffres sur des moyennes. — ces moyennes, qui sont si trompeuses ! — qu'il ne nous renseigne sur le mode de salaire en usage dans les ateliers qu'il nous présente, salaire à la journée, ou salaire aux pièces ; et cependant, il était d'une importance extrême d'être édifiés à ce sujet.

Nous n'avons sous les yeux que deux maisons, sur lesquelles nous pouvons contrôler les renseignements donnés, parce que ce sont deux maisons françaises ; et il se trouve précisément, que les renseignements que M. Delahaye nous a fournis manquent d'exactitude, comme homogénéité d'industrie.

« *Ab uno disce omnes* » comment après cela ne pas douter du reste ?

M. Delahaye pourra nous dire, qu'en raison de notre pénurie de documents statistiques, il a dû prendre ses chiffres là où il en a trouvé. C'est possible, mais en tout cas, le choix n'a pas été heureux.

En fin de compte, qu'est-ce qu'il y avait à prouver dans cette question passionnante de l'organisation du travail, c'est que : *toujours et dans tous les cas, un ouvrier travaillant huit heures par jour, le salaire restant le même, produira autant de travail qu'en douze heures.*

Rien qu'en restant dans les limites de cet énoncé, on pourrait se trouver satisfait et déclarer que ce serait un assez joli résultat. M. Delahaye, lui, pense que ce n'est pas assez, il veut mieux que cela, et il déclare, que cet ouvrier arrivera à fournir un travail triple.

On vient de voir comment il l'a prouvé.

Les socialistes, dont cette conception flattait les instincts réformateurs, et qui trouvaient là un raisonnement tout fait à opposer à l'économie officielle, ont accepté entièrement ses conclusions en les élargissant encore, sans s'inquiéter de ce qu'il y avait de faux et de paradoxal, dans cette étrange argumentation.

Les huit heures étaient une formule facile, un moyen d'agitation, ils ont acclamé les huit heures.

Obtiendront-ils des pouvoirs publics, à force de pression, une loi de réglementation ?

C'est possible : tout arrive.

Arrivera-t-on à en faire une application pratique ?

C'est peu probable, au moins pour le présent, tant la question reste encore entourée d'obscurités.

Ce qui le démontre le mieux, c'est que si l'on pose le problème de telle ou telle façon, on arrive aux conclusions les plus contradictoires.

Prenons des exemples.

Un maçon travaillant à la tâche, fait je suppose, un mètre cube de limousinage, en une journée de dix heures. On réduit sa journée à huit heures. Comme il est payé aux pièces, et qu'il rentre dans la catégorie où l'intensité est applicable, il fera quand même son mètre cube en huit heures.

Première conclusion : on peut diminuer la durée du travail, sans nuire à la production.

Autre chose. — Un fabricant possède deux métiers à filer, réglés à battre soixante coups à la minute, et produisant deux mètres de tissu à l'heure. Ce fabricant, qu'on peut supposer bon socialiste, expérimente de faire marcher un de ses métiers huit heures, et l'autre douze heures. Il mesure sa production et voit que le premier a tissé seize mètres et que l'autre en a tissé vingt-quatre.

Seconde conclusion : on ne peut diminuer la durée du travail, sans diminuer en même temps la somme de production.

Continuons encore,

Voilà deux couturières qui travaillent le même temps. L'une fait une robe de soie, avec garnitures de points d'Angleterre, etc,, etc,, une robe de duchesse ou de cocotte. L'autre fait une robe de cretonne, avec application de fausse dentelle de coton, une robe de petite bourgeoise. La façon de chaque robe est identique, elles sont taillées sur le même patron et se ressemblent en tous points, sauf pour le tissu, il a fallu exactement le même nombre d'heures pour les assembler et les coudre.

La première robe est vendue trois mille francs, la seconde ne vaut que cent francs.

Troisième conclusion : Le produit n'a de réelle importance, qu'au point de vue commercial ; et il ne peut servir de base certaine dans l'évaluation du travail.

Qu'en pensent M. Delahaye et ses continuateurs ?

En somme, dans le tableau qui nous a été présenté et qu'on croit si probant, une chose essentielle a été omise, c'est la façon dont l'outillage est installé dans chacun des établissements mentionnés. On suppose à priori qu'il y a égalité, mais on n'en apporte aucune preuve — c'est un tort.

M. Delahaye qui est ouvrier mécanicien, et qui montre trop d'intelligence pour n'être pas un excellent ouvrier, eut pu être bon juge de la question ; il n'a pas cru devoir nous renseigner à cet égard ? Pourquoi cela ? Il y a là une lacune.

Nous allons voir bientôt que l'outillage est une affaire capitale, dont on doit forcément tenir compte.

Tout est là.

CHAPITRE XI

SOMMAIRE. — Extension du paradoxe. — M. Gustave
Rouanet. — Il n'est pas partisan d'une législation internationale. — Il voit la solution complète dans la journée de
huit heures. — Commentaires du docteur Delon. — D'après
eux la productivité augmente lorsque le temps de travail
diminue. — Amplification de la théorie Delahaye. — Anecdote sur M. Godin. — Pourquoi la production n'a pas
diminué au familistère de Guise. — La journée est quelquefois raccourcie par le patron, par raison d'économie. —
Toujours les Anglais et les Américains. — Rapport de
l'inspecteur Schœnoff. — Conclusions qu'en tire M. Rouanet. — Est-il vrai que les prix de revient diminuent avec
les courtes journées. — Comment s'établit un prix de
revient. — Interprétation fausse du rapport Schœnoff. —
Comment on doit le comprendre. — Les tissages mécaniques et leur fonctionnement. — Fausses conséquences
tirées du rapport Schœnoff. — Ce que dit réellement ce
rapport. — Ce qui fait véritablement diminuer les prix de
revient. — Conclusions.

Quand un paradoxe est parvenu à s'implanter
dans des esprits enclins à l'exclusivisme doctri-
naire, il y germe et se multiplie avec la ténacité
du chiendent dans un champ de blé; et, l'extirpa-
tion en devient terriblement difficile et laborieuse.

Il en est de même de l'idée de M. Delahaye, elle
a eu des continuateurs et des fanatiques; elle en
a encore, elle en a même beaucoup. Avec ceux-là,
je suis bien sûr de prêcher dans le désert. Le
moindre reproche qu'ils m'adresseront sera celui
de réactionnaire; mais, je n'en ai cure, je ne travaille pas pour eux.

En somme, chacun est socialiste à sa manière,
les uns se complaisent dans des rêveries humani-

taires, les autres n'admettent que des moyens pratiques, je suis de ceux-là et je crois faire du bon socialisme, en mettant en garde les gens de bonne foi contre des erreurs qui, pour être accompagnées d'excellentes intentions, n'en sont pas moins dangereuses.

Le lecteur jugera.

Les fanatiques dont je parle, ont déclaré que la journée de huit heures se traduirait d'abord. par une augmentation de salaire ; et consécutivement, par une augmentation de consommation. une augmentation de production et une augmentation de profits pour le capital. Vous entendez bien. pour le capital.

Progrès partout ! Admirable enchaînement. où personne n'est oublié, pas même cet odieux capital. qui doit se trouver bien étonné d'entendre ses ennemis les plus acharnés, lui promettre une si miraculeuse aubaine,

Eh ! Oui, en parole, tout semble couler de source et s'arranger avec une admirable précision, seulement il y a des mais, qui ne laissent pas que d'être gênants.

La suppression totale ou partielle du chômage, par suite de la journée de huit heures, aura bien en effet, son contre-coup qui fera monter les salaires ; mais nous avons vu que ce contre-coup fera également monter le prix des produits fabriqués.

Parlons d'abord du patron.

Si la somme annuelle des salaires industriels, augmente d'une quantité quelconque et que les produits deviennent plus chers de la même quantité, je ne vois pas trop quel profit y trouverait l'entrepreneur. On nous promet bien que les ouvriers industriels étant mieux payés, consommeront davantage. — Je l'accorde — Mais les autres, les travailleurs agricoles, les travailleurs du commerce et avec eux, le reste de la nation, ceux-là qui sont de beaucoup les plus nombreux, n'ont à attendre aucun accroissement de salaire ou de revenu, et naturellement, ils seront amenés à restreindre leur consommation. Entre ces deux courants opposés, il y a donc bien des chances pour que la production diminue au lieu d'augmenter, et alors toutes les espérances du capital s'en vont à veau-l'eau.

Je conviens que ces considérations sont faites pour jeter désagréablement un seau d'eau froide, sur les enthousiasmes hâtifs ; cependant, on conviendra que s'il est très joli de faire miroiter aux yeux des masses populaires, des horizons teintés de rose, il est prudent de s'en tenir au possible, et de ne pas risquer le saut de Perrette et de son pot au lait.

Le pire, c'est que des hommes d'une intelligence et d'un talent incontestables, tombent journellement dans les panneaux du paradoxe, par cette seule raison qu'ils n'ont pas assez vécu dans le monde industriel, pour en connaître suffisamment le fond et le tréfond.

Tel est le cas de M. Gustave Rouanet, qu'une déplorable erreur a lancé tête baissée, sur les traces de M. Delahaye ; et, qui a mis à la défense de l'intensité compensatrice et de la journée de huit heures, toutes les ressources d'une plume exercée et d'un esprit souple et délié de méridional. Je comprends d'autant mieux l'erreur, que je l'ai moi-même autrefois partagée, ce qui n'est pas cependant une raison, pour me dispenser de la combattre et d'en faire mon *meá culpa*.

M. Rouanet siège au Conseil municipal de Paris, il sera un jour député. — Pourquoi pas ? — J'estime qu'il égale en intelligence la plupart des ministrables, et qu'il est supérieur à beaucoup, par ses connaissances économiques, par la chaleur de ses convictions et sa facilité de travail. Il a été un des premiers et des plus actifs collaborateurs de la *Revue Socialiste* qui, de l'avis de tous, est le recueil le plus important et le plus sérieusement rédigé du socialisme réformiste.

Il m'en coûte donc d'avoir à critiquer un ancien ami, avec lequel je reste sur beaucoup de points en communion d'idées ; mais ici le sentiment doit céder la place aux exigences de la vérité — *Amicus plato, sed magis amica veritas*.

Que pense M. Rouanet d'une législation internationale du travail ?

Rien de bon. — Pour lui, c'est une superfétation, un rouage inutile ; la solution est tout entière dans la journée de huit heures.

Voici textuellement, la conclusion d'un article publié en avril 1890, dans la *Revue Socialiste*, sous ce titre : *La Protection du Travail.*

« La réduction de travail des femmes, des enfants et des ouvriers adultes augmenterait en dernière fin, la somme générale de la production ; elle provoquerait une hausse *relative* et *absolue* des salaires ouvriers, en même temps qu'elle accroîtrait les profits capitalistes. Dès lors, les mesures internationales réclamées, pour permettre de modifier dans ce sens les conditions actuelles de travail, sont inutiles, le pays qui réduira la journée à ses ouvriers, n'ayant pas de ce fait, à redouter la concurrence étrangère. »

Les personnes qui ne comprennent bien que langage ordinaire, et qui ne sont pas familiarisés avec les privautés, que certains écrivains prennent avec les mots, se demanderont, sans nul doute, ce que l'auteur entend par une *hausse relative et absolue* des salaires ouvriers.

Le scrupule est compréhensible, étant donné que pour le commun des mortels, une chose *relative* ne peut pas être en même temps *absolue*, et réciproquement.

M. le docteur Delon, dans un article de commentaires paru également dans la *Revue Socialiste*, en mai 1890, va nous renseigner et nous donner la clef de l'énigme.

« Si le Capitaliste, dit-il, trouve moyen de prolonger la journée, le prix relatif du travail baisse, c'est-à-dire que chaque heure est moins payée puisqu'il y a un plus grand nombre d'heures, pour la même somme d'argent. Mais, si un ouvrier fait le travail de deux, celui qui est chassé, viendra offrir de travailler à meilleur marché ; et alors, il y aura baisse également sur le prix absolu, c'est-à-dire sur la somme d'argent touchée chaque jour. »

C'est une explication, mais avouons que le raisonnement est diablement subtile.

Ce qui ressort de plus clair dans ce qu'a écrit M. Gustave Rouanet, c'est qu'il n'est nullement disposé à s'empêtrer dans les mailles de l'internationalisme.

A coup sûr, je ne l'en blâmerai pas, quoique nous le considérions chacun, sous un jour différent ; il juge inutile une règlementation internationale, je pense moi, et j'espère le prouver sans réplique, que cette règlementation est plus qu'inutile ; elle est actuellement impraticable.

Sur la hausse probable des salaires, résultat naturel de la réduction de la journée, nous marchons d'accord, avec cette différence, que là où il espère un accroissement dans la somme générale de la production, je ne trouve réellement, qu'un renchérissement des produits, qui doit tendre fatalement à restreindre la consommation. Quant au supplément de profits promis aux capitalistes, j'en ai dit tout à l'heure quelques mots et je ne m'y arrêterai pas davantage ; c'est un remplissage peu sérieux, qui a dû échapper à l'auteur, dans le feu de la composition.

En fin de compte, il ne nous reste donc à discuter, que sur la réduction de la journée et sur l'intensité compensatrice, qui va de nouveau entrer en scène.

Selon M. Rouanet, il n'y a nécessairement qu'un seul remède qui vaille quelque chose, c'est de diminuer le temps de travail et, doctoralement il cherche à nous le démontrer.

« Le développement économique, dit-il, n'est pas subordonné aux longues journées, ainsi que le prétendent les économistes ; et, s'il y a une corrélation étroite entre le temps de travail et la productivité, l'étude de cette corrélation montre que la productivité d'une courte journée, peut égaler et même surpasser, celle d'une journée exténuante de douze ou quatorze heures. »

Et il ajoute :

« Les faits typiques abondent. En voici un que je tiens de feu M. Godin, le regretté fondateur du familistère de Guise.

« En octobre 1870. Guise et toute la région

étaient occupés par les Prussiens. Les transports de troupe et du matériel allemand encombraient les voies ferrées, la vie commerciale était suspendue. »

« L'usine du familistère n'avait cependant pas interrompu sa fabrication. Mais les appareils de chauffage s'accumulaient dans les hangars ; et M. Godin craignant de manquer d'abris, résolut de ralentir sa production. A cet effet, il réduisit la journée de douze heures à onze heures. »

« On établissait les comptes de fabrication tous les mois. »

« Vers le premier ou le cinq novembre, quand on fit l'inventaire d'octobre, on constata que la production de ce dernier mois, était restée sensiblement la même que celle des mois précédents, malgré un léger déficit survenu dans les premiers jours de l'application de la journée de onze heures. »

« M. Godin réduisit alors la journée à dix heures. »

« La fabrication ne se ressentit pas de cette nouvelle réduction et M. Godin, ayant acquis la preuve par cette expérience concluante, que la productivité de la journée de douze heures n'était pas supérieure à celle de dix heures, fit de cette dernière journée, la journée normale du familistère. »

Cette historiette est sans doute intéressante et je comprends qu'elle soit concluante, pour ceux qui ne connaissent pas de quelle façon, le travail est organisé dans les usines du familistère de Guise. Cette organisation joue dans l'affaire un rôle, qui a bien son importance, et je vais compléter l'histoire, par un renseignement, que

M. Rouanet aurait dû nous donner, lui qui a été rédacteur au *Devoir*, journal fondé et rédigé par M. Godin.

Ce renseignement de détail, oublié par M. Rouanet, est celui-ci : Dans les usines de M. Godin, le *travail est payé aux pièces*.

Vous entendez bien, payé aux pièces?

Il y a sans doute à Guise, comme dans tout établissement important, des fonctions qui ne peuvent se plier à ce mode de salaires, et certains ouvriers sont payés à la journée ; mais, c'est une minorité restreinte. Le travail principal est donné à la tâche, le travail à la journée n'en est que l'accessoire et dans des cas semblables, le principal entraîne toujours l'accessoire.

Or, dans l'expérimentation faite par M. Godin, si les ouvriers n'avaient pas suppléé par une augmentation d'intensité à la réduction de la journée, leur salaire aurait nécessairement été moindre. Mais, comme leurs besoins restaient les mêmes, et que la grande affaire pour eux, était de gagner assez pour les satisfaire, ils intensifiaient leur effort, afin de produire autant que par le passé.

Supposez un moment, que tout le travail eût été payé à la journée, et dites-moi quel sentiment humain aurait pu susciter chez les ouvriers cette ardeur dont ils ont fait preuve, ardeur qui leur était pour ainsi dire imposée et qu'explique parfaitement la nécessité de maintenir le niveau de leur salaire. Joignons encore à cela cette considération importante, que chez M. Godin, le travailleur participe dans les bénéfices de l'exploitation ; et, que son intérêt personnel étant directement engagé, c'était un motif des plus puissants pour qu'il s'ingéniât à maintenir la production ordinaire.

M. Godin, dans le cas présent, a certainement montré un grand sens pratique, mais c'est tout. — A mon avis. il a acquis à la reconnaissance du prolétariat industriel des titres bien autrement précieux, en associant le capital et le travail. Il prouvait ainsi par des faits indéniables, que ces deux ennemis n'étaient pas absolument irréconciliables ; et qu'au contraire, ils pouvaient vivre en bonne intelligence.

L'incident rapporté par M. Rouanet, est un exemple habilement choisi, mais qui ne prouve pas du tout. qu'il soit suffisant de diminuer le temps, pour augmenter l'intensité. L'intensité ne se produit spontanément, qu'à la condition d'avoir de bonnes raisons pour cela, et, la meilleure de ces raisons, c'est l'intérêt.

N'en déplaise à M. Rouanet, il ne faut jamais se hâter de conclure du particulier au général, et, lorsqu'on présente un exemple, il est bon de s'assurer préalablement qu'il ne prête pas le flanc à la contradiction.

A Guise, le travail, par sa nature même pouvait s'intensifier, mais cette condition particulière ne se trouve pas partout. Je pourrais citer des industriels qui, dans des conditions à peu près analogues, ont réduit également la journée de leurs ouvriers ; mais je me garde bien de conclure que ce sont des philanthropes de la taille de M. Godin ; ni qu'ils soient pour cela grands amis du prolétaire. Ils ont réduit la journée, tout bonnement parce qu'ils y trouvaient une économie de frais de chauffage, d'éclairage, de force motrice, d'usure de matériel, etc., tout en maintenant leur production au niveau nécessaire.

Il y a en outre, une chose dont on ne parle jamais, quand on met en regard la productivité et les courtes journées, c'est le surmenage, qu'on se borne à reprocher uniquement aux longues journées.

On fait grand bruit du surmenage ; mais il ne serait pas inutile de savoir si l'ouvrier ne serait pas plus surmené en accomplissant en huit heures, la tâche qu'il fait aujourd'hui en douze heures.

Nous aurons à revenir sur ce point en traitant de la dégénérescence. Cependant, sans anticiper sur le sujet, je crois n'être pas démenti, en disant que l'application rationnelle de l'intensité est subordonnée avant tout, au genre de travail. S'il est vrai que la somme d'effort musculaire reste la même, et que le temps seul varie, il paraît non moins certain, qu'il y a nécessité d'établir entre cet effort et le temps qu'il doit durer, une proportionnalité normale. Je crois même que s'ils avaient à choisir, beaucoup d'ouvriers préféreraient répartir leur effort sur un temps trop long, que sur un temps trop court.

Tout ce que vient de dire M. Rouanet, est donc loin d'être suffisant pour appuyer solidement la thèse qu'il a pris pour tâche de soutenir ; et, chez lui, comme chez la plupart de ses collègues, cette insuffisance provient de ce qu'il n'est pas complètement initié au mécanisme industriel.

Ce mécanisme, pour n'être pas extrêmement compliqué, a cependant certains rouages intimes, qu'il est indispensable de connaître et que M. Rouanet semble ignorer. Je n'en veux d'autre preuve, que la facilité avec laquelle un homme aussi intelligent que lui, s'est mis à emboîter le pas à M. Delahaye et à citer complaisamment, à l'occasion, la vieille histoire de Cail, des Téléphones, du Massachusset et du New-Jersey, avec ses tableaux chiffrés, qui sont en passe de devenir classiques.

Je sais bien que les obstinés continueront à nous assourdir, en nous objectant, sans répit, que les ouvriers anglais et américains sont plus payés que chez nous et qu'ils travaillent moins longtemps, sans que, pour cela, la prospérité industrielle de ces nations, en soit le moins du monde ébranlée,

J'accorde que cela semble donner pleinement raison à la théorie des hauts salaires et des courtes journées, marchant parallèlement avec l'accroissement de production et l'augmentation des bénéfices capitalistes. Mais, ce pactole, qui coule ainsi à pleins bords dans ces contrées privilégiées, je demande à le voir et personne ne me le montre.

Proclamer la supériorité pratique et l'intelligente activité de la race anglo-saxone, pour cingler d'un vigoureux coup de fouet l'esprit apathique et routinier des nations européennes et de la France en particulier, a toujours été une vieille guittare dont nos réformateurs se plaisent à jouer. Heureusement, que cela ne nous a jamais empêché de tenir dans le monde industriel, un petit rôle qui n'est pas à dédaigner.

N'étant pas de ceux qui disent : « ce n'est rien, c'est un socialiste qui se noie, » je regrette donc très sincèrement que M. Rouanet, qui est un homme de valeur, soit tombé dans la même ornière que M. Delahaye et que beaucoup d'autres.

Je lui accorde cependant volontiers, et à titre de circonstances atténuantes, qu'il a fait preuve d'une très réelle habileté, en produisant le rapport d'un fonctionnaire américain, M. Schœnoff, que nous allons minutieusement analyser, car il en vaut la peine.

Ici, je dois honnêtement prévenir le lecteur, que bien malgré moi, je vais être obligé de produire des chiffres et d'entrer dans des détails techniques. Je sais que cela est loin de plaire à tout le monde, surtout à ceux qui sont étrangers au travail industriel ; mais je promets d'être aussi bref que possible et de mettre tous mes soins à être clair, ce qui est loin d'être toujours facile.

M. Rouanet, prend dans le rapport Schœnoff ce fait :

« En Suisse et en Allemagne, le salaire quotidien de l'ouvrier tisseur est de 2 fr. 20 à 2 fr. 50 par jour, (moyenne 2 fr. 35), pour onze heures de travail et les 100 Yards de tissu de calicot reviennent à o fr. 30. »

« En Angleterre, le salaire s'élève à 3 fr. 25, avec une journée d'un peu plus de neuf heures, et les 100 Yards ne reviennent plus qu'à o fr. 25 1/2. »

« Aux États-Unis, le même ouvrier travaille 10 heures et gagne de 4 fr. à 5 fr. 65 (moyenne 4 fr. 82 1/2). Le prix des 100 Yards tombe à o fr. 20. » (1)

La conclusion se fait toute seule et autorise M. Rouanet à donner ce conseil à nos fabricants :

---

(1) Il y a certainement une erreur, le Yard est une mesure de 0ᵐ91, et les prix de (fr.) 0,20, 0,25 et 0,30 né sont pas possibles pour 100 Yards, mais pour un seul. Du reste, cette erreur matérielle n'a pas d'autre importance pour le fond de la discussion.

« payez plus vos ouvriers, faites les travailler moins longtemps et vous verrez ainsi vos prix de revient diminuer sensiblement. »

Remarquons en effet, qu'il n'est plus question de raisonner sur des prix de vente comme l'a fait M. Delahaye. Ce sont les prix de revient qui entrent à leur tour en scène, et que nous voyons passer de trente centimes à vingt centimes, c'est-à-dire, un écart d'un tiers.

Je ne m'arrêterai pas à remarquer qu'un écart semblable de 33 o[o, représente un chiffre qui dépasse de beaucoup les bénéfices industriels les plus extraordinaires ; et, qu'il faudrait beaucoup moins que cela à une nation un peu remuante, pour s'emparer complètement du marché général et rendre toute concurrence impossible.

Je n'opposerai pas non plus à M. Rouanet, qu'à la rigueur, ses conclusions pourraient être rejetées purement et simplement, par cette seule raison que les données sont incomplètes ; et, que nous n'avons sous les yeux qu'une partie des éléments d'information.

En effet, il aurait fallu nous dire, en même temps que le nombre d'heures de travail, le nombre de Yards tissés par chaque ouvrier, et nous renseigner sur le mode de salaire, car les chiffres fournis peuvent tout aussi bien ressortir du salaire aux pièces, que du salaire à la journée.

Malgré ces lacunes, j'accepte l'exemple tel quel, et nous allons voir s'il explique réellement que hauts salaires et courtes journées sont synonymes d'intensité, qui est elle-même synonyme de réduction des prix de revient.

Je ne définirai pas ce qu'on entend par prix de revient ; tout le monde sait qu'il se compose,

industriellement parlant, de trois éléments cons-
titutifs : la matière, les frais généraux et les salaires, ce qui donne l'équation suivante :

$$\left\{ \begin{array}{c} R \\ \text{Prix de revient} \end{array} \right\} = \left\{ \begin{array}{c} M \\ \text{Matière} \end{array} \right\} + \left\{ \begin{array}{c} F \\ \text{Frais Généraux} \end{array} \right\} + \left\{ \begin{array}{c} S \\ \text{Salaires} \end{array} \right\}$$

Or, dans toute équation, on ne peut augmenter
les termes d'un de ses membres sans la détruire,
à moins d'augmenter l'autre membre d'une
même quantité.

Donc, dans l'espèce, si vous augmentez le
terme S (salaires), soit par un supplément d'argent, soit par une réduction dans le temps de
travail, soit par les deux ensemble comme on nous
le propose, il semble évident qu'on devra augmenter proportionnellement le terme R (prix de
revient). Cela est si élémentaire que ça pourrait
passer pour une de ces vérités spéciales immor-
talisées par M. de la Palisse ; mais, qu'on ne s'y
trompe pas, c'est le contraire, qu'on veut nous
imposer, en faisant intervenir dans le calcul, une
nouvelle quantité I qui n'est autre chose que l'intensité.

Grâce à cette intensité I, on a de suite sous la
main cette nouvelle formule $R = F + \dfrac{S}{i}$ par
laquelle il est facile de voir, que R prix de revient,
deviendra de plus en plus petit, chaque fois que
l'intensité I ira en augmentant et triomphalement
on ajoute : — *Quod erat demonstrandum*.

Il reste bien entendu que l'intensité est loin
d'être une chimère, et que nous devons très
sérieusement en faire état, à la condition qu'il
nous soit prouvé, qu'elle trouve devant elle, tous
les éléments nécessairse à sa production rationnelle.

On nous dit : « l'intensité croît en raison directe des salaires » il serait tout aussi rationnel d'ajouter : « Les salaires croissent en raison directe de l'intensité » car il y a entraînement réciproque. Dans l'un et l'autre cas, le résultat est le même ; l'ouvrier qui produit le plus est celui qui est le plus payé, ce qui est de toute justice.

Toute la question est de savoir, si la formule peut être considérée comme une loi économique permanente.

Si, oui, elle doit trouver son application dans l'exemple qui nous est proposé et, par le prix des salaires nous pourrons déterminer le degré d'intensité du travail des Suisses, des Allemands, des Anglais et des Américains dans la fabrication des tissus de calicot.

Le calcul est fort simple. L'intensité de l'Anglais qui gagne 3 fr. 25 sera à l'intensité du Suisse ou de l'Allemand, qui ne gagnent que 2 fr. 35 en moyenne, dans le rapport de 3 fr. 25 à 2 fr. 35, c'est-à-dire 1,38.

Si on fait le même calcul pour l'Américain qui gagne en moyenne 4 fr. 80, le rapport de son intensité, à l'intensité du Suisse et de l'Allemand sera comme 4 fr. 80 est à 2 fr. 35, c'est-à-dire 2,04.

Ce qui revient à dire que la force de travail du Suisse ou de l'Allemand étant représentée par 1, celle de l'Anglais sera 1,38 et celle de l'Américain 2,04.

La production étant proportionnelle à l'intensité, transformez les chiffres ci-dessus en Yards de tissu et vous concluerez que le Suisse et l'Allemand, en raison de la différence de leurs salaires, produisent 100 Yards de tissu, quand l'Anglais en produit 138 et l'Américain 204,

Remarquons que dans le calcul précédent le temps est supposé le même, mais dans l'espèce il n'en est pas ainsi, car on nous a prévenus que les Suisses et les Allemands travaillaient onze heures par jour, les Anglais un peu plus de neuf heures, mettons neuf heures et demie pour préciser et les Américains dix heures.

Afin de simplifier, je n'insisterai pas sur ces différences dans le temps de travail, que le lecteur pourra réduire en chiffres par une simple règle de trois; je me borne à signaler, qu'elles concourent encore à la confusion du système Suisse et Allemand et à l'exaltation des systèmes Anglais et Américain, chers à M. Rouanet.

Donc, jusqu'à plus ample informé, je confesse que tout semble donner raison à la théorie des courtes journées et des hauts salaires, mais je fais cette réserve que sa supériorité serait bien plus fortement motivée, si on nous avait montré que la production effective était réellement conforme aux chiffres indiqués par cette théorie. — Tout est là. — Malheureusement cette preuve matérielle nous fait défaut, ce qui n'est pas sans laisser dans l'esprit quelques doutes, qu'il est indispensable de tirer au clair.

Le doute devient même plus puissant encore, si on jette un regard sur la progression croissante de l'intensité.

D'après la formule, il devrait exister entre ces deux progressions, une corrélation intime et cette corrélation, j'ai beau la chercher, je ne la trouve pas.

En effet, il est établi que l'intensité du Suisse et de l'Allemand étant représentée par 1 : celle de l'Anglais sera 1,38 et celle de l'Américain

2,04. Les prix de revient devraient donc suivre une marche analogue inversement proportionnelle et nous donner pour la Suisse et l'Allemagne o fr. 30 ; pour l'Angleterre o fr. 21 $\frac{7}{10}$ et pour l'Amérique à 14 $\frac{7}{10}$. — Voilà brutalement ce que disent les chiffres.

Au lieu de cela, ces prix sont : o fr. 30, o fr. 25 $\frac{1}{2}$ et o fr. 20.

Nous avons donc là un résultat en désaccord complet avec la théorie préconisée ; et, rigoureusement, ce désaccord suffirait à lui seul pour l'infirmer.

On n'osera pas m'objecter, que dans les prix de revient les frais généraux et la matière première peuvent amener les écarts que je viens de signaler ; puisque ces facteurs sont supposés invariables et égaux dans les trois cas. S'il en était autrement, je me croirais autorisé à répondre qu'en agissant seulement sur les salaires et le temps de travail, dans le sens qui nous est proposé, ce serait tomber dans une étrange illusion que d'espérer une diminution des prix de revient. Il nous faut d'autres preuves, si on ne veut pas voir déclarer fausse et archi-fausse, la doctrine tant prônée des hauts salaires et des courtes journées.

Pour ma part, je crois fort que cette doctrine, qui tout d'abord paraisssait si convaincante, grâce au rapport Schœnoff, n'est en réalité, qu'un de ces vigoureux paradoxes qui fourmillent dans les discussions hâtives dont notre époque avide de solutions, a la malheureuse monomanie. Je dois donc ne négliger aucun moyen d'information ; et, j'en suis fâché pour mes adversaires, je trouve dans l'examen de l'outillage, un nouvel argument qui ne pourra que leur être désagréable.

On nous a dit que pour les Suisses, les Allemands, les Anglais et les Américains qui sont en ce moment sur la sellette, l'outillage était identique.

C'était en effet, une condition indispensable ; car autrement toute comparaison dans leur production deviendrait absurde.

Sans égalité d'outillage, l'intensité n'est plus qu'un rouage impossible à apprécier et complètement subordonné, à la perfection plus ou moins grande de l'instrument mécanique.

Tout le monde ne connaissant pas l'industrie du tissage, je vais en quelques mots indiquer ce qu'il est nécessaire d'en savoir pour notre discussion.

Le tissage se fait au moyen de métiers spéciaux de différents systèmes, que nous n'avons pas à apprécier ici.

Ce que nous devons seulement noter : c'est que le métier n'est pas mis en action par l'ouvrier, mais reçoit son mouvement d'une machine motrice. Le rôle de l'ouvrier se borne à remplacer les navettes lorsqu'elles sont épuisées, rattacher les fils qui cassent et surveiller le fonctionnement normal de son outil.

De plus, puisque nous raisonnons sur un outillage présenté comme identique, nous devons admettre que ces métiers sont réglés de la même manière, pour frapper un nombre maximum de coups à la minute et il doit être entendu, qu'ils ne peuvent en frapper moins, qu'à la condition que l'ouvrier ne l'arrête.

C'est clair cela,

Donc, si on n'a rien à reprocher aux métiers et s'ils produisent moins en Suisse, en Allemagne et en Angleterre, qu'en Amérique ; c'est évidemment parce que les Américains savent mieux les conduire.

Mais, si l'habileté peut avoir une influence qu'il serait puéril de nier sur la production et les prix de revient ; en revanche, elle ne dérive en aucune façon de la diminution des heures de travail et de la hausse des salaires. Personne ne s'avisera de prétendre, qu'il n'y aurait qu'à faire travailler les Allemands et les Suisses huit.heures par jour et à les payer cent sous, pour en faire du coup des travailleurs plus habiles que les Américains.

Le vrai. c'est que l'industriel Allemand ou Suisse, n'aurait pas d'autre moyen pour tenir tête à la concurrence, que de payer encore moins ses hommes et de les faire travailler plus longtemps, pour maintenir ses prix de revient en rapport avec ceux des Américains.

M. Rouanet ne manquera pas de me dire : Il n'est pas ici question d'habileté, nous raisonnons seulement sur l'intensité. »

Soit ! mais nous allons voir que dans l'espèce, habileté et intensité c'est tout un ; et voici pourquoi.

Si nous transformons en mouvement mécanique la productivité proportionnelle que nous avons démontrée et chiffrée précédemment, transformation que nous sommes en droit de faire, nous trouverons que le Suisse et l'Allemand feront opérer 100 *évolutions* à leurs métiers et que dans le même temps l'Anglais en fera opérer 138 et l'Américain 204.

Remarquez que je reste absolument dans les principes de la mécanique, et que c'est pour me faire mieux comprendre que j'emploie le terme « *évolution* », qui représente le nombre de battements de métier, nécessaire pour produire l'unité « *Yard* » de tissu.

Or, ici encore nous nous heurtons contre le même écart anormal ; car si on suppose, pour la facilité du calcul, que tous les métiers ont été réglés pour produire 204 évolutions en 10 heures, soit $20\frac{1}{10}$ à l'heure on constate :

1° Que l'Américain produit la normale ;

2° Que l'Anglais, qui travaille 9 heures 1/2 devrait fournir $9,5 \times 20\frac{1}{10}$, soit 193 évolutions et qu'il n'en fournit que 138, c'est-à-dire 55 évolutions de moins, représentant 2 heures 41 minutes, mal employées.

3° Qu'avec l'Allemand et le Suisse c'est bien autre chose. En douze heures de temps, à $20\frac{4}{20}$ évolutions à l'heure, ils devraient fournir 245 évolutions et ils n'en donnent que 100, soit 145 évolutions en moins, ce qui fait 7 heures 10 minutes, mal employées.

Mettez en ligne toutes les formules d'intensité qu'il vous plaira, et dites-moi si vous pourrez jamais faire accroire à qui que ce soit, que sur des métiers semblables, un ouvrier anglais se laisserait distancer de 2 heures 41 minutes, par un ouvrier américain ; et, qu'un Suisse ou un Allemand ne pourrait faire mieux, que d'arriver bon dernier, avec 7 heures dix minutes de retard.

Croyez-moi, dans vos exemples, vous avez admis l'identité d'outillage ? Vous ne pouviez, il est vrai, faire autrement, mais il y a de fortes probabilités, pour que cette identité soit moins complète que vous l'avez cru. — Il y a métiers et

métiers ! comme il y a fagots er fagots —
Demandez au premier ingénieur venu, il vous dira
qu'il existe des machines à tisser plus ou moins
perfectionnées, et dont par conséquent, les ren-
dements sont différents, et cependant des unes
comme des autres, on dit également ce sont des
métiers à tisser.

S'il en est ainsi, ce qui pour moi n'est pas douteux, vous aurez prouvé que les Américains ont
réalisé le meilleur métier à calicot, mais vous
n'aurez prouvé que cela.

Pardon ! direz-vous, nous nous appuyons sur
un document authentique ; car enfin le rapport de
l'inspecteur Schœnoff n'est pas une fable.

Non, le rapport n'est pas une fable, seulement
vous l'avez mal interprêté, et vous avez cru y voir,
ce que vous désiriez y trouver.

Le rapport Schœnoff dit simplement ceci : « le
bon marché des produits est en raison directe des
salaires. »

C'est une constatation qu'il fait, sans avoir la
prétention de formuler une loi. — Il signale deux
faits qui s'accompagnent, mais il ne dit pas que
l'un est la cause initiale et nécessaire de l'autre ;
et, il se garderait bien de déclarer qu'en augmentant indéfiniment les salaires, on diminuerait indéfiniment les prix de revient.

Dans les cas qui ont été cités, je reconnais
qu'il existe une espèce de relation d'une extrême
ténuité, dont M. Rouanet a su très habilement
profiter. D'un fil, il s'est ingénié à faire un cable ;
mais ce cable n'en est pas plus solide.

Il est indéniable que les Anglais et surtout les
Américains, se trouvent dans cette situation extrêmement avantageuse, de pouvoir payer grasse-

ment leur personnel et de réduire à l'extrême limite leurs prix de revient, ce qui leur permet d'aborder de front toute concurrence.

On nous dit : « Cette situation est acquise par les hauts salaires et les autres journées, ayant pour compensation l'intensité du travail. »

On nous le dit ; mais on ne nous le prouve pas, ou on n'apporte que des preuves à côté, absolument insuffisantes.

Je le répète, les hauts salaires accompagnent presque toujours l'abaissement des prix de revient, ils naissent souvent de cet abaissement, ou ils le suivent, mais comment voulez-vous qu'ils le provoquent.

Si vous voulez trouver la vrai raison de la diminution des prix de revient, ce n'est pas dans l'intensité compensatrice qu'il faut chercher ; cette intensité que nous avons vue faire florès chez M, Godin, ne trouverait pas à s'alimenter avec les métiers à tisser le calicot, que nous venons de passer en revue.

La vraie raison, vous la trouverez dans le perfectionnement de l'outillage, dans la division intelligente du travail, dans la réduction ou minimum des frais généraux, dans une direction plus habile, etc., etc., toutes choses qui peuvent permettre à un entrepreneur, quelle que soit sa nationalité, de suffire à sa production, tout en payant plus généreusement ses ouvriers, sans être, pour cela, obligé de les surmener. — Voilà pourquoi les Américains produisent à bon compte ; ce n'est pas *barce que* chez eux, la journée est réduite, mais *quoique* la journée soit réduite. S'il y a quelque chose à déplorer, c'est que tous les entrepreneurs ne soient pas en situation de le faire.

Je veux bien admettre, qu'aidés par des circonstances particulièrement favorables, les Américains
ont réalisé un idéal industriel qui paraît vous
plaire ; mais vous admettrez bien de votre côté,
que ces circonstances ont pu faire défaut aux Suisses, aux Allemands et aux Anglais ; ou bien que le
milieu Européen, a ses raisons pour demeurer
réfractaire aux réalisations Américaines.

D'après vos propres dires, les Anglais ont une
journée de travail moins longue que celle des
Américains, et cependant leurs prix de revient
sont supérieurs.

Cependant ceci est hors ne doute : c'est que les
manufacturiers Anglais sont parfaitement au courant des agissements de leurs concurrents Américains ; croyez-vous donc que s'ils ne les imitent
pas, ce soit par inintelligence ou par mauvaise
volonté ? — Ce serait en vérité se faire une bien
fausse idée du sentiment industriel en général et,
en particulier du sens pratique des Anglais, que
de les croire capables de reculer devant une augmentation de salaires, qui aurait pour conséquence
une augmentation de leurs profits.

Je n'insiste pas davantage pour l'instant, car
les Américains et les Anglais faisant à titre de
spécimen, tous les frais de la polémique des intensistes à outrance, nous les verrons encore revenir
plus d'une fois sur le tapis.

je me bornerai seulement, à demander encore
une fois, comment il se fait qu'étant en possesion
des hauts salaires et des courtes journées, les travailleurs Anglo-Saxons ne se montrent pas satisfaits.

Vous me répondrez peut-être, que les mécontents sont les ouvriers, qui ont affaire à des patrons

dont le cerveau s'est montré rebelle aux beautés de l'intensité compensatrice. Mais ils sont donc bien nombreux et bien puissants les patrons de de cette catégorie, pour provoquer les grèves formidables que nous voyons éclater à tout instant ! Alors ne nous vantez pas la supériorité Américaine, pas plus que la supériorité Anglaise. Ces peuples, malgré leur suprématie industrielle, me paraissent logés à peu près à la même enseigne que nous ; et, ce n'est certes pas à fabriquer du calicot à vingt centimes, que la question sociale se trouvera résolue.

Que dois-je conclure, sinon que pas une bonne raison n'est encore venue appuyer la doctrine de l'intensité.

Malgré tout son talent, M. Rouanet, n'a pas été mieux inspiré que M. Delahaye. (1)

Passons maintenant à d'autres.

---

(1) Je crois fermement que M. Rouanet a commis une erreur dans son argumentation et qu'il a en réalité raisonné sur des prix de vente croyant raisonner sur des prix de revient. — Ce qui motive ma supposition, c'est que si les prix de vente sont pour ainsi dire connus publiquement, il n'en est pas de même des prix de revient que chaque fabricant conserve par devers lui avec un soin jaloux. — Il me paraît peu probable que des manufacturiers Suisses, Allemands, Anglais et même Américains aient pris pour confident l'inspecteur Schœnoff, avec la perspective que ces prix seraient mentionnés dans un rapport destiné à être publié. Du reste, prix d'achat ou prix de revient, l'argumentation de M. Rouanet n'en est pas plus solide.

CHAPITRE XII

LA JOURNÉE DE HUIT HEURES ET LES SECTES RELIGIEUSES

SOMMAIRE. — Chrétiens et Juifs. — Beaucoup de Juifs dans le Socialisme. — Ce qu'en pense M. E. Drumond. — L'échelle sociale Juive. — Moïse et la propriété du sol. — Moïse socialiste. — Pourquoi M. de Rothschild et M. Liebnecht ne pensent pas de même. — Définition du protestantisme d'après Karl Marx. — Le rôle du protestantisme dans le progrès social. — La Suisse protestante. — Conférences à l'université de Genève. — Quatre théories économiques. — Théorie de M. Charles Gide. — La coopération et M. de Boyve. — M. Stiégler et le collectivisme. — Le camp des catholiques. — Deux opinions contraires. — M. de Mun et le Socialisme catholique. — Les catholiques conservateurs. — Le Pape. — Son encyclique. — Pas de solution. — L'intensité compensatrice défendue par le Socialisme catholique.

Jusqu'ici nous avons étudié les idées économiques prédominantes dans les différents groupes sociaux, en analysant simplement les déductions des quelques personnalités, plus ou moins sérieuses, plus ou moins en vue qui m'ont paru avoir le mieux concrété ces tendances.

On a vu les opinions avouées : et même un peu les pensées secrètes des diverses sectes socialistes qui se liguent contre le capitalisme. — Nous savons sur quel terrain se livrera la bataille. Il ne nous reste donc plus, pour compléter notre revue des belligérants, qu'à savoir ce que pensent de la question les sectes religieuses, et de quelle manière elles considèrent le socialisme en général et la réglementation du travail en particulier.

Qu'on se rassure ; je n'ai nulle envie de m'embarquer dans des discussions dogmatiques, et je ne veux scandaliser personne, mais je trouve là un contingent considérable disposant de forces nombreuses ; bon gré mal gré il me faut donc en tenir compte.

Puisqu'il y a des gens qui, à tort ou à raison, ont pris pour mission de diriger les consciences d'autrui, en même temps que leur propre conscience, et que ces gens ont eu le talent de rassembler autour d'eux des troupeaux humains, il est de toute nécessité, que nous sachions aussi ce qu'on pense de ce côté.

Les questions économiques ont beau être par nature, essentiellement matérialistes, elles ont cependant cette particularité curieuse, de se faufiler dans les réunions mystiques et de produire dans leur atmosphère, une espèce de remous qui ne laisse pas que de les agiter quelque peu.

On a beau être, avant tout, pasteur d'âmes, on n'en vit pas moins sur la terre ; on y rampe même beaucoup plus qu'on ne plane dans le ciel, et peu à peu on finit par s'apercevoir, que l'âme ne s'en porte pas plus mal, au contraire, lorsque le corps, cette guenille, a la chance de pouvoir prendre un peu ses aises.

Tout le monde y trouve son profit et les Dieux peuvent vaquer tranquillement aux petites affaires de leur divinité, sans être assourdis par les plaintes et les criailleries d'humains mécontents de leur sort, qui accusent sans façon le ciel de les laisser sans secours, au milieu de leurs embarras terrestres.

On prétend que les Dieux s'en vont, et même qu'ils sont partis ; je n'en sais rien, mais ce que je sais, c'est qu'ils ont laissé ici-bas des représentants, qui ont une part d'influence trop grande, pour qu'on la traite en quantité négligeable.

Sans vouloir rabaisser en rien le mahométisme, ni la religion de M. Hyacinthe Loyson, ni celle de M. Joséphin Péladan, pas plus que les croyances des Boudhistes, des Spirites, des Occultistes et autres honorables personnes que les gens superficiels se permettent de qualifier d'illuminés, je ne vois guère que deux religions, qui chez nous réunissent un nombre un peu considérable d'adeptes. C'est la religion chrétienne, avec ses subdivisions en protestants et en catholiques, et la religion juive.

Je ne m'occuperai que de celles-là.

Quoique le droit d'aînesse ait perdu considérablement de son prestige, nous commencerons par la religion juive, qui est la plus ancienne et qui nous a inculqué le monothéisme, inoculation dont certains esprits mal faits se plaignent, sans réfléchir qu'à bien prendre, il est peut-être plus économique d'avoir un Dieu, que d'en avoir une douzaine.

J'ai entendu un rabbin, prétendre que les Juifs avaient pour la France un grand amour, et particulièrement pour la Révolution de 89, qui avait fait d'eux des citoyens comme les autres, pouvant aspirer à tous les emplois et trafiquer à leur gré, sans avoir à redouter les persécutions d'antan.

Le raisonnement est assez logique. Il est très vrai que cette race nous doit un beau cierge, et nous aurions le droit de compter sur une bonne dose de sa reconnaissance, si la reconnaissance n'était pas un fardeau, dont les épaules humaines se débarrassent assez facilement.

Quoi qu'il en soit, et tout scepticisme mis de

côté, il est possible que par suite de son opiniâ-
treté de résistance, le juif soit doué d'une fibre
particulière, qui entre en vibration dès qu'il s'agit
de réformes, surtout lorsqu'il peut directement en
profiter.

Donc rien d'étonnant, à ce qu'un grand nombre
de Juifs aient donné et donnent encore dans le
socialisme.

Karl-Marx était juif. — Lassalle était juif et je
pourrais en citer beaucoup, qui tiennent aujour-
d'hui une bonne place dans les rangs socialistes.

M. Drummond, qui connaît son Israël, nous
dirait certainement, qu'en fraternisant ainsi avec
des mécréants de notre espèce, qui professent une
autre religion, ou qui n'en professent pas du tout,
les Juifs font leurs réserves et, que cette amitié de
circonstance, née de la politique ne sera jamais
suffisante, pour combler l'abime qui sépare l'im-
pur Goï du vrai fils d'Israël.

M. Drummond, aurait peut-être raison ; mais
lui seul serait apte à éclaircir ce point de psycho-
logie hébraïque, que je ne saurais trancher, je
m'en tiens donc à ce que je sais.

Les Juifs ne sont pas tous banquiers et barons
comme MM. Hirsch, Erlanger et tout le dessus
du panier de la finance Ils ne sont pas tous mil-
liardaires comme M. de Rotschild, quoiqu'ils espèrent tous le devenir. Mais pour décrocher le
million de rigueur, tant juif soit-on, il faut encore
que les circonstances veuillent bien s'y prêter ;
et elles ne s'y prêtent pas toujours ; aussi voyons-
nous de braves israélites, qui savent mieux calculer que tel ministre des finances que nous connaissons tous, et qui traînent lamentablement
leurs savates dans des professions indignes. Les

uns font de l'usure, ce qui est assez lucratif, les autres sont négociants en vieux habits, ou vendent des lorgnettes — il n'y a pas de sot métier.

— Le pire, c'est qu'il y en a qui sont obligés de se servir de leurs mains pour travailler, et c'est la plus rude pénitence que Jéhovah puisse infliger à un de ses enfants.

Ceux-là forment le noyau du prolétariat juif.

En y regardant d'un peu près, on trouve dans le clan israélite la même superposition de classes que partout ailleurs. Ou, pour ne pas blesser ceux qui considèrent comme absurde la division en classes, on trouve que la richesse y est inégalement répartie, entre gens qui en possèdent beaucoup, un peu et pas du tout.

Si la division économique est la même, il n'y a pas beaucoup de raisons, pour que les sentiments qui résultent de cette division soient différents. Tout naturellement donc, la juiverie bourgeoise qui tient la queue de la poële financière, industrielle et commerciale, reste bourgeoise malgré sa juiverie ; et n'est pas disposée à voir d'un œil très tendre la législation du travail et les trois-huit, qui menacent de compromettre ses intérêts.

Tout naturellement, aussi le prolétariat juif se soucie fort peu de savoir, s'il est en règle avec Moïse pour réclamer mordicus, cette même législation du travail et ces mêmes trois-huit.

Affaire de situation comme toujours !

D'ailleurs en choses de religion, il a toujours été facile d'introduire le *distinguo*.

Le premier Israélite venu, qui aura un tant soit peu pioché son Pentateuque, vous dira, s'il est propriétaire, que Moïse pouvait être socialiste comme vous et moi ; mais qu'il n'était pas du tout parti-

san de la nationalisation du sol, par cette raison
que Dieu avait péremptoirement déclaré, qu'il en-
tendait rester lui-même l'unique propriétaire de la
terre.

Or, ce qui appartient à Dieu est inviolable et la
collectivité n'a pas autre chose à faire qu'à s'incliner et se taire.

En bon père de famille, Dieu avait bien consenti à ce que la terre de Chanaan fut divisée en
parcelles entre les diverses familles de son peuple.
Les familles avaient la permission d'aliéner tem-
porairement ces parcelles, toutefois, il leur était
interdit de les vendre à perpétuité.

Voilà qui paraît condamner la propriété individuelle, mais attendez un peu, voici la parade.

Dieu s'était réservé la propriété de la terre
sainte, mais il n'avait pas fait la même restriction
pour le reste du globe et rien dans la loi n'empêche aux descendants de Sem, de travailler à s'y
arrondir un joli morceau de propriété. Tout au
contraire, le monde entier lui était livré. Dieu avait
dit : « Tu règneras sur tous les peuples. »

Si au lieu d'un bourgeois Juif, vous interrogez
un prolétaire Juif, il vous dira que Moïse avait un
grand fond de tendresse pour le pauvre ouvrier :
la preuve c'est qu'il avait défendu, sous peine de
mort, de travailler le jour du sabat.

— Voilà un repos hebdomadaire rudement règlementé.

Ce n'est pas tout.

« Défense au maître de malmener ses serviteurs. »

Puis encore : « Le salaire doit être payé tous les
jours au coucher du soleil. »

Le crédit est court, mais n'empêche que c'était

une véritable règlementation de la journée de travail, du lever au coucher du soleil. Mon avis est
que ça ne vaut pas les trois-huit, excepté peut-
être dans les pays de brume, où le soleil ami des
travailleurs, s'abstient de se montrer pour lui
donner congé.

D'ailleurs, travailler du lever au coucher du
soleil en été, est une méthode qui peut être appliquée aux travailleurs agricoles, qu'on ne songe
pas à protéger ; mais qui, en fin de siècle, ne serait
en aucune façon l'affaire des ouvriers d'industrie.

Concluons sérieusement.— Moïse de son temps
arrangeait l'économie politique à sa façon, et
pour le mieux des besoins de son époque, il ne
se doutait pas, qu'un de ses coréligionnaires fu-
turs, Karl-Marx, écrirait un livre intitulé « *Das
Kapital* » qui mettrait à néant pas mal de ses
prescriptions. Karl-Marx a longuement détaillé
dans ce livre, comment et pourquoi l'ouvrier juif
ou non juif, créait la richesse au seul profit du
bourgeois, rien que par du travail non payé. —
La loi et les prophètes n'avaient pas prévu cela.

Cette théorie, que j'examinerai plus tard, est
faite pour déranger beaucoup d'idées reçues, et
explique très bien comme quoi il est difficile à
M. de Rotschild, de penser de la même manière
que M. Liebnecht ou M. Bebel.

Je peux donc hardiment conclure que, malgré
l'identité de foi religieuse, le désarroi des idées
économiques est complet dans le monde israélite,
qui se trouve aussi divisé en deux camps, pas
disposés du tout à se mettre d'accord.

Passons maintenant chez les chrétiens de l'Eglise
réformée.

Le même Karl-Marx quoique Juif, ou peut-être

parce qu'il était Juif, avait déclaré que le protestantisme était une religion essentiellement bourgeoise.

Le mot a été précieusement recueilli et les protestants ont été longtemps tenus, pour être animés d'un esprit froidement et méthodiquement réactionnaire.

De fait, les nations, qui professent les religions de Luther et de Calvin, font preuve d'un grand zèle pour la propagation de la Bible, mais elles n'ont jamais brillé par leur ardeur, à pousser les peuples dans les sentiers socialistes.

Vous m'objecterez l'Allemagne et son Empereur ?

Mais patience, la réaction commence ; et sans être grand sorcier, on peut prédire que la fantaisie humanitaire de Guillaume II aura fort à faire, si elle persiste, pour vaincre les mauvaises volontés de la fraction aristocratique et bourgeoise de l'empire.

Dans les pays protestants, je constate la même désunion économique ; et je ne distingue pas clairement les effets de l'idée évangélique, pour atténuer le cruel égoïsme de ceux qui possèdent et calmer l'exaspération violente de ceux qui n'ont rien, et qui ont le droit d'avoir quelque chose.

J'admets cependant, qu'il y a une heureuse exception à faire en faveur de la Suisse, dont le gouvernement a toujours devancé les autres, en fait de réformes démocratiques.

On me dira que la Suisse n'est pas entièrement protestante, et qu'il y a aussi des cantons catholiques.

C'est vrai. — Mais l'histoire nous apprend qu'un pareil mélange n'a jamais été un ferment de progrès et de bonne harmonie.

Mettons plutôt que le tempéramment Suisse est par nature ouvert aux idées de progrès et de liberté ; et qu'il y a chez eux entraînement général. C'est à cet esprit libéral du Suisse, qu'il nous a été donné de connaître pour ainsi dire officiellement, de quelle manière la situation économique actuelle est envisagée dans les milieux protestants.

A cet effet, la société chrétienne Suisse d'Economie sociale constituée en 1889, a invité les représentants les plus autorisés des diverses écoles à faire des conférences, dans l'Aula de l'Université de Genève ; de sorte, qu'après avoir entendu l'exposé de chaque théorie, chacun put établir son opinion en connaissance de cause.

Cette méthode prouve au moins, que le protestantisme Suisse n'est nullement réfractaire aux idées nouvelles ; et qu'il ne forme pas un clan obstinément fermé à toute contradiction.

C'est ainsi que M. Frédéric Passy a pu prendre, avec son talent ordinaire, la défense de la vieille école d'économie politique libérale, la très sainte patronne du *laisser-faire*. On sait ce que c'est et je ne m'y arrête pas.

M. Claudio Jannet s'est fait le champion de l'école de Le Play. Défenseur résolu de la religion, de la famille et de la propriété, il a déclaré qu'aucune réforme sociale n'est viable, si elle ne repose sur les bases du sentiment religieux, étayant l'autorité du père dans la famille, du patron dans l'atelier et du Monarque dans l'Etat.

M. Claudio Jannet, inutile de le faire remarquer, n'est pas du tout l'ami du socialisme, que ce socialisme soit chrétien, réformiste ou révolutionnaire.

M. Charles Gide, le distingué professeur d'économie politique à la Faculté de Montpellier, fait un tri dans le bagage de l'économie officielle ; il en garde une partie et jette résolument l'autre à la mer.

M. Gide, représente les tendances des écoles nouvelles, dont j'ai précédemment parlé. Foncièrement évolutionniste et non révolutionnaire, il se rapproche jusqu'à un certain point du socialisme réformiste, admet la nécessité de l'intervention de l'Etat ; mais à l'encontre des Collectivistes, il ne veut ni de l'Etat propriétaire, ni de l'Etat patron, ce qui a pour conséquence de transformer tous les citoyens en salariés. — Selon lui, l'Etat a le devoir d'exercer une action légale pour modifier les règlements en vigueur concernant les successions, l'expropriation pour cause d'utilité publique, et même les conventions entre particuliers ; notamment, celles qui ont trait au prêt à intérêt, au fermage, au louage d'ouvrage, etc.

Ces propositions hardies peuvent évidemment s'interpréter dans un sens socialiste ; et, quoique M. Gide soit résolument opposé au collectivisme, dont il prouve l'inanité, il n'en est pas moins traité avec un profond respect par les collectivistes, qui veulent voir en lui un des leurs.

Le vrai, c'est que M. Gide ne songe pas à retourner d'un seul coup la société, il cherche une solution pratique, dans une suite de réformes sagement préparées et préconise avec insistance, la coopération et la participation des ouvriers aux bénéfices.

La même thèse est également soutenue par M. de Boyve, directeur du journal coopératif « l'Emancipation » publié à Nismes.

Le programme de ce groupe en ce qui concerne

les questions ouvrières est celui-ci : fixation du taux des salaires par voie d'arbitrage, institution de nombreux services de mutualité, assurances contre la maladie, les infirmités, la vieillesse, etc., enfin participation aux bénéfices.

Dans cet ordre d'idée, l'initiative individuelle peut faire beaucoup, aussi la mise en action de cette théorie, a donné dans le Midi de remarquables résultats par la fondation de sociétés coopératives en pleine prospérité.

La tâche d'exposer et de défendre le Collectivisme à l'Aula de Genève, fut confiée à M. Gaston Stiégler. Sa conférence faite avec beaucoup de talent, a été publiée tout au long dans la *Revue Socialiste* de mai 1890.

Je ne m'étendrai pas plus longtemps sur cette doctrine, que je n'ai ni à attaquer ni à défendre en ce moment, et je me borne à indiquer les divergences qui séparent M. Stiégler des autres conférenciers.

M. Stiégler croit à la réalité de la loi des salaires, formulée par Turgot et baptisée par Lassalle de « *loi d'airain.* »

Avec Karl-Marx, il pense que le Capital n'est autre chose que du travail non payé ; et à l'instar de César de Paëpe, Benoît Malon, Georges Renard et des autres principaux collectivistes, il ne voit de salut que dans la nationalisation du sol et des instruments de travail ; ainsi que dans l'action de l'Etat remplissant le rôle de directeur, producteur et répartiteur des richesses.

Comme moyens, c'est l'expropriation des possédants, le travail obligatoire pour tous, ayant le temps pour mesure et pour rénumération des « *bons* » convertibles en objets de consommation.

Nous aurons forcément à revenir sur quelques-uns de ces points ; mais ce qu'il importait de constater, c'est que dans le monde protestant, toutes les doctrines économiques sont représentées, aussi bien les réactionnaires, que les réformistes et même les révolutionnaires avancés.

Maintenant, faisons pour finir, une petite excursion du côté des catholiques qui, en France, sont en très grande majorité, quoique en réalité le plus grand nombre ne pratique pas et se soucie fort peu de la gloire de l'église. Cela n'empêche pas que la situation du parti clérical, ne soit en ce moment très curieuse et qu'il y ait à y faire d'intéressantes remarques ; néamoins, j'aurai la sagesse de ne pas m'embarquer dans une critique hors de saison. et je n'en dirai que ce qui est nécessaire à ma thèse.

Il n'y a pas à dissimuler, que chez les catholiques, la même désunion que partout ailleurs se produit sur tout ce qui touche à l'économie sociale. Certains catholiques font du socialisme. et d'autres restent acquis à la réaction.

M. le Comte de Mun, que son éloquence a placé à la tête de l'*Association Catholique*. ne prend pas de tempéramments avec ses principes et marche droit à l'ennemi, avec une crânerie toute militaire.

A ses yeux la réforme sociale s'impose.

Du moment qu'il est surabondamment prouvé, que la classe ouvrière souffre injustement d'une situation économique qui la démoralise et la pousse au désespoir, il n'y a pas d'hésitation possible, il faut resolûment changer cette situation.

L'idéal de M. de Mun c'est le retour aux anciennes corporations.

En attendant. il défend éloquemment la réglementation du travail, non seulement pour les femmes et les enfants ; mais aussi, pour les adultes. La réglementation des salaires, qui est la conséquence directe de la réglementation de la journée, ne le fait pas reculer ; et il donne une solution qui, certes, n'est pas la plus mauvaise et se rapproche du programme de MM. Gide et de Boyve. Selon lui, le taux des salaires devrait être réglé, non pas par l'Etat, mais par un conseil d'arbitrage, composé de représentants de toutes les parties intéressées. ou, ce qui serait préférable, par les corporations régulièrement autorisées.

D'autres catholiques, — des réactionnaires, ceux-là — ont trouvé que si on laissait ainsi courir M. de Mun, on ne pourrait jamais le rattrapper ; et ils ont fondé, parallèlement à l'Association Catholique, la *Société Catholique d'Économie Sociale*, ayant à sa tête MM. Freppel, d'Hulst, Lucien Brun, Buffet, de Broglie, Chesnelong, etc., etc. Ces noms en disent assez pour faire comprendre, que dans ce milieu on n'entend pas du tout de la même oreille que M. de Mun, et que le socialisme, même catholique, ne doit pas espérer d'avoir chez eux ses coudées franches.

Il y a bien quelqu'un qui, par sa position, est à même de trancher la difficulté ; et, en raison de son infaillibilité, il pourrait même metre le holà dans ce conflit, sans qu'aucun des dissidents catholiques eût à souffler mot.

Ce quelqu'un, c'est le Pape.

Le Pape s'est en effet occupé de la question, et il a lancé, le 15 mai 1891, une encyclique traitant la question ouvrière (de conditione opificum).

Mais, voilà ! — Il se trouve que malgré l'encyclique. on n'en est pas plus avancé ; et si quelqu'un pouvait avoir lieu de se réjouir, ce ne serait pas le groupe de M. de Mun, mais bien celui de ses adversaires. Sa Sainteté Léon XIII ne verrait peut-être pas avec déplaisir le retour aux corporations, désiré par M. de Mun ; mais au fond, il n'est pas partisan d'un trop grand remue-ménage dans le champ économique. Cela ressort amplement de ses conseils.

Rejetant d'emblée les théories collectivistes et l'omnipotence de l'Etat, il défend la propriété individuelle, l'hérédité, la liberté des contrats entre patrons et ouvriers, etc., etc., tout comme pourrait le faire M. Frédéric Passy, ou M. Paul Leroy-Beaulieu.

Tout cela ne sort pas des formules de l'Economie politique libérale, et il faudrait beaucoup d'encycliques de ce calibre, pour plaire aux socialistes et les convertir.

Sa Sainteté nous répète une litanie que nous avons déjà bien souvent entendue, pour n'avoir pas été toujours prononcée du haut de la Sedia de St-Pierre.

« Le Capital et le Travail, dit-il, doivent s'unir harmonieusement et se tenir mutuellement dans un parfait équilibre, »

Sans doute, Jean-Baptiste Say nous disait aussi cela au Collège de France, et ses successeurs le répètent sur tous les tons.

Mais le moyen ?

Le pape nous parle des devoirs des ouvriers et des patrons :

« L'ouvrier doit fournir intégralement et fidèlement tout le travail auquel il s'est engagé, par contrat libre et conforme à l'équité ; il ne doit point léser son patron, ni dans ses biens ni dans sa personne ; ses revendications mêmes doivent être exemptes de violences et ne jamais revêtir la forme de sédition. »

« Les riches ne doivent point traiter l'ouvrier en esclave, mais respecter en lui la dignité de l'homme relevée encore par celle de chrétien. »

Amen ! — Mais encore une fois, St-Père, fournissez-nous un moyen pour harmoniser le capital et le travail, ne restez pas ainsi dans le vague, faites comme M. de Mun et coupez dans le vif, même à coups d'excommunication, si le cœur vous en dit, nous ne sommes pas difficiles sur la forme, mais, au nom du ciel ! ramenez vos ouailles dans un même chemin !

En ce moment, la journée de huit heures est la question du jour. Quiconque s'avise de parler des choses ouvrières (de conditione opificum) doit prendre parti pour ou contre. Vous paraissez, à en juger par votre encyclique, incliner pour une journée sans limitation. C'est une opinion que je discuterai d'autant moins que c'est aussi la mienne ; je ne serais donc pas fâché que vous fissiez entendre raison à MM. de Mun, de Lœzewitz, de Segur-Lamoignon et consorts, qui répètent consciencieusement ce que disent les socialistes les plus révolutionnaires.

Ces messieurs en fait de limitation de la journée de travail, parlent exactement comme MM. Delahaye, Rouanet, etc., et jouent le morceau de l'intensité compensatrice, avec une égale virtuosité.

L'un d'eux, je crois que c'est M. de Lœzewitz, écrit d'un ton triomphal, pour défendre les courtes journées, des choses comme celles-ci : « L'Angleterre exportait en 1830, avec 74 heures de travail par semaine, 444 millions de yards de tissus de coton et 64 millions de livres de filés de coton. En 1860. avec 10 heures de travail, elle a exporté 2775 millions de yards de tissus et 195 millions de livres de filés. »

C'est horripilant !

Si j'essayais de le réfuter, il ne me croirait pas et me classerait tout bon socialiste que je sois, dans la catégorie des gens sans entrailles, qui vivent de la sueur du peuple.

Je voudrais donc que quelqu'un de respecté comme le Saint Pontife, se chargeât de lui dessiller les yeux et de lui faire comprendre, qu'entre 1830 et 1860 il y a une intervalle de trente ans ; et à notre époque, on fait du chemin en trente années en progrès industriel.

Si M. de Lœzewitz comparait les métiers à filer et de 1830 à ceux de 1860, et ceux-ci à nos self-acting actuels de mille à douze cents broches, il cesserait de s'ébahir de l'énorme accroissement de production qu'il signale.

Arrêtons-nous et sortons de ce cercle où il nous faudrait tourner sans cesse, à la poursuite du même paradoxe.

Veut-on que je donne ma conclusion ?

Elle est simple deux mots suffisent : c'est que juifs, protestants ou catholiques, les hommes sont tous les mêmes devant l'intérêt, ou mieux devant « *l'attraction passionnelle* ».

CHAPITRE XIII

LE VRAI CHAMP DE L'INTENSITÉ

SOMMAIRE. — Recherche du champ de l'intensité. — Ce qu'est le travail industriel. — L'homme considéré tout à la fois comme moteur et régulateur de son outil. — L'homme considéré comme simple régulateur de machine. — Travail à la main et travail à la machine. — Comment on construit les machines. — Le travailleur à la main peut mettre de l'intensité à son travail. — Le travailleur à la machine ne le peut pas toujours. — Les bons et les mauvais ouvriers. — Peut-on préciser le supplément de production que donnerait l'intensité. — Opinion de Benoît Malon. — L'ouvrier esclave de sa machine. — Son intensité est restreinte. — Encore la question des salaires. — Presque tout le travail industriel est payé à la tâche ou à l'heure. — Constamment la même objection. — Impuissance et injustice de la loi.

On me dira peut-être : vous avez reconnu l'existence de l'intensité ; si elle existe il faut bien qu'elle se manifeste quelque part. — Où la trouvera-t-on ?

Je vais le dire et déterminer exactement son champ d'action, en même temps que les conditions qui sont nécessaires, pour qu'elle se produise.

Pour cela, il nous faut faire une petite incursion dans le monde industriel, ce qui me sera d'autant plus facile que je n'aurai encore qu'à me copier moi-même, en reproduisant ce que j'ai autrefois publié sur ce sujet. J'avoue humblement qu'à cette époque, j'ai un peu parlé dans le désert ; et que je n'ai pas convaincu mes adversaires, chose peu flatteuse pour un amour-propre d'auteur ; mais comme les raisons qui me paraissaient bonnes autrefois, me paraissent excellentes aujourd'hui, je risque une répétition, avec l'espoir agréable d'être mieux écouté.

Qu'est-ce que le travail industriel, ou mieux, qu'est-ce que le travail matériel en général ?

— Rien autre chose qu'un effort physique de l'homme, ayant pour but final une modification quelconque dans l'état de la matière. — Inutile d'ajouter que cet effort est toujours accompagné d'une dépense plus ou moins grande d'intelligence.

L'homme attaque la matière soit directement, rien qu'avec ses mains ; soit, ce qui est le plus fréquent, avec l'aide d'un outil. Dans ce dernier cas, l'homme est tout à la fois le *moteur* et le *régulateur* de son outil.

En second lieu, on voit l'homme attaquer la matière, toujours avec un outil, mais avec cette différence, que l'outil est mis en mouvement par un moteur étranger ; vapeur, air, eau, gaz, électricité, ou tout autre agent de mouvement animé ou inanimé. Le rôle de l'homme ne consiste plus alors qu'à diriger l'outil.

Les nuances sont faciles à saisir.

Veut-on des exemples ? Le portefaix c'est l'ouvrier directement aux prises avec la matière ; le terrassier c'est l'ouvrier moteur et régulateur de ses outils pelle et pioche.

Le laboureur n'est que le régulateur de sa charrue dont le cheval est le moteur.

On va voir bientôt que cette classification est beaucoup moins oiseuse, qu'elle pourrait le paraître à première vue ; car en établissant une distinction marquée entre le travail à la main et le travail à la machine, ou mieux entre le travail sans moteur et le travail avec moteur, elle déterminera avec précision, le terrain sur lequel l'intensité pourra se développer.

Il est aisé déjà de voir *a priori*, qu'une partie du travail dans les industries du bâtiment, des mines, de la métallurgie, de l'agriculture, roule sur la division du travail *à la main*, où l'homme est le moteur de son outil. Et que l'autre partie, ainsi que presque toute la production industrielle, rentre dans la catégorie du travail à la machine, où l'homme n'est que le régulateur intelligent d'un outil actionné par un moteur pris en dehors de lui-même.

Voyons maintenant, comment l'intensité se distribue dans ces différents modes de travail.

Evidemment, on doit admettre que l'homme considéré comme moteur de son outil, peut développer une intensité d'action telle, qu'il pourra exécuter le même ouvrage dans un laps de temps beaucoup moins long. — C'est l'histoire de mon kilomètre qui est parcouru plus ou moins vite, selon que je flâne tranquillement, ou que je cours la poste.

La chose d'ailleurs est si fréquente, qu'elle a reçu une appellation particulière et se nomme communément : le *coup de collier*. Les ouvriers appellent cela du terme énergique et bien expressif de : *Masser*.

La vérification du travail intensif, se trouve en outre surabondamment démontrée, par le *travail aux pièces*, dont j'ai déjà parlé et sur lequel il serait superflu de revenir.

Voyons maintenant, s'il en est de même lorsque l'ouvrier n'est que le régulateur intelligent d'un outil, mis en mouvement par un moteur étranger ; ce qui, du reste, je le dis une fois pour toutes, est loin d'impliquer l'absence de tout effort physique.

Pour tous ceux qui connaissent le fonctionnement des machines, la réponse ne saurait être douteuse, et dans la plupart des cas, elle sera négative. L'ouvrier à la machine ne peut à volonté faire acte d'intensité, celle qu'il développe est toujours très restreinte, et subordonnée à des circonstances indépendantes de sa volonté.

Ceci tient précisément au *machinisme*, que beaucoup de gens mettent sur le tapis sans le bien connaître, quoique l'étude en soit beaucoup plus simple qu'on ne pense.

A moins de vices de construction, toute machine est établie pour donner son maximum d'effet utile. On ne serait pas fondé à objecter qu'il suffit d'augmenter sa vitesse, pour qu'elle produise davantage. La machine le pourrait sans doute assez souvent, mais la matière ouvrable ne se prête pas si facilement que cela à ces modifications de marche, et elle ne permet pas de dépasser certaines limites de vitesse, au-delà desquelles il n'y aurait plus *transformation*, mais *détérioration* de cette matière.

Le nombre d'évolutions, que doit accomplir une machine-outil, est calculé d'avance avec précision en vue de l'effet à rendre. Les vitesses peuvent au besoin être accélérées ou modérées ; mais c'est uniquement, pour proportionner l'effort aux variations de la résistance, qui change selon la nature de la matière.

D'autre part, la logique et l'intérêt ont naturellement porté le mécanicien et l'industriel, à se rapprocher le plus possible de l'extrême rapidité de production.

C'est même ce qui différencie les machines entre elles, et les perfectionnements mécaniques, qui ont si souvent pour conséquences des changements complets et dispendieux d'outillage, ne visent jamais que l'amélioration du produit, en fonction de la vitesse. Il n'y a pas à sortir de cette loi qui n'est pas une loi d'équilibre, mais plutôt une loi de mouvement constant vers le progrès. Laminoirs, métiers, outils, engins de toutes sortes destinés à tordre, étirer, trancher, marteler le métal et le bois ; à filer, à tisser les textiles ; à imprimer, graver, modifier la matière de mille manières différentes, tous, sans exception, ont une marche réglée d'avance, une sphère de mouvement dans laquelle ils se meuvent aveuglément, avec une régularité inconsciente et immuable. L'ouvrier ne fait rien autre chose, que de mettre en mouvement ces organes de fer et d'acier, dont il est l'âme pensante, et son action à la fois régulatrice et directrice, consiste à veiller à leur bon fonctionnement, et à les alimenter régulièrement de la matière qu'ils doivent transformer.

Là s'arrête sa coopération active.

Tout ce qu'on est en droit de lui demander, c'est que par une diligence continuelle, il mette le plus grand soin à ne pas négliger sa fonction, et à ne pas laisser, comme on dit en termes d'atelier, tourner sa machine à *blanc*.

Or, c'est seulement sur cette diligence, que vous pouvez tabler pour trouver votre intensité.

Intensité soit ; mais intensité compensatrice destinée à remplacer quatre heures de fonctionnement, c'est tout autre chose, et le résultat sur lequel on compte, me semble singulièrement compromis.

Remarquons en effet, qu'en prétendant que la production restera la même, on suppose du même coup qu'aujourd'hui les ouvriers à la journée manœuvrent si mal leurs machines, qu'ils leur font produire un tiers de moins que leur production normale. Bien mieux, c'est supposer aussi, que les patrons, les contre-maîtres et toute l'armée des surveillants sont affligés d'un tel aveuglement, d'un tel oubli de leurs intérêts et de leurs fonctions, qu'ils laissent tranquillement passer un semblable gaspillage sans sourciller et sans y mettre le holà.

Après ce que je viens d'expliquer, je le demande en toute sincérité aux personnes de bonne foi, est-il exact que l'ouvrier attaché à une machine est en quelque sorte l'esclave de cette machine ; que c'est elle qui règle son activité ; et qu'il doit, sous peine de réprimande ou de renvoi, faire en sorte que le rendement se maintienne dans des conditions de quantité et de qualité parfaitement connues du patron ?

Si, oui, quelle que soit la bonne volonté de cet ouvrier, il lui sera matériellement impossible, de développer la moindre intensité qui lui soit personnelle ; il ne pourra jamais que suivre les évolutions de sa machine sans y rien ajouter.

Dites à l'équipe d'ouvriers qui conduit une presse rotative Marinoni de doubler, dans le même temps, le tirage d'un journal, on vous rira au nez.

Mais que cette équipe s'avise un peu de mettre à ce tirage le double du temps nécessaire, et l'on verra si l'entrepreneur ne saura pas y mettre bon ordre.

Et il en est ainsi de tout travail mécanique. Le

patron est 'toujours fixé sur la production normale qu'il doit attendre de son outillage ; et lorsque cette production fléchit, il lui est toujours facile de se rendre compte si la cause doit en être attribuée à l'outil ou à l'ouvrier.

On m'objectera qu'il existe cependant une différence dans l'habileté des ouvriers, et que, sans être pour cela un flâneur, ou un fainéant, tel individu utilisera moins intelligemment qu'un autre les évolutions de sa machine, ou mettra moins de promptitude à son alimentation. C'est très vrai. Il y a les bons, les médiocres et les mauvais ouvriers. Mais on peut être assuré d'une chose, c'est qu'ils sont bientôt toisés et jugés à leur juste valeur. Si un patron garde dans son usine un travailleur qui rend moins qu'il ne faut, c'est qu'il ne peut pas faire autrement, soit par la rareté des bras, soit pour tout autre cause ; il ne s'y résigne, répété-je, que parce qu'il ne peut pas faire autrement. En tout cas, il ne s'y résigne pas sans observations ; on peut être sûr que cet ouvrier sera payé pour ce qu'il vaut et que s'il y a moyen de rogner son salaire, la chose sera bientôt faite. D'ailleurs la réduction se fait toute seule, si le travail est calculé aux pièces, ce qui arrive dans la majorité des cas.

Remarquons que je ne juge pas le côté plus ou moins moral du fait. Je le constate simplement, parce qu'il est légal et qu'il n'y a rien à lui opposer, sinon que c'est une preuve de plus contre l'absurdité de notre organisation économique.

Maintenant, concluons.

Dans les deux catégories de travailleurs, que j'ai appelés travailleurs à la main et travailleurs à la machine, je suis le premier à admettre que les travailleurs à la main, ceux qui sont les moteurs de leurs outils, pourront développer de l'intensité. Il est bien évident que pour manier le marteau, pousser le rabot, s'escrimer du pic dans la mine, maçonner, coudre, etc., etc., l'homme pourra, s'il le veut, faire produire à ses muscles leur maximum d'effort, à ses doigts leur maximum d'habileté.

Reste à savoir si cette intensité équivaudra à un tiers de la production ordinaire. Bien malin serait celui qui pourrait le démontrer, puisque les éléments nous font complètement défaut, et qu'on ne peut admettre sérieusement les exemples donnés, parmi lesquels ceux de MM. Delahaye et Rouanet sont encore les meilleurs, tout en ne valant rien.

Benoît Malon s'est bien rendu compte des contradictions qui fourmillent dans cette affaire d'intensité, surtout si on fait marcher côte à côte l'intensité et la suppression du chômage, deux choses qui hurlent de se voir ensemble et qu'il est impossible d'harmoniser. Aussi, dans un désir de conciliation qui fait honneur à la bonté de son cœur, Malon a fait la part de chacune ; il dit que dans les quatre heures qui seront retranchées à la journée, c'est-à-dire le tiers de cette journée, un sixième provoquera de nouveaux embauchages et l'autre sixième sera comblé par l'intensité. C'est peut-être possible, quoique cela me paraisse passablement douteux. Cette espèce d'arbitrage, que propose paternellement Malon, ne reposant sur rien de positif ; c'est une appréciation, appréciation d'une bonne âme. Mais ça n'est pas suffisant. Je pourrais répondre à Malon : « donnez-nous des chiffres ; car vous vous savez bien qu'en Économie sociale tout doit être chiffré et réduit en équation ; donnez-nous des chiffres, donnez-nous des chiffres ! »

Mais, je crois que Malon lui même, serait fort empêché d'en donner.

Passons maintenant aux ouvriers travaillant à la machine.

De ce côté, nous avons bien peu de chose à attendre de l'intensité, et nous venons de voir pourquoi.

La machine règle le mouvement, l'ouvrier lui obéit, sans pouvoir rien ajouter à sa vitesse ; et, toute sa bonne volonté se borne à l'alimenter, sans temps d'arrêt.

Franchement, il faut être doué d'un rude optimisme, pour espérer de ce côté un tiercement dans la production.

Quoi qu'on dise et quoi qu'on fasse, on ne pourra jamais empêcher, que n'importe où elle se manifeste, l'intensité, ne soit variable, et différente, pour chaque espèce d'industrie.

Autre considération sur laquelle j'insiste fortement, c'est que le mode de salaire a, lui aussi, une influence capitale sur la production de l'intensité. Partout où l'ouvrier est payé à la pièce, à la tâche, à prix fait, on ne pourra lui demander au nom de l'intensité de produire un tiers en plus, tout en travaillant un tiers moins longtemps.

La raison fort simple, est que le salaire aux pièces malgré ses imperfections, a pour conséquence d'inciter l'ouvrier à produire plus que la moyenne ordinaire ; que son intensité, il la dépense en partie et qu'il n'en aura plus assez à sa disposition, quand on l'aura condamné à ne travailer que huit heures par jour.

Cette question du salaire aux pièces qui joue un si grand rôle, aucun écrivain défenseur des trois-huit ne l'a prise en considération ; et personne n'en aurait parlé si quelques syndicats ouvriers, plus intelligents que les théoriciens n'en avaient demandé l'abolition,

Or, dans le travail industriel, remarquez bien ceci, c'est que, soit qu'ils travaillent à la main, soit qu'ils travaillent à la machine, la généralité des ouvriers est payée aux pièces.

Dans la filature, lin, coton, laine ou soie, les fileurs reçoivent tant par kilogramme de filé. Il en est de même du travail des déchireuses, des cardes, des moulineuses, des bobineuses, etc., etc.

Dans les tissages, le travail est payé à tant le mètre et cela, aussi bien pour les calicots de Normandie, d'Alsace, que pour les draps d'Elbeuf, de Louviers, que pour les toiles du Nord et de Bretagne, que pour les soieries de Lyon, de St-Étienne, de St-Chamond, ou que pour les articles de Roubaix, de Reims et de St-Quentin etc. — Lisez « l'Ouvrier Mineur » de Fournière ou le « Fief Capitaliste » de Dumay, ils vous diront que dans les mines, tout travail d'un contrôle possible, est donné à la tache ; mineurs, boiseurs, herscheurs, rouleurs, femmes, jeunes gens et gamins, tous sont payés aux pièces.

La même methode se retrouve sans cesse dans toutes les autres industries, comme la verrerie, la céramique, la poterie, etc. Les ouvriers qui travaillent le bois, le fer, le cuivre sont toujours payés à la pièce, pour si peu que le travail puisse se plier à une division. Les maçons, les tailleurs de pierre, etc., se payent au cube ou à la surface.

Il faut, pour qu'il en soit autrement, que les travaux sortent du courant ordinaire et que l'imprévu y domine, ou y ait au moins une large part, comme, par exemple, dans le montage des machines, les réparations, etc.

Mais il est indispensable de noter qu'en règle générale, en industrie, tout ce qui n'est pas payé à la tâche est payé à l'heure.

Or, la revendication des trois-huit, telle qu'elle est posée en ce moment, laisse de côté la question des salaires ; donc c'est mettre l'ouvrier dans une mauvaise situation, puisque son salaire, calculé sur huit heures de travail, sera réduit, dans tous les cas où il est payé à l'heure ou aux pièces. Je sais bien que vous comptez sur la rareté des bras pour faire augmenter les salaires ; nous avons vu que la cherté du produit se fera aussitôt sentir. Mais d'ailleurs, c'est un espoir qui n'est réalisable qu'à la condition que le mouvement industriel s'y prête, ce qui est loin d'être prouvé. Puis, toutes les industries ne seront pas dans cette situation priviligiée, il y aura des différences et le résultat final ne sera pas atteint ; certains corps d'état pourront y gagner, mais beaucoup d'autres y perdront, et pour eux la sollicitude du législateur sera sans effet.

C'est là le tort énorme des réformes mal conçues et mal préparées, qui se traînent dans les demi-mesures.

Eh ! bien, le voilà le champ de l'intensité.

Dans le monde industriel où on compte l'introniser, à quoi se réduira-t-il ?

A rien, ou à bien peu de chose.

Le véritable champ de l'intensité, il est à côté

et par une aberration incompréhensible, on l'a laissé en dehors de la loi.

Ceux que vous devriez protéger et dont vous ne vous occupez pas, c'est le paysan qui, après une journée consacrée au travail d'autrui, parce qu'il faut vivre, pioche rageusement le lopin de terre qu'il possède, mais qui est insuffisant à l'entretien de la famille.

Est-ce que ce n'est pas un prolétaire celui-là, tout aussi intéressant que les ouvriers d'industrie ?

C'est encore le petit fabricant en chambre qui, avec sa femme et ses enfants, fabrique les mille bibelots de l'industrie parisienne. C'est le canut de Lyon ; c'est le tisserand de St-Etienne ; c'est l'ouvrière de la mansarde qui n'est pas toujours aussi contente que Jenny l'ouvrière, exténuée qu'elle est à coudre à façon, des vêtements ou des lingeries, pour les magasins, pour les fabricants d'équipements militaires, pour la cordonnerie.

Ceux-là, ne sont pas propriétaires comme le paysan, ce sont des ouvriers d'industrie, que ferez-vous pour eux, car la loi des heures passera au-dessus d'eux? Ils se riront de vos règlementations, qui rogne leur salaire et vous ne pourrez suffir à la surveillance, quand bien même vous auriez tout un arsenal de lois, vous autorisant à franchir le seuil du domicile privé.

Alors que deviennent la justice et l'égalité des citoyens devant la loi?

Non sans doute, l'intensité n'est pas un vain mot, mais encore faut-il savoir la provoquer.

On ne la fera jamais jaillir par une simple réduction de la journée, ni même par une règlementation des salaires imposant un minimum.

On pourra donner du loisir à l'ouvrier, on pourra le payer grassement, mais on ne pourra jamais avec les trois-huit lui refuser le désir de produire tout ce que sa force et son intelligence peuvent donner.

Il n'y a qu'un seul stimulant, qui puisse opérer ce prodige, c'est l'intérêt personnel.

L'ouvrier est comme son patron, il ne vaut ni plus ni moins ; et comme lui, il est tout disposé à obéir à ce guide, qui en fin de compte, est le régulateur suprême du mouvement économique : le profit.

En dehors de toutes les améliorations possibles que vous pourrez justement lui donner, et auxquelles il a droit d'ailleurs, faites que l'ouvrier ait un intérêt direct à produire vite, à produire bien, à produire beaucoup ; faites qu'il ait sa part véritable dans le profit de sa production ; et alors, seulement alors, vous pourrez dans vos calculs, faire entrer l'intensité en ligne de compte.

Tout le reste n'est que phrases creuses et piteux pataugeage.

Des mots, des mots, des mots ! ! !

CHAPITRE XIV

LE SURMENAGE ET LA DÉGÉNÉRESCENCE

SOMMAIRE. —Les cœurs sensibles et les analystes. — Le surmenage. — Le fonctionnement de la machine humaine. — Ses diversités et ses lois. — La femme et l'enfant. — Les adultes. — L'intensité ne diminuerait pas le surmenage, elle l'augmenterait. — Les cas où il y a surmenage. — Le travail aux pièces et le travail à l'heure. — L'ouvrier à la machine est à l'abri du surmenage. — Cas particuliers où il peut être surmené. — Comment on supprimerait le surmenage. — Réalité de la dégénérescence. — Ses causes premières. — Les habitations insalubres. — Insuffisance des moyens d'y remédier. — La mauvaise alimentation. — L'ouvrier ne peut que vivre mal. — L'alcoolisme. — Son extension. — L'augmentation des droits ne détruira pas l'alcoolisme. — La falsification des denrées. — Les coopératives de Belgique. — L'hygiène mal entendue. — Autres causes de dégénérescence. — La réduction de la journée ne pourra à elle seule empêcher la dégénérescence.

J'espère en avoir fini avec l'intensité compensatrice ; mais je n'en ai pas fini avec les paradoxes ; aussitôt qu'il y en a un par terre, un autre se relève, *uno avulso, non deficit alter*.

Dans la catégorie des arguments que j'ai appelés sentimentaux, le principal, et, je dois le dire, le meilleur, est celui qui est tiré des conclusions fournies par les médecins hygiénistes qui considèrent le surmenage comme une cause de débilitation et et de dégénérescence. L'argument est d'autant plus intéressant à analyser, qu'il possède une puissance d'entraînement considérable sur les gens plus nombreux qu'on ne croit, qui éprouvent une douce satisfaction à sentir qu'autour d'eux leur prochain de la rue est heureux, bien portant et content de vivre.

Ce sont de braves gens, après tout, et il ne faut pas se moquer de cette tendre philanthropie, qui se laisse délicieusement bercer, en ronronnant des paroles de paix et d'amour.

Au siècle dernier, on les qualifiait de « cœurs sensibles », appellation que l'abus a rendue ridicule, mais qui peint en deux mots un des meilleurs types de notre espèce. Type poëtique et rêveur, dont l'antithèse est le type des analystes et des chercheurs, gens méthodiques, ceux-là, qui ne se paient pas de mots et ne voient dans le milieu où nous nous agitons, qu'une lutte incessante pour la satisfaction d'intérêts opposés.

Les deux types sont éparpillés un peu partout, mais je crois que chez les socialistes, ce sont les cœurs sensibles qui dominent. C'est même à cette sensibilité qu'est due la popularité de la journée de huit heures. Comme toujours, le raisonnement est simple et bon enfant ; on a dit : le surmenage dérive directement des longues journées, donc raccourcissons la journée.

Ça coule tout seul, et certainement la sagesse pratique de Panurge n'eût pu mieux dire.

Pour juger sainement l'aphorisme, il s'agit d'abord de bien nous entendre sur le surmenage physique qui est seul en cause en ce moment, et de voir au juste où il commence, où il finit et quelles sont les conditions indispensables au bon fonctionnement de la machine humaine.

Cette machine offre quelques particularités fort curieuses, qu'il est nécessaire de mettre en relief. Inutile de dire que, semblable à toutes les machines, on ne doit pas lui demander plus qu'elle ne peut fournir, sous peine de la détraquer ; c'est une évidence qui se passe de démonstration.

Ce qu'il faut remarquer, c'est que, contrairement à ce qui se passe dans les autres mécanismes, lorsque la machine humaine est suffisamment alimentée de combustible — il faudrait dire comestible — le fonctionnement normal, loin de l'user, lui fait au contraire acquérir plus de force et de solidité.

Autre bizarrerie, si un organe du corps humain travaille plus que les autres, c'est lui seul qui gagne en vigueur, et ses voisins restent stationnaires, ou perdent de leur énergie et s'atrophient.

Ceci prouve que la nature est autrement forte que nous en construction mécanique, quoique nous ne fassions pas trop mal.

Ces prolégomènes ont besoin d'être appuyés par quelques exemples démonstratifs ; en voici :

Le soldat, par la marche et le maniement des armes, après quelque temps d'entraînement, devient d'une robustesse, qui lui permet d'opposer une très grande résistance à la fatigue et aux privations ; et cela parce que ses exercices sont intelligemment gradués et qu'il est, en somme, convenablement nourri, quoique sa gamelle ne connaisse aucun des raffinements de la cuisine de Lucullus.

Le gymnaste, en s'exerçant avec persistance, arrive à faire des prodiges de force et de souplesse.

Voilà deux cas de fonctionnement harmonique de la machine humaine.

Passons maintenant au fonctionnement partiel et incomplet.

Le mitron, qui geint sur son pétrin et soulève sa pâte avec des gémissements qui ressemblent à des cris de fauves, acquiert à cet exercice un développement extraordinaire des biceps et des pectoraux. Par contre, le tailleur et le typographe, qui n'ont aucun effort musculaire à faire, ne gagnent au travail que de l'habileté de main, sans aucun profit pour le reste du corps.

Voilà donc bien établi, que l'effort musculaire est une cause de développement physique.

Le travail par lui-même n'aurait donc rien que de très salutaire ; et s'il était possible de le répartir harmoniquement, de façon à exercer dans une juste proportion tous les organes de l'homme, il aurait cet immense avantage de développer chez ce dernier le complet épanouissement de sa force physique.

On va certainement me demander, si je compte faire de l'industrie un succédané de la gymnastique?

Je pourrais répondre que l'idée ne serait pas déjà si mauvaise ; et je pourrais du même coup, faire preuve d'un peu d'érudition, en rappelant que Charles Fourier dans la description de sa phalange harmonienne, prétendait qu'avec le travail attractif, divisé en séances de deux ou trois heures, et en se lestant de quatre ou cinq repas copieux, un homme pourrait travailler activement et sans fatigue de seize à dix-huit heures par jour.

Fourier était un rêveur, soit ; un bâtisseur de système, soit encore.

Mais est-ce que nos prôneurs des trois-huit ne font pas la même chose, avec cette circonstance aggravante qu'ils m'ont l'air de moins bien connaître les replis du cœur humain?

A leur rêverie mal conçue, j'oppose une autre rêverie mieux combinée.— C'est mon droit.

Quoiqu'il en soit, laissons de côté les systèmes

avec toute leur ingéniosité, occupons-nous de l'actualité et tâchons de voir ce qu'elle contient de possible.

J'ai dit tout à l'heure que par l'entraînement et l'habitude, la nature opposait une réaction contre la fatigue, en fortifiant les organes exercés. Je n'ai cependant pas eu l'impudence de prétendre, que cette action équilibrante devait se produire partout et toujours, sans aucune restriction. Il y a en cela, comme en toutes choses, une limite qu'on ne peut impunément franchir, et c'est à cette limite que commence le surmenage.

Le surmenage existe donc réellement ?

— Sans doute.— Je ne vais pas répétant comme beaucoup que ce surmenage existe d'un bout à l'autre du champ industriel, mais je conviens qu'il peut exister sur des points plus ou moins nombreux.

— C'est à examiner.

Cela a motivé l'intervention passée du législateur et motiverait au besoin une nouvelle intervention dans l'avenir.

On a commencé par dire : la femme et l'enfant sont des mineurs, et à ce titre, ils ont droit à une protection efficace. C'est très judicieusement pensé.

En effet si le père de l'enfant et le mari de la femme, qui sont leurs tuteurs naturels, sont impuissants à exercer cette tutelle, il faut bien que l'État s'en mêle. Il doit d'autant mieux s'en mêler, qu'il est directement intéressé à veiller sur l'hygiène et sur la santé publiques. L'enfant employé trop tôt dans des ateliers souvent insalubres, ne se développe pas dans des conditions convenables ; la constitution physique de la femme, s'oppose également à une prolongation exagérée de travail ; et si ces conditions ne sont pas remplies, non-seulement elle en souffre elle-même, mais elle n'est plus apte à procréer qu'une progéniture rachitique et maladive.

En continuant ces errements, nous finirions par n'avoir plus que des crétins pour travailleurs.

Tout cela est parfaitement sensé, et malgré tous les mauvais vouloirs qui essayèrent de se mettre à la traverse, les lois protectrices de la femme et de l'enfant ont été votées presque partout.

Des adultes, il n'avait jamais été question, en raison de la fiction économique qui les considère comme acceptant lfbrement le contrat de louage d'ouvrage, par lequel ils mettent leurs bras à la disposition de l'entrepreneur.

Il y a longtemps que justice a été faite de cette interprétation.

Cependant, si dans ce contrat le patron est souvent mieux placé que l'ouvrier pour en débattre les conditions, il serait exagéré de prétendre que l'ouvrier en est toujours la dupe. Nous verrons plus loin que le milieu, les circonstances et la situation économique y ont aussi une très large part.

Puisque notre société est ainsi faite qu'un homme puisse être forcé par le besoin, ou par toute autre cause, de se placer soi-même sous la dépendance d'un autre homme et de se soumettre à un travail au-dessus de ses forces, il aura beau être adulte et citoyen, et soi-disant libre, cet homme redevient en réalité un mineur, et la société lui doit aide et protection.

En cela, je marche la main dans la main avec tous les socialistes et tous les réformateurs. Par exemple, je me sépare de ces derniers, lorsqu'ils espèrent remédier au mal avec leur journée de huit heures.

Ils ont beau dire : « En diminuant le temps du travail, nous diminuons le surmenage. »

C'est faux, puisque l'ouvrier, d'après leur dire, devra compenser le temps par une intensité plus grande.

Faire en huit heures la même besogne qu'on fait d'ordinaire en douze, ce n'est pas diminuer le surmenage, c'est l'augmenter.

En vertu du principe dynamique que toute machine perd en force ce qu'elle gagne en vitesse, un ingénieur vous démontrera, par chiffres, que le travail restant le même, l'ouvrier aura donné en huit heures le même nombre de kilogrammètres qu'en douze heures. — Travail égal, donc même quantité d'effort musculaire. — J'ajoute, moi : et fatigue plus grande.

Si c'est vrai, ce dont je ne doute pas, il nous faudra en même temps remarquer, non sans tristesse, que les mesures prises en faveur de la femme et de l'enfant, pourraient bien ne pas avoir toute l'efficacité qu'on leur suppose.

Résumons un peu.

Nous disons que l'habitude et l'entraînement ont pour effet de rompre les muscles de l'ouvrier et de les adapter, pour ainsi dire, à son genre de travail,

A cette médaille il y a un revers : c'est que par la faute des hommes, ce secours naturel est dans beaucoup de cas insuffisant, et le surmenage l'emporte.

D'après les croyances qui ont cours en ce moment, ce serait le surmenage industriel qui présenterait les plus grands abus.

Cherchons donc dans le milieu industriel, et rendons-nous compte de ce qui s'y passe.

Si on veut bien tenir compte de la division que j'ai précédemment établie : en *travail à la main* et *travail à la machine*, et si, en même temps, on met en regard les modes de rétribution : *salaire aux pièces, salaire à l'heure et salaire à la journée*, il sera extrêmement facile de voir où et comment le surmenage peut se produire.

Le véritable surmenage physique, celui qui laisse au bout de la journée le travailleur harrassé de fatigue et sans force, le surmenage qui tue, règne en maître dans le travail aux pièces. — C'est l'ouvrier lui-même qui se surmène, c'est vrai ; et il le fait avec d'autant plus d'âpreté, que le tarif qui règle les prix de la pièce est plus réduit. — En bonne administration sociale, cet abus ne devrait pas exister, et l'homme devrait être défendu contre lui-même.

D'autre part, la faculté n'est pas toujours donnée à l'ouvrier, de produire la quantité qu'il lui plaît ; souvent l'obligation lui est imposée de fournir une somme de travail précise, dans un délai donné. — C'est ainsi que dans les mines, l'ouvrier doit livrer un certain nombre de bennes de charbon, quoiqu'il soit payé à la benne.

Le travail à la main se trouve dans le même cas, parce qu'il se prête facilement à l'intensité, et même quand il n'est pas payé aux pièces, il laisse au patron la latitude d'exiger de son personnel, par crainte du renvoi, la plus grande somme possible de production.

Il faut dire cependant que cette espèce de tyrannie est actuellement beaucoup moins étendue qu'on ne le prétend, surtout dans les grands centres industriels ; l'ouvrier sachant beaucoup mieux se défendre.

Le salaire à l'heure laisse prise au surmenage, par la raison que l'ouvrier est toujours disposé à donner le plus possible de son temps, dès que ce temps lui est payé. L'ouvrier payé à l'heure tient à faire des heures, et rien ne lui agrée mieux que les heures supplémentaires.

Le salaire à la journée peut favoriser le surmenage, si les journées sont trop longues, mais en thèse générale, de même que pour le travail payé à l'heure, l'ouvrier dans ce cas cherche toujours à économiser sa fatigue et y parvient presque toujours.

Il ne nous reste plus que l'ouvrier travaillant à la machine-outil actionnée par un moteur étranger.

Nous avons vu, en analysant l'intensité, que son rôle se borne presque toujours à une simple surveillance et à l'alimentation de sa machine. Il faut pour cela, une certaine dépense de force musculaire, mais généralement cet effort n'est jamais exagéré et ne se produit qu'à intervalles plus ou moins espacés. Par conséquent, ne pouvant dépenser qu'une très petite dose d'intensité, il est pour ainsi dire à l'abri du surmenage.

Dans le cas où la journée se prolonge outre mesure, ce n'est pas de l'excès de fatigue qu'il souffre, mais plutôt d'un affaissement apathique, produit par l'ennui de toujours fixer son attention sur une même besogne, et de répéter sans cesse le même mouvement rythmique.

La machine n'est à tout prendre qu'un multiplicateur de force, elle n'est véritablement fatigante, que si l'ouvrier doit la mettre lui-même en mouvement, comme il arrive pour les machines à coudre menées au pied, ou à la main ; mais en général, le travailleur industriel, qui est aidé par un moteur, est de tous, celui qui a le moins à souffrir du surmenage.

Malon nous apprend qu'à Paris, il y a cent mille confectionneuses qui travaillent de 13 à 18 heures par jour, pour gagner 1 fr. 50. Dans les pays de tissage, soie, laine ou coton, dans les régions où l'on fait de la bonneterie, il y a nombre d'ouvriers qui travaillent chez eux, qui n'ont d'autre règle que leur volonté et pourraient éviter les excès de fatigue, s'ils n'étaient obligés de rester attachés à leurs métiers, pour subvenir à leur existence.

Voilà où est le surmenage, mais ce surmenage là échappe à toute règlementation, parce qu'il est imposé par la nécessité. La loi des huit heures, si elle n'a pas d'influence fâcheuse sur le taux des salaires, ne servira qu'à l'ouvrier de manufacture, c'est-à-dire à celui qui souffre le moins.

Pour mettre fin au véritable surmenage, il est nécessaire de prendre des mesures bien autrement radicales que celles qui consistent à établir une journée légale, même avec une sanction pénale sévère à l'égard des contrevenants.

Il faudrait supprimer le travail aux pièces, interdire les heures supplémentaires, prohiber le travail en chambre, et concentrer toute la production dans le travail à l'atelier, car c'est là seulement que la surveillance pourrait être efficace.

Vous croyez que ce n'est rien cela ?

C'est tout bonnement, un bouleversement économique complet, avec une dose d'aléa suffisante pour faire reculer les plus décidés, à moins qu'ils ne soient fous.

La chose est aisée à comprendre.

Nous avons vu en effet, en traitant le champ de l'intensité, que la plus grande partie du travail industriel est payé à la pièce, ou à l'heure. J'estime pour mon compte, qu'il y a bien 90 pour cent d'ouvriers qui sont dans ce cas. Or, puisqu'on ne songe pas à règlementer les salaires, il y en a beaucoup qui ne gagneront pas au changement et même qui y perdront.

Que fera-t-on ?

On passera outre, mais c'est moins facile qu'on ne pense. Non seulement on aurait contre soi les patrons dont on ne se soucie guère, mais on aurait encore les ouvriers qu'on prétend affranchir, et ceux-là ne seraient pas les moins ardents à protester.

Il faut bien que je le dise puisque je le pense ; tout cela me paraît absolument manquer de sens pratique et n'aboutira à rien.

Mais la dégénérescence, elle est bien réelle cependant ; la classe prolétarienne s'atrophie, l'ouvrier des villes est dans un tel état de dépérissement, que la moyenne de sa vie est inférieure de dix ou douze ans, à la moyenne de vie de la classe bourgeoise. La dégénérescence est si réelle, que l'homme se rapetisse et que depuis moins d'un siècle, il a fallu abaisser à plusieurs reprises le niveau de la taille du soldat.

Tout cela est rigoureusement exact ; la dégénérescence est un fait douloureux qu'il faut bien reconnaître, car il crève les yeux. Mais cette dégénérescence, dont on accuse le travail d'être le principal auteur, elle a d'autres causes encore que le surmenage ; et ces causes sont bien autrement fortes. Les hygiénistes en ont parlé, en ont signalé les dangers, mais par une inadvertance nexplicable, les réformateurs ne s'en occupent qu'incidemment, et mènent seulement l'assaut contre le surmenage.

Rétablissons les choses comme elles doivent l'être.

Les hygiénistes nous démontrent que la salubrité de l'habitation est une nécessité, Si à vivre dans un milieu étroit, privé d'air, l'homme le plus robuste en ressent plus ou moins les effets, il est certain que de jeunes enfants doivent bien autrement en souffrir.

Dans les villes et surtout dans les villes industrielles, il y a des quartiers qui servent spécialement de refuge à la classe ouvrière, et s'il y a quelque part un coin infect et malsain c'est pour l'ouvrier (1). Le quartier de Withe-Chapel à Londres, la légendaire rue Sainte-Marguerite, les anciens taudis de la Cité et de la place Maubert, à Paris, certains bouges du Transtevère, à Rome, ont leurs pendants un peu partout, dans toutes les villes où grouille une population plus ou moins danse de loqueteux et de manouvriers.

La raison en est simple ; c'est que dans ces faubourgs mal hantés, mal soignés par la voirie, les logements sont à meilleur compte, et pour une somme relativement faible, un ménage pauvre peut s'entasser, hommes, femmes et enfants, dans un local sans jour, sans air et empesté par toutes les émanations du voisinage. Très souvent, ce sont des caves qui servent d'abri à ces malheureux.

Quand on dit que les logements pauvres sont moins chers, c'est encore là une de ces formes

---

1' Voir le *Socialisme Intégral*, de Benoît Malon.

de langage si fréquentes, dès qu'il s'agit de masquer un mensonge social ; et ce serait là le cas ou jamais, de distinguer entre le relatif et l'absolu. On paie à Paris la location d'un taudis 200 francs, et on paiera 2000 francs pour un grand appartement. Evidemment, la somme à débourser est dix fois moindre dans un cas que dans l'autre ; mais si on tient compte de la différence qui existe entre un local exigu et miasmatique, et un logement sain, aéré et salubre, si on compare le cube d'air que l'un et l'autre contiennent, il est bien facile de voir que le bon marché n'est pas là où l'on pense.

L'ouvrier, dit-on, ne peut pas mettre un prix élevé à son loyer. — C'est entendu, mais il n'y a qu'à faire une excursion au familistère de Guise fondé par Godin, pour comprendre qu'il peut loger dans un palais, sans grever outre mesure son budget. Il y a dans cet exemple, une voie à suivre qui a bien son mérite et qu'on laisse, volontairement ou non, dans l'ombre.

Je n'insiste pas, mais je constate seulement que ce n'est pas en raccourcissant la journée de l'ouvrier, qu'on le mettra à même de se mieux loger.

Ce qu'il lui faudrait c'est plus d'argent ; et nous retombons encore, dans l'éternelle impasse des salaires, que la législation proposée n'a pas eu le courage d'aborder simultanément avec les trois-huit.

Il y a bien des lois et des ordonnances concernant la salubrité des habitations, les lois et les ordonnances foisonnent en France, comme partout ailleurs, mais comment sont-elles observées, et quelle confiance pouvons-nous leur accorder, quand nous les voyons tous les jours impuissantes à arrêter la marche de fléaux bien caractérisés comme le choléra ?

Si ces fléaux frappaient seulement les pauvres, on pourrait dire que les dirigeants ne veulent pas s'en occuper, mais ils tombent indistinctement sur toutes les classes de la société.

Cette question d'argent, nous la retrouvons toujours aussi persistante, dans tout ce qui touche la question ouvrière et dans l'alimentation, elle devient également une cause de dégénérescence bien autrement dangereuse que l'insalubrité des habitations.

L'ouvrier se nourrit mal, il ne consomme guère que des produits à bas prix, qui doivent en partie leur bon marché à une falsification éhontée. La chimie tient le haut du pavé dans la fabrication des produits qui entrent dans la consommation. Elle ne s'en tient même pas aux produits de qualité commune ; l'âpreté des marchands à augmenter leurs gains, et aussi la concurrence effrénée qu'ils se font entre eux, ont fait entrer la falsification à peu près partout.

Aujourd'hui, il faut être riche pour se permettre une nourriture saine ; à fortiori, le pauvre diable est bien obligé de manger ce qu'il peut se payer, et sa bourse lui permet tout juste de s'empoisonner, plus ou moins lentement.

Il serait difficile de prétendre que c'est par goût que l'ouvrier vît mal, et que son inclination le porte à absorber ce qu'il y a de plus mauvais. Ce serait un indice de dépravation, si le choix lui était permis ; mais malheureusement pour lui, s'il lui faut subir cette nécessité de manger des choses malpropres et malsaines, c'est incontestablement, parce qu'il ne lui est pas possible de faire autrement.

Mon avis, est qu'il aura beau ne travailler que

huit heures par jour, je ne vois pas trop comment cela lui fera manger un meilleur ordinaire, ni boire du vin moins frelaté, quand il boit du vin, ni se soustraire à l'intoxication des alcools de betteraves ou de pommes de terre, dont il use plus qu'il ne faudrait. Ce dernier produit, à lui seul, entre pour une part extrêmement effrayante, dans les progrès de la dégénérescence physique et de la décadence morale des classes populaires.

La France, quoique pays vignoble par excellence, tient le troisième rang dans la consommation de l'alcool. La consommation annuelle par tête d'habitant, est de quatre litres, tandis qu'en Russie elle n'est que de $3\frac{5}{10}$ et en Angleterre de $2\frac{67}{100}$. Il n'y a que la Belgique et l'Allemagne, qui en consomment plus que nous, la première 12 litres par tête, la seconde 8 litres.

Qu'on s'étonne donc après cela, si petit à petit, l'entrain jovial, la gaîté communicative et la joyeuse humeur de nos pères, tendent à faire place aux sombres idées des buveurs d'absinthe et de trois-six.

Il y a longtemps que les médecins ont poussé le cri d'alarme, mais comme l'a fait judicieusement remarquer Eugène Fournière, dans un excellent article publié dans la *Revue Socialiste*, il a fallu une nécessité budgétaire, un trou à boucher, pour que le législateur s'aperçut des progrès croissants de l'alcoolisme.

On a dit : gouverner, c'est prévoir ; demandons avant tout à nos gouvernants de voir simplement ce qu'ils ont sous les yeux, et bien des sottises seront évitées.

N'est-ce pas admirable, cette histoire d'alcool ?

— On avait besoin d'argent, on cherche à droite et à gauche, l'alcool se trouve juste à point sous la main, on le tourne, on le retourne ; et c'est là seulement qu'on commence à mesurer les ravages de l'alcoolisme.

On cherchait une taxe, on découvre un péril social. On le découvre, dix ans après que les gens compétents l'avaient signalé. Mais ces gens compétents n'étaient que des savants, et les politiciens sont trop occupés de leurs petites affaires pour prêter l'oreille aux avis des savants.

Bref, maintenant on cherche à mettre un frein à l'alcoolisme, en frappant l'alcool de droits extraordinairement élevés ; ce qui revient à peu près à dire qu'on commence à crier au feu quand la maison est déjà réduite en cendres.

Le plus humble, non pas des psychologues de profession, mais tout bonnement des gens qui ont un peu observé l'espèce humaine, vous dira qu'il est trop tard.

Il est trop tard, parce que celui qui est possédé de la passion alcoolique ira jusqu'au bout de toutes les infamies, pour satisfaire cette passion.

Le prix de son poison favori pourra doubler, tripler, décupler, il se privera d'autre chose pour contenter son vice, il privera sa femme et ses enfants, s'il en a. Les innocents seront seuls à supporter le poids de cette exécrable habitude et ils paieront l'impôt par un supplément de misère.

Il en est des alcooliques comme de ceux qui s'adonnent à l'opium, ou la morphine ; une fois pris dans l'engrenage, ils y passent tout entiers, et bien rares sont ceux qui ont l'énergie de s'en dégager.

Est-ce à dire que l'ouvrier industriel soit plus

adonné à l'ivrognerie que l'ouvrier d'autrefois?

Non, ce qui rend l'effet plus néfaste, c'est que le produit n'est plus le même. Autrefois, l'ouvrier buvait du vin, maintenant il boit des alcools de fabrique, c'est-à-dire du poison.

L'impasse est sans issue ; quand bien même il n'est pas poussé par le démon de l'alcool, l'ouvrier ne peut pas plus se donner le luxe d'un liquide pur et inoffensif, qu'il ne peut se permettre une nourriture solide et substantielle. — Son salaire est insuffisant.

Vraiment, le travailleur vous serait autrement reconnaissant si, au lieu de lui donner un loisir dont il ne saura que faire, vous organisiez quelque chose qui le mette à même de bien vivre.

N'est-il pas profondément regrettable que, par une appréciation erronée de la question, ou peut-être dans un intérêt électoral, des députés aient cru devoir s'élever contre l'impôt de l'alcool, en invoquant l'intérêt de l'ouvrier?

« L'ouvrier vit mal, a-t-on dit, il n'a que l'alcool pour se remonter un peu, pour se donner du cœur au ventre, selon leur expression. Si vous taxez l'alcool, il n'aura plus aucun moyen pour combattre l'anémie. »

C'est un dévouement bien mal entendu, que celui qui préconise un remède pire que le mal.

Sans doute, l'ouvrier vit mal. Il y a plus de trente ans, les docteurs Cruveilher et Bertillon nous démontraient que la nourriture du prolétaire était, en qualité et en quantité, inférieure à celle du soldat, qui ne brille pourtant pas par l'exagération, c'est la même chose aujourd'hui, ou à peu près. C'est de ce côté-là qu'il fallait porter votre sollicitude, en frappant sévèrement sur la sophistication commerciale, et en protégeant l'idée coopérative, laissée tout entière à l'initiative individuelle. Cette idée aurait fait des miracles si elle avait été encouragée et si le gouvernement, par une aide pécuniaire intelligemment repartie, s'y était un tant soit peu intéressé.

Les socialistes de Gand et de Bruxelles ont donné un exemple remarquable de ce qu'on peut réaliser dans ce sens.

Incontestablement, l'alcoolisme n'est pas encore vaincu à Gand, car il faut du temps pour détruire un vice tellement invétéré, qu'il en est presque passé à l'état de nature ; mais néanmoins, c'est le bon chemin qu'on a pris. Le jour où l'ouvrier pourra vivre confortablement, il renoncera de lui-même à l'excitation factice qu'il puise dans un petit verre d'eau-de-vie Ce jour-là, l'alcoolisme diminuera rapidement et avec lui la criminalité.

Le bourgeois, qui peut mettre sa provision en cave et qui boit du vin à peu près potable, même quand il est fait avec des raisins secs, qui donnent, paraît-il, un vin inoffensif ; le bourgeois, qui peut se donner une nourriture solide, ne pense pas à s'alcooliser, à part quelques exceptions résultant de l'oisiveté, mauvaise conseillère, ou d'une hérédité malsaine.

Ce qui manque surtout à l'ouvrier, ce n'est pas le temps pour bien vivre, c'est le moyen : l'argent.

Il semble que dans les situations fausses tout concourt, de près ou de loin, à accumuler les erreurs. A toutes les causes de dégénérescence que nous venons d'examiner, il faut en joindre une autre dont les conséquences sont aussi multiples que pernicieuses : c'est l'ignorance populaire pour tout ce qui a trait à une hygiène intelligente :

Il n'a pas le temps de s'instruire, dit-on, sa vie tout entière est prise par l'atelier.

C'était vrai autrefois, mais depuis l'instruction obligatoire, il ne devrait plus en être ainsi. Si l'enfant n'apprend pas à discerner ce qui peut lui être préjudiciable, c'est la faute de ses éducateurs. Pourquoi dans les programmes de l'instruction primaire, ne fait-on pas une plus large place à l'hygiène et aux connaissances utiles, qui permettent de se mettre à l'abri de la fraude ?

Faut-il énumérer d'autres causes de dégénérescence et parler de l'onanisme et de la syphilis, qui ne touchent pas seulement le pauvre, mais qui, au déshonneur de nos sociétés, gangrènent aussi bien les classes riches. Je ne veux pas m'appesantir sur ces plaies sociales, qu'il faut couvrir d'un voile en se détournant avec dégoût.

Or, maintenant, si nous résumons la question de la dégénérescence, on constate bien que ses ravages sont étendus et qu'ils menacent de s'étendrent encore ; mais il faut quand même reconnaître, que cette dégénérescence a des causes bien autrement nombreuses et puissantes, que le surmenage des longues journées. On pourra réduire la journée et la dégénérescence continuera de plus belle. On aura donné plus de loisir à l'ouvrier, mais on ne mettra pas un sou de plus dans sa poche, malgré toutes les espérances dont on le leurre.

Je ne veux pas mettre en doute les intentions de ces amis du peuple, je ne m'en prends qu'à leur imprudence, qui leur fait soulever des problèmes, qui ne sont pas insolubles en eux-mêmes, mais qui le deviendront si on ne sort pas de la voie dans laquelle on s'est follement engagé.

CHAPITRE XV

IMPUISSANCE DE LA LOI

SOMMAIRE. — Ce que doit être une loi de réglementation. L'intérêt qu'auront les ouvriers à la violer. — Le pourront-ils ! — Comment agiront les patrons. — Les roulements d'ateliers. — — Cas où l'ouvrier se mettra d'accord avec le patron pour éluder la loi. — Les difficultés de la surveillance. — Les livres de journées. — En cas d'infraction, qui sera condamné, du patron ou de l'ouvrier ? — Les ouvriers en chambre. — L'ouvrier dénoncera-t-il lui-même les contraventions ! — Il ne le fera pas. — De l'emploi des heures disponibles. — La famille, l'école, le cabaret, l'atelier. — L'influence du patronat.

La mise sur pied d'une loi à grand fracas offre trop d'attraits aux artistes en législation, pour qu'ils s'imaginent un instant qu'ils puissent ne pas réussir à faire un chef-d'œuvre. Ils crieraient à la bouffonnerie, si quelqu'un leur disait qu'ils ne peuvent, avec leur réglementation du travail, accoucher d'autre chose que d'une loi inapplicable qui devra, à peine née, tomber forcément en désuétude.

Je me risque cependant à soutenir cette thèse qui, à tout prendre, ne me promet pas plus d'injures que ne m'en vaudront les chapitres précédents, où j'ai eu le malheur de marcher droit au but, sans grand respect pour les orteils de ceux qui se trouvaient sur mon chemin.

On sait que toute loi est faite pour protéger quelqu'un contre quelqu'un, c'est-à-dire pour protéger l'individu contre les entreprises malfaisantes d'autrui. C'est pour cela que toute loi se termine par une sanction pénale, qui vous donne de suite le compte de ce qu'il en coûte si on la viole.

Voilà la théorie — dans la pratique on dit que les malins passent tout autour de la loi sans la toucher, que les puissants la bousculent sans façon, et qu'il n'y a que les petites gens comme moi, et peut-être comme vous, qui soient obligés d'obéir respectueusement.

Pour qu'une loi ait une action salutaire, il est de toute évidence qu'elle doit être acceptée avec reconnaissance par ceux qu'elle a l'intention de protéger, et avec une certaine crainte par ceux qui auraient intérêt à la violer.

Dans l'espèce, la loi des huit heures serait donc faite pour protéger l'ouvrier contre les exigences de tout patron qui serait tenté d'obliger son personnel à travailler au-delà des limites raisonnables.

Elle serait faite également pour protéger l'ouvrier contre lui-même, en lui interdisant de se suicider par un excès de travail.

Etre protégé contre le patron, bonne affaire! jamais un ouvrier ne s'en plaindra, mais protéger l'ouvrier contre lui-même, c'est une tout autre antienne, il y en a beaucoup qui trouveront que c'est trop de sollicitude et qu'il y a exagération à vouloir protéger des citoyens majeurs contre leurs propres inclinations, et s'immiscer dans leurs affaires particulières.

La principale condition pour assurer le respect de notre loi serait que, ni d'un côté ni de l'autre, personne ne fût poussé par l'intérêt à la transgresser. Cette condition est le *rara avis*, qu'on ne trouvera pas ; d'ailleurs elle ne se présente jamais, car elle rendrait toute loi inutile ; en effet, il n'y a pas besoin de défendre ce que personne n'est tenté de faire.

Dans le cas qui nous occupe, patrons et ouvriers tâcheront, à qui mieux mieux, de duper le législateur. Voyons comment.

A tout seigneur tout honneur : commençons par l'ouvrier.

J'ai déjà dit, et je crois n'être pas contredit, que l'ouvrier ne travaille pas par attraction, mais par besoin. Si on suppose que son salaire de huit heures lui paraisse suffisant et qu'il n'ait aucun désir de thésauriser, tout sera pour le mieux, et il se contentera philosophiquement de ce salaire, sans en demander davantage.

Toute supposition est permise, cependant celle-là a un petit parfum de cet optimisme désintéressé, qui a pu faire la réputation du docteur Pangloss, mais qui ne ferait pas assurément le bonheur de nos ouvriers. Demander à un homme de trouver tout pour le mieux et de borner ses désirs à ce qu'il possède, c'est le comble de l'illusion, parce que des hommes bâtis de ce limon réaliseraient le type de la perfection évangélique dont le moule est bien sûr perdu, si toutefois il a jamais existé.

Or, si notre ouvrier peut se donner le nécessaire, une pente toute naturelle l'amènera à désirer le superflu, et certes ce n'est pas moi qui l'en blâmerai.

Si, pour obtenir ce superflu, il faut travailler quelques heures de plus que la loi ne le permet, tant pis pour la loi, elle risquera fort d'être légèrement chiffonnée.

Nous venons de parler de ce qu'on pourrait, avec un peu de complaisance, appeler l'ouvrier aisé ; celui dont le ventre ne crie jamais famine et qui gagne largement le nécessaire pour lui et pour les siens, et dont le rêve est de joindre à cela un peu de ce superflu qui fait tant de plaisir.

Est-ce là cas pendable ?

Si celui-là est déjà tenté de contrevenir à la loi, ce sera bien autre chose avec celui dont le salaire est trop maigre pour qu'il puisse se donner le confortable. Le premier mettra peut-être quelque hésitation à outre-passer la journée légale, mais le second n'ira pas par quatre chemins, pour l'additionner d'heures supplémentaires.

Il le fera d'autant plus hardiment qu'il sait pouvoir répondre à ses juges : « Si je travaille, ce n'est pas par bravade, mais par nécessité. »

Croit-on qu'il serait condamné ?

Je n'ai pas besoin de rappeler le cas des ouvriers aux pièces, ni des ouvriers à l'heure ; j'en ai dit assez en étudiant les questions d'intensité et de salaire, pour qu'il soit superflu de démontrer qu'ils seront loin d'être enchantés des restrictions qu'on cherche à apporter dans leur situation déjà si peu prospère.

En somme, le mot d'ordre étant une journée de huit heures ; comme aucune réglementation de salaire n'est proposée, ou que si le minimum de salaire est demandé par quelques députés socialistes, il est plus que certain qu'il sera rejeté ; il s'ensuit que le travail ne changera pas de nature avec la loi et qu'il continuera toujours à être considéré comme une marchandise, soumise à tous les aléas du passé.

L'ouvrier vous dira : « Mon temps, c'est ma marchandise, en raccourcissant ma journée, vous me forcez à garder pour compte une portion de cette marchandise, sans me garantir que la portion légalement vendable sera suffisante pour mes besoins. Vous lésez donc mes intérêts les plus proches, faites-moi gagner au moins l'équivalent de mon salaire précédent, ou laissez-moi tranquillement agir à ma guise. »

Et en disant cela, l'ouvrier aura raison, et son bon sens pratique aura été plus fort que le zèle de ses maladroits amis.

Le plus clair de la loi c'est de donner à l'ouvrier la disposition de quatre heures par jour, en moyenne. Cette portion disponible qui lui restera ainsi de sa journée, il faudra bien qu'il la passe à quelque chose, et ce quelque chose on ne peut le déterminer sans en faire une corvée et sans attenter à la liberté individuelle la plus élémentaire.

Vous voulez qu'il se repose, qu'il reste en famille, qu'il s'instruise, — c'est très bien — mais comme il lui faut faire tout cela gratis, il est fort possible qu'il préfère un travail qui lui rapporte.

C'est alors que l'intérêt lui apprendra à faire le tour de la loi, sans se faire prendre à ses mailles.

J'admets que l'on puisse interdire à l'ouvrier de travailler plus de huit heures par jour à son atelier ; mais pourra-t-on l'empêcher de consacrer le reste de sa journée à un autre travail ; et cet autre travail, rien ne pourra lui interdire de se le faire payer.

Alors, à quoi servira la réglementation ?

Ce sont des détails d'exécution, mais ces détails ont leur importance, une importance capitale ; et personne n'a l'air de s'en soucier, puisque personne n'a eu la précaution de nous renseigner sur les voies et moyens qui, en législation, ne doivent jamais être perdus de vue.

Parlons un peu du patron ; car enfin si l'ouvrier se met en tête de travailler plus de huit heures par jour et s'il y parvient, il est incontestable que l'aide du patron lui sera un peu nécessaire pour cela.

Le patron aura-t-il intérêt à commettre cette infraction ?

Cela dépend des situations et des circonstances.

Un patron timoré, ou ce qui est beaucoup plus rare, un patron qui s'incline respectueusement devant la loi parce que c'est la loi, ce patron là ne se prêtera à aucune compromission. M'est avis cependant, qu'il ne gardera cette austère rigidité, que si ses profits ne sont que faiblement atteints par le nouveau régime économique, il ne faut pas que le respect de la loi coûte trop cher.

Mais l'entrepreneur qui verra qu'une connivence habilement déguisée avec ses ouvriers, lui permet de soutenir plus facilement la concurrence de ses confrères nationaux ou étrangers, ou ce qui lui plairait mieux encore de les écraser, celui-là, on peut être sûr qu'il n'hésitera pas une seconde.

Je n'ai pas l'intention de calomnier l'honorable corporation des patrons ; mais ils sont semblables au commun des mortels, et je n'apprends rien à personne en disant que généralement les consciences acquièrent une élasticité toute spéciale, dès qu'il y a à frauder la loi.

Autre exemple, supposons, ce qui arrivera infailliblement, qu'il s'agisse d'une chose obligatoire en économie industrielle : l'utilisation complète du matériel existant.

La loi réduisant la journée d'un tiers, il faudrait pour maintenir sa production, que chaque fabricant augmentât son matériel d'un tiers, ce qui ne laissera pas que d'être passablement onéreux.

10

Or, dans ce cas une coalition serait vite formée entre patrons et ouvriers d'une même industrie ; et, c'est avec une entente peu ordinaire, qu'ils s'uniraient pour berner les inspecteurs.

Tel ouvrier travaillerait les huit heures règlementaires chez son patron, et viendrait ensuite faire quatre heures chez le patron d'à côté. Les ouvriers feraient la navette, allant d'un atelier à l'autre, à la barbe de la police qui n'aurait rien à dire, parce que la loi ne saurait empêcher un fabricant de faire tourner ses machines tant que cela lui plaît ; elle n'aurait rien à dire, parce que le livre de paie ne constaterait que des journées de huit heures pour chaque ouvrier.

Ce que je dis là, n'est pas de la fantaisie ; ces roulements s'établissaient communément en Angleterre, pour les enfants qui n'étaient censés travailler que cinq ou six heures, et qui en réalité en faisaient dix ou quinze.

Encore aujourd'hui, dans la même honorable et pieuse Angleterre, en certains quartiers les *sweaters* entassent les ouvrières dans des locaux trop petits, où manque la quantité suffisante d'air respirable ; et lorsqu'un inspecteur se présente dans un établissement, il est aussitôt signalé de proche en proche, et ne trouve plus dans chaque atelier, qu'un nombre d'ouvrières proportionné à la grandeur du local. Puis, la visite faite, les ouvrières qui avaient été dissimulées dans quelque cave, ou dans quelque grenier, reviennent se remettre à l'ouvrage.

Ce qui se passe relativement aux femmes et aux enfants, peut tout aussi bien avoir lieu pour les hommes ; et la tricherie qui s'opère avec tant d'effronterie en Angleterre, prendra facilement racine en France, ou dans tout autre pays d'industrie.

Il faut en prendre son parti, chaque fois que l'intérêt du patron et l'intérêt de l'ouvrier marcheront dans le même sens, on peut être certain que toutes les réglementations du monde, resteront à peu près inutiles, pour réduire la journée de travail, et pour empêcher les gens de travailler à leur guise.

De la part de l'ouvrier, ce sera très mal entendre son véritable intérêt, je le veux bien, mais en cela il ne verra, comme toujours, que le besoin immédiat de ne pas rester inoccupé et de se soumettre afin de gagner sa vie tant bien que mal.

Compter établir une surveillance attentive et efficace, est une de ces idées saugrenues, comme il en germe si souvent dans la tête des législateurs, et dont nous voyons tous les jours le piteux échec, dès qu'on tente de les mettre en pratique. Nous nous en apercevons bien ici, en France, rien que pour le travail des femmes et des enfants, où le nombre des inspecteurs est vingt fois moindre qu'il ne faudrait, puisqu'il ne leur est pas possible de passer, plus d'une ou deux fois par an dans chaque atelier. Il y a même des endroits, où les usines sont tellement disséminées, et où elles nécessitent de si grands déplacements, qu'elles ne sont pas visitées tous les ans.

Pour arriver à quelque chose, il faudrait une véritable armée de surveillants, qui pussent exercer dans chaque établissement une inspection journalière ; et encore, il n'est pas bien sûr qu'ils ne seraient pas trompés.

Arrangez donc cela avec les ressources de nos budgets si difficiles à boucler, surtout dans un moment ou l'on a, paraît-il, la louable intention de faire des économies et de donner la chasse aux sinécures et aux emplois inutiles.

En Angleterre, les employés de l'Etat savent très bien qu'on les trompe et connaissent parfaitement toutes les roueries employées dans ce but : mais la plupart du temps ils restent impuissants à les empêcher, et se plaignent vivement de n'être pas secondés par les tribunaux.

J'ai parlé tout à l'heure, d'une sorte de roulement qui s'opérerait entre les ouvriers de divers ateliers ; ce roulement ne serait nécessaire que dans le cas peu certain, où l'Etat tiendrait la main à une rigoureuse exécution de la loi. Mais, avec les administrations débonnaires que nous possédons, neuf fois sur dix, il suffirait au patron d'établir des livres de journées, *ad hoc*, constatant qu'il est en règle avec les huit heures, et tout se passerait gentiment, en une petite falsification d'écritures qui passerait pour parole d'évangile et que personne ne s'aviserait de vérifier.

Du reste, si ce moyen ne valait rien, on en aurait bien vite trouvé un autre, dix autres, cent autres, tant l'imagination est féconde, dès qu'il s'agit de tourner une loi ou de frauder le fisc.

Et puis, dans les cas de contravention dûement constatés, qui est-ce qui sera condamné, le patron ou l'ouvrier ? Ça dépendra beaucoup de la composition des tribunaux et de leurs opinions en économie politique.

En bonne justice, tous deux devraient l'être, l'un pour avoir travaillé, l'autre pour avoir fait travailler. Mais il est probable que dame Thémis ferait une étrange grimace, en entendant un ouvrier lui déclarer que c'est de son plein gré qu'il travaille, et qu'il est poussé par un amour désordonné et une attraction insurmontable pour l'ouvrage.

De son côté, le patron pourrait déclarer, que c'est par complaisance qu'il met son outillage à la disposition de ces fanatiques du travail.

La galerie alors rirait bien en entendant le juge correctionnel motivant ainsi son jugement : « Attendu que l'ouvrier X... est trop laborieux et qu'il donne un fâcheux exemple en déployant un zèle intempestif et illégal ; attendu que son patron Z, par sa coupable complaisance, encourage cette ardeur déplacée. Vu la loi des huit heures, condamnons X et Z au maximum de la peine. »

Redevenons sérieux.

Je n'ai pas besoin de faire remarquer, combien il sera facile aux ouvriers et ouvrières en chambre de se rire impunément des prescriptions de la loi, et pour la centième et non la dernière fois, je déclare que si dans tout le clan industriel, il existe des gens dont la vie se traîne péniblement, surtout parmi les femmes, et qui soient véritablement dignes d'intérêt, ce sont ceux-là.

Je sais bien que les réformateurs sont pleins de bonne volonté et malgré les rebuffades ils continuent avec persistance à catéchiser ces ingrats ouvriers qui ne les comprennent pas. Si vraiment ils comprennent bien, et ils comprendraient bien mieux encore si on leur parlait de la question qui les intéresse le plus ; celle des salaires. Il y a même des zélés parmi les réformateurs qui croient en toute sincérité qu'il faudra armer les inspecteurs des pouvoirs les plus étendus, de telle sorte qu'ils puissent pénétrer même dans les domiciles privés.

Braves cœurs ! Et comme c'est ingénieusement

trouvé ! Malheureusement, ces choses-là se disent, s'écrivent même, au besoin, mais elles ne s'exécutent jamais.

On me fera sans doute cette objection qu'il existe une probabilité qui faciliterait considérablement l'application régulière de la loi : c'est que parmi les ouvriers, il s'en trouverait qui, par position n'ayant aucun intérêt direct à ce que la journée excède le temps légal, se hâteraient de dénoncer la contravention.

Je le crois, mais je crois aussi qu'il y en aurait beaucoup moins qu'on ne pense.

S'il s'agissait seulement de faire pièce au patron sans aucun doute, les délations marcheraient bon train, étant donné la somme d'affection qui lui est accordée. Mais il faudrait, en même temps dénoncer les camarades : et ceci mériterait réflexion, car malgré leurs rivalités, il existe chez les ouvriers un lien de solidarité qui est généralement respecté.

Cet obstacle pourrait être, il est vrai, facilement surmonté, si le patron était seul responsable vis-à-vis de la loi et s'il était seul soumis à ses dispositions pénales. Comme il est de mode aujourd'hui de toujours viser le patron, il est fort possible que le législateur se maintienne dans cet ordre d'idées.

Au point de vue de l'équité, cela laisserait bien un peu à désirer ; car si le patron est considéré comme l'instigateur du délit, l'ouvrier n'en est pas moins le complice et l'exécuteur. En temps ordinaire, l'exécuteur est même considéré comme le plus coupable.

Je n'insiste pas, parce que cette inégalité devant la loi ne trancherait même pas la difficulté ; et la même répugnance arrêterait encore les dénonciations. En effet, avec le patron responsable, les camarades n'auraient pas à craindre de payer l'amende ou d'aller en prison, mais il leur arriverait quelque chose qui serait peut-être pire à leurs yeux ; ils perdraient leur travail ; ces heures supplémentaires illégales qui ont au moins cet avantage palpable de se traduire en bonne monnaie sonnante et trébuchante.

N'importe, il y a quelque chose de profondément répugnant dans ce fait que la loi de huit heures serait obligée de puiser ses moyens d'application dans ce qu'il y a de plus abject parmi les sentiments humains, et qu'elle devrait appeler à son aide la délation.

Il me semble que la haine de l'ouvrier pour le patron est suffisamment intense, pour qu'on évite de la surchauffer encore. D'autre part, les ouvriers ont entre eux assez de causes de dissentiments, sans qu'on risque imprudemment d'affaiblir les quelques liens de véritable fraternité qui les unissent et font qu'ils se sentent les coudes.

Admettons que le but poursuivi par les amis des trois-huit est des plus honorables, et qu'ils n'ont d'autres visées que de donner au prolétaire un loisir dont il profitera pour s'instruire, et vivre de cette bonne vie de famille qui fait tant de bien.

Certainement, c'est une louable intention, mais sans vouloir pousser le pessimisme trop loin, ce que nous connaissons de la situation économique nous permet de préciser à quelles impulsions les ouvriers obéiront pour l'emploi des quatre heures qu'on veut mettre à leur disposition.

Les adversaires de mauvaise foi ont prétendu qu'avec un touchant ensemble, ils iraient frapper à la porte du cabaret. — C'est de l'exag'ration.

Oui, sans doute, les alcooliques d'habitude s'y laisseront naturellement entraîner, c'est fatal. Il y aura même, pour les y suivre, un certain nombre de célibataires, de ceux qui couchent en garni et qui, par conséquent, n'ont pas un intérieur attractif. Le désœuvrement les mènera ici ou là, au bien ou au mal, — qui le sait?

Mais à côté de cela, il y aura des groupes de jeunes qui profiteront de l'occasion offerte de s'instruire et qui se dirigeront vers les cours gratuits et les bibliothèques.

Parmi les autres. nous aurons les besogneux qui emploieront tous les moyens possibles, pour éluder la loi et réaliser un gain supplémentaire.

Qu'on ne s'y trompe pas, ceux-là seront nombreux ; et ce qu'il y a de particulier, c'est que ce groupe sera composé en majeure partie de ce qu'on appelle les bons ouvriers ; ceux qui ne connaissent pas le lundi, qui ne perdent jamais une heure, soit parce qu'ils ont des charges de famille, soit qu'ils veuillent économiser un petit magot, pour les temps de chômage et de maladie.

Le but de la loi sera donc imparfaitement rempli, car si on défalque du nombre des travailleurs, les catégories que je viens d'indiquer, il en restera bien peu, pour jouir régulièrement de la vie familiale. Et comme ces élus ne peuvent être ainsi favorisés, qu'à la condition de gagner un salaire convenable, il est alors possible de tirer cette conclusion peu réjouissante : qu'ils sont rares dans notre milieu, ceux qui sont assez généreusement payés, pour vivre avec un certain confortable sans travailler d'une manière exagérée.

Si je voulais pousser les investigations plus loin encore, je rappellerais, qu'il est passé à l'état de cliché dans certains journaux soi disant populaires, que les gros industriels prennent de nombreuses privautés avec les règlements ; et qu'ils n'en font jamais qu'à leur leur tête, au nez et à la barbe des représentants de l'autorité, qui bénévolement les laissent faire.

Pour citer des noms, n'entend-on pas tous les jours déblatérer contre l'omnipotence de M. Schneider au Creuzot, ou de M. Chagot à Blanzy, ou de tel autre gros bonnet, dans tel pachalik industriel.

Eh ! si tout ce qu'on dit est vrai, est-ce qu'en décrétant la journée de huit heures, on aura diminué d'un iota l'influence qu'on prête, à tort ou à raison à ces gros capitalistes, qui font manœuvrer à leur gré des milliers et des milliers d'ouvriers ?

Pour en finir, il n'y a dans tout ceci qu'une conclusion à tirer : c'est qu'une loi est inutile, lorsqu'il est si facile de l'éluder et qu'elle ne satisfait pas ceux qu'elle est destinée à protéger.

Une fois de plus on aura fait beaucoup de bruit pour rien.

CHAPITRE XVI

L'ENQUÊTE

SOMMAIRE. — L'enquête obligatoire. — Le questionnaire. — Peu d'ouvriers ont répondu. — Explications de M. Fournière. — Raisons peu satisfaisantes. — Pourquoi les ouvriers n'ont pas répondu. — Ce qu'il aurait fallu leur demander. — Ce que pensent les ouvriers. — Réponses des syndicats ouvriers. — Réponses des syndicats mixtes. — Réponses des chambres de commerce. — Réponses des conseils de prud'hommes. — Réponses des syndicats patronaux. — Opposition générale à la fixation d'une journée uniforme.

Dans un pays démocratique par essence comme le nôtre, et avec un gouvernement qui, à tort ou à raison, affiche son respect de l'opinion publique — (d'aucuns disent qu'il la respectent seulement quand elle lui plaît) — dès qu'une idée a pris sa volée, et qu'elle a acquis une certaine notoriété, il faut naturellement qu'on fasse une enquête.

Dans la plupart des cas, l'enquête n'aboutit à rien pour la réalisation de l'idée, mais elle est toujours ordonnée ; d'abord ça fait gagner du temps, ce qui est la grande préoccupation de tout ministre ; puis c'est une occasion de paperasser un peu.

Ainsi, par exemple, on a fait en 1884 une enquête sur l'agriculture, l'industrie et le commerce ; on a nommé la fameuse commission parlementaire des quarante-quatre, qu'en est-il résulté ? — Pour mon compte, je serais bien reconnaissant à la personne charitable, qui me ferait voir à quel résultat pratique on a abouti.

Donc, pour n'en pas perdre l'habitude, on a encore nommé une commission ; et la première besogne de cette commission, a été de rédiger un formulaire, destiné à être envoyé à tous les syndicats d'ouvriers et de patrons, aux conseils de prud'hommes, aux corporations ouvrières, et en général à tous les groupes et corps constitués, pouvant servir d'intermédiaires entre la commission et les intéressés.

On a même été plus loin, on a envoyé le même questionnaire à quantité d'ouvriers, isolément, pour avoir leur opinion personnelle, en dehors de toute influence de groupes, ou de pression patronale.

Je reconnais loyalement, que l'idée n'était pas mauvaise, et sans espérer que cette enquête puisse avoir un meilleur sort que les précédentes, elle a cependant cela de bon, qu'elle nous donnera quelques éléments de statistique ouvrière ayant une certaine valeur.

Voici le texte du questionnaire :

1° A quelle industrie ou à quel travail êtes-vous occupé ?

2° Votre travail est-il payé à la journée, à l'heure ou à la pièce ?

3° Combien de temps travaillez-vous par jour ?

4° A quelle heure commence et à quelle heure finit votre travail ?

5° Combien dans la journée, avez-vous de temps de repos et quelle en est la durée ?

6° Avez-vous chaque semaine un jour complet de repos ?

7° Demandez-vous que la journée de travail soit fixée par une loi ?

8° A quel nombre d'heures désirez-vous qu'elle soit limitée ?

9° Doit-on interdire les heures dites supplémentaires ?

10° Si elles sont maintenues, doit-on en limiter le nombre?

11° Combien gagnez-vous par jour?

12° A quel prix sont payées les heures supplémentaires ;

14° Y a-t-il dans votre industrie des mortes-saisons, quelle en est la durée ?

15° Y a-t-il beaucoup d'ouvriers étrangers e ployés dans votre industrie ?

16° Reçoivent-ils le même salaire que vous ?

17° Pensez-vous qu'une diminution de la journée, pourrait avoir une diminution sérieuse dans la production ?

Incontestablement, tout ce qui est demandé là serait on ne peut plus intéressant à connaître ; nous allons voir ce qui en est advenu.

Cinq cent mille exemplaires de ce questionnaire ont été envoyés à domicile.

Les chambres syndicales, les chambres de commerce, les conseils de prud'hommes ont répondu ; mais, chose bizarre, les ouvriers isolés n'ont pas répondu, c'est-à-dire que sur la masse des consultés, vingt-deux mille seulement ont répondu.

Naturellement, cet incident tout-à-fait imprévu a provoqué dans la presse des interprétations diverses, chaque parti arrangeant cette abstention à l'avantage de son point de vue particulier.

Il va de soi que les économistes, et, en général, tous les partisans du laissez-faire, ont été unanimes à déclarer que les ouvriers se désintéressaient de la question.

Dans le camp socialiste, on n'a pas été précisément satisfait, mais on voit les choses d'autre façon ; et voici les appréciations publiées dans le
« Matin » par M. Eugène Fournière, qui est sans
contredit un des meilleurs écrivains du parti socialiste.

Il appelle tout d'abord la consultation un *réfé-
rendum bâtard*.

Ce serait vrai si la commission avait manifesté
la prétention de provoquer un referendum ; mais
comme elle manquait d'éléments pour se faire une
opinion, elle les a cherchés en consultant les intéressés, et elle a crû être mieux renseignée, en in-
terrogeant le plus grand nombre possible de gens
compétents.

Cette manière de procéder est, après tout, parfaitement rationnelle.

Les adversaires de toute règlementation ayant
bruyamment jeté un grand cri de triomphe, M.
Fournière a pris à tâche d'expliquer l'abstention
des ouvriers, mais c'est une besogne difficile qu'il
a entreprise là, et malgré tout son talent, il n'y
réussit qu'à moitié.

D'après lui, l'abstention ouvrière tient à deux
causes : la première, c'est que le parti socialiste,
dans ses journaux et ses réunions, a invité les ouvriers à s'en tenir seulement à la manifestation du
1ᵉʳ mai.

L'explication est médiocre, parce qu'il est sup-
posable que les ouvriers qui n'ont pas répondu au
questionnaire ne sont pas tous des lecteurs assi-
dus de journaux socialistes, non plus que des coureurs de réunions.

M. Fournière leur suppose gratuitement une
discipline qui n'est pas dans leurs habitudes.

D'ailleurs, il y aurait dans ce fait quelque chose de passablement illogique ; puisque la manifestation du 1ᵉʳ mai, ayant pour objet de réclamer la journée de huit heures, il eût été de bonne politique de la revendiquer avec les cinq-cent mille bulletins que le gouvernement mettait entre les mains des ouvriers. L'autre raison que donne M. Fournière, est que l'ouvrier a conservé une invincible méfiance à l'égard de la paperasserie administrative ; l'ouvrier voulant bien voter, mais non contresigner ses opinions politiques et sociales.

Voyons, M. Fournière, êtes-vous bien convaincu que l'ouvrier se gêne tant que cela? Pour qu'un homme de votre valeur n'ait trouvé que ces deux misérables arguments, il faut véritablement que la cause soit indéfendable.

Le vrai, c'est que les écrivains socialistes et anti-socialistes, ou, pour être plus exact, c'est que les partisans et les adversaires de la journée de huit heures ont leur siège fait, et irrévocablement fait ; tandis que dans cette affaire, il faudrait abandonner toute idée de parti, pour ne la juger simplement que par le côté humain. Je crois qu'il est faux de dire que l'ouvrier s'est désintéressé de la question. Elle touche de trop près à son existence pour qu'il en fasse si bon marché, qu'il ne daigne même pas répondre à un questionnaire des moins compromettants. S'il s'est ainsi abstenu, il y a à cela une autre explication à donner que l'indifférence, ou cette aversion de la paperasserie, qu'on lui suppose bien gratuitement.

Il y a tout bonnement que l'ouvrier n'a pas vu dans le questionnaire ce qui l'intéresse avant tout : la question d'argent.

Il sait fort bien qu'une loi pour la réglementation du travail est à l'étude, mais dans les interrogations qu'on lui pose, il ne voit rien qui puisse lui faire préjuger une amélioration matérielle dans son existence. On lui parle trop de temps de travail et pas assez de salaire. Il se demande ce qu'il adviendra de cela, et, dans le doute, il fait comme le sage, il s'abstient.

Si le questionnaire avait dit : « voulez-vous la diminution de la journée de travail, sans diminution de salaires » ? Oh ! alors, vous auriez eu une unanimité complète et les « *oui* » auraient abondé dans les réponses.

Mais, l'ouvrier sait fort bien, que dans la fixation des salaires, le patron comptera toujours pour quelque chose, et que ce quelque chose, n'est pas négligeable ; il sait bien qu'on pourra établir des prix de séries pour chaque espèce de travail, mais que ces prix de séries n'auront de valeur qu'à la condition qu'on puisse obliger les patrons à s'y soumettre ; et on ne lui fait pas entrevoir comment on s'y prendra pour cela.

On pourra bien imposer cette obligation de temps et d'argent, pour les travaux de l'Etat et des communes, quoique la chose reste assez problématique, puisque le Conseil Municipal de Paris, qui, à coup sûr, est des mieux intentionnés, n'a pas réussi à imposer la journée, non pas de huit heures, mais de neuf heures avec les salaires de séries.

C'est connu de tout le monde, et l'ouvrier avec son simple bon sens, ne s'est pas amusé à chercher les pensées de derrière la tête, qui hantent les politiciens de toutes nuances.

J'estime qu'en s'abstenant, il a exprimé cette

opinion, pas déjà si bête ; qu'il comprenait très bien le but cherché, mais qu'il attendait qu'on lui fît connaître les moyens pratiques de l'atteindre. Ce qui, en bon français, signifie « cherchez autre chose. »

Je ne prétends en aucune façon que les ouvriers abstentionnistes soient pour cela beaucoup mieux disposés que les autres à l'égard du patron, qui restera comme devant, la bête noire détestée et honnie ; je ne dis pas qu'ils déserteront l'armée révolutionnaire, je dis seulement, qu'ils ont senti d'instinct, que l'arme qu'on leur propose n'est pas une arme assez solide pour transformer d'un coup la situation économique.

En effet, s'ils travaillent à l'heure, ils voient de suite une diminution de paie qui est loin de leur plaire.

L'heure est la chose que l'ouvrier est le plus disposé à vendre, c'est sa marchandise à lui, comme le petit bleu est la marchandise de son mastroquet, il n'entend pas qu'on mette d'entrave à son petit commerce.

Pour ceux qui travaillent aux pièces, c'est encore pis.

Il n'y aurait donc que ceux qui sont à la journée ; et encore ceux-là ne voient pas bien ce qu'il adviendra de leur salaire, si on ampute la journée de quatre bonnes heures.

Pour tous, la question d'argent reste dans une nébuleuse insondable.

Cette préoccupation apparaît avec une clarté saisissante, dans les réponses qui ont été envoyées à la commission. Les réponses des syndicats ouvriers se décomposent ainsi :

180 acceptent huit heures, sans heures supplé-

mentaires. Soit 180 qui seraient partisans des trois-huit.

D'autre part, il y en a :

88 hostiles à toute règlementation.

43 demandent 10 heures sans heures supplément.

48 — 8 heures avec heures supplément.

6 — 8 heures id.

7 — 9 heures id.

C'est donc au total 192, qui ne veulent pas des huit heures ; à moins qu'on n'autorise les heures supplémentaires, ce qui serait la démolition complète du principe.

Sur douze syndicats mixtes :

10 sont hostiles à la réglementation.

1 demande la journée de 10 heures sans heures supplémentaires.

1 demande la journée de 10 heures avec heures supplémentaires.

On a dit que dans les réponses des syndicats mixtes, on reconnaissait l'influence patronale.

D'accord ! — Mais cela ne veut pas dire que cette influence ait été due plutôt à une pression menaçante, qu'à une persuasion amicale résultant de la manière plus approfondie, dont la question aurait été envisagée.

D'ailleurs, quand un ouvrier se trouve investi d'un mandat, et qu'il se trouve par cela seul sur le pied de l'égalité avec le patron, il a trop de méfiance pour lui céder sans y être poussé par d'excellentes raisons.

Ce qui est sûr néanmoins, c'est que chez les syndicats qui ont réclamé la possibilité des heures supplémentaires, la préoccupation du salaire apparaît avec une complète évidence. Autrement, pourquoi demanderaient-ils à les faire, ces heures supplémentaires? Ce n'est pas probablement par amour du patron. Et ceux qui ne veulent aucune règlementation, est-ce que ceux-là ne disent pas clairement : « Laissez-nous tranquilles, car nous ne voyons rien qui vaille dans le bloc enfariné que vous nous présentez comme une conquête. »

Passons maintenant aux réponses des patrons. Sur 64 réponses des chambres de commerce, 54 sont hostiles à toute règlementation.

1 demande 10 heures, avec heures supplémentaires.

7 demandent 12 heures, ou le *statu quo*.

1 est trop peu précise pour être classée.

Sur 32 chambres consultatives des arts et manufactures, 25 sont hostiles à toute règlementation.

1 demande 10 heures, avec heures supplémentaires.

5 demandent 12 heures avec heures supplémentaires.

1 est peu précise.

Sur 85 réponses des conseils de prud'hommes, 55 sont hostiles à toute règlementation.

4 demandent 8 heures, sans heures supplémentaires.

9 demandent 10 heures, sans heures supplémentaires.

13 demandent 10 heures, avec heures supplémentaires.

3 demandent 11 heures, avec heures supplémentaires.

1 demande 12 heures, avec heures supplémentaires.

Les syndicats patronaux ont ainsi répondu :

201 sont hostiles à toute règlementation.

2 veulent 8 heures, sans heures supplémentaires.

1 demande 10 heures, sans heures supplémentaires.

9 demandent 10 heures, avec heures supplémentaires.

On sent que dans ces réponses, chacun n'a envisagé que sa situation particulière, en tenant
compte des exigences de sa propre industrie.

C'est du reste tout-à-fait logique, et il n'en pouvait être autrement,

Tout ce qui est ouvrier a eu en vue les conséquences qu'une réglementation du travail pourrait
avoir sur les salaires. Tout ce qui est patron a
eu pour principal objectif d'éviter ce qui pourrait
amener une perturbation trop grande dans la production et dans les profits.

Il en résulte que l'idée d'une journée uniforme
pour tous les corps de métier, aurait contre elle la
presque unanimité des intéressés.

Du reste, ce niveau, qui semble *à priori* si juste,
n'est en réalité qu'une absurdité ridicule, dont
César de Paëpe, qui était cependant un bon socialiste, a parfaitement compris l'inanité. En effet,
chaque métier exige un travail différent, avec une
dépense de force, d'énergie, d'intelligence qui ne
peut pas être la même pour tous. Ramener tout à
une même mesure, sous prétexte d'égalité, serait
le comble de l'arbitraire ; et il y a lieu de s'étonner que cette simple constatation ait été passée
sous silence. Je ne le répéterai jamais assez, en
économie industrielle, il n'y a qu'un mobile : l'intérêt personnel.

Ce n'est pas ma faute si, dans mes analyses, je
retrouve ce même mobile au fond de toute question sociale. Ce n'est pas moi qui l'y mets, il me
saute aux yeux ; et ma conviction intime est qu'il

faut, pour l'éliminer, autre chose encore que du sentiment.

Parler égalité, philanthropie, bonté, dévouement humanitaire, c'est fort bien, mais encore faut-il ne pas s'adresser à des sourds.

Ouvriers et patrons sont des hommes. Ils valent ce qu'ils valent, pas grand'chose, si vous voulez, mais ce n'est pas avec une mauvaise loi qu'on en fera des petits saints.

En somme, on aura beau enguirlander la question de belles phrases et de sentimentales périodes, c'est de la littérature perdue — gemmas ante porcos. — Nous n'avons devant nous que des intérêts différents à combiner et à rapapilloter entre eux ; causons donc intérêts, si nous voulons être entendus.

CHAPITRE XVII

L'OPPOSITION PATRONALE

SOMMAIRE. — L'intérêt des patrons. — Conditions d'une installation industrielle, nécessité du capital. — Proportionalité entre l'outillage et la production. — Le tiercement des équipes. — Le travail de nuit et ses inconvénients. — Relations ordinaires entre patrons et ouvriers. — La guerre de classes. — Pourquoi les patrons repoussent la réglementation du travail. — L'augmentation de la main-d'œuvre. — Son influence sur les bénéfices. — Inégalités devant la loi. — La concurrence étrangère.

Voyons un peu dans tout cela, quel est l'intérêt du patron.

S'il paie ses hommes à l'heure ou aux piètes, on ne voit pas bien pourquoi en principe, il s'opposerait à la limitation du temps de travail. — Ce serait donc pour ne pas perdre sur les hommes à la journée ; mais j'ai déjà fait remarquer, que c'est le petit nombre comparé aux ouvriers tâcherons, ou payés à l'heure. Il faut donc que cette mauvaise volonté patronale ait une autre cause, et cette cause je vais tacher de l'expliquer.

Si les patrons sont à peu près unanimes à repousser la journée de huit heures, on admettra bien qu'ils ne sont pas uniquement poussés par un bête esprit d'opposition, et qu'ils doivent avoir à nous donner quelques raisons bonnes ou mauvaises, que nous aurons à juger.

Restant sur le terrain pratique de l'intérêt, ils ont déclaré que toute réduction de la journée, aurait pour conséquence de diminuer leurs bénéfices, et de les placer dans un état d'infériorité, vis-à-vis de la concurrence étrangère.

Voyons pourquoi.

Toute entreprise industrielle demande une mise de fonds plus ou moins considérable, qui est affectée à l'installation de l'instrument de travail, ou matériel industriel.

Si cette mise de fonds et cet outillage n'étaient pas indispensables, il n'y aurait pas besoin de capitalistes, il suffirait au premier venu d'avoir des connaissances techniques, pour s'improviser chef d'industrie.

Les socialistes-collectivistes voudraient que ce fut l'Etat ou la commune, qui se chargeât de fournir au travailleur le matériel industriel, qui est en ce moment entre les mains capitalistes ; mais c'est là un autre ordre d'idées, étranger à notre sujet.

Le matériel dans toute industrie, représente une somme importante ; et comme la première règle en matière de production, est de supprimer les non-valeurs, il s'ensuit que l'entrepreneur s'ingénie tout d'abord, à utiliser complètement son outillage.

C'est simple comme bonjour, rien à dire.

Tout établissement est outillé au début. pour suffire aux affaires probables sur lesquelles on croit pouvoir compter. Si les affaires s'étendent, on accroît progressivement le matériel.

Je sais bien qu'il y a des industries où cette marche normale, et au demeurant fort sage, ne peut être suivie ; mais ce sont des exceptions, et je n'ai à raisonner que sur les cas qui se présentent en majorité.

Or, il résulte de ces données, que si l'outillage

industriel français est actuellement suffisant, pour alimenter les demandes en fonctionnant douze heures, il deviendra instantanément trop faible, s'il ne peut plus fonctionner que huit heures.

J'ai précédemment dit quelques mots dans ce sens, mais quoique je fasse, tous les fils de la question sont si bien enchevêtrés, qu'il est bien difficile de ne pas se répéter.

Continuons.

On me répond : « mais si le matériel devient impuissant, on l'augmentera, ou bien on le fera travailler autant qu'il sera nécessaire, à la condition toutefois de changer les équipes au bout de huit heures.

Bien ! seulement si on augmente le matériel, c'est de ce chef une immobilisation nouvelle de capital équivalente à un tiers. Là où il y a trois cent mille francs de matériel, il en faudra quatre cent mille.

Conséquences : augmentation des intérêts attribués au capital, augmentation dans les chapitres, amortissement, entretien, usure, assurances du matériel ; augmentation dans l'emplacement, les constructions, les impôts, les réparations, etc., etc.

Si vous croyez que ce n'est rien cela, vous n'avez qu'à totaliser la valeur de l'outillage national et à y ajouter un tiers, vous verrez alors la jolie petite somme de millions qu'il faudra débourser. Si d'après l'enquête citée par M. Ménier et M. Guesde il fallait l'estimer en 1865 à plus de deux milliards et demi, on admettra que depuis 1865 cette valeur a passablement augmenté.

— Pardon, objecte-t-on, on tiercera les équipes d'ouvriers pour laisser au matériel le même temps de fonctionnement.

C'est en effet une ressource.

En raisonnant par l'absolu, on pourrait même dire qu'il y aurait économie à fonctionner nuit et jour, ce qui demanderait moins de matériel pour une égale production.

C'est réalisable, c'est même réalisé par certaines industries, comme les verreries, par exemple, où les fours ne s'éteignent ni jour ni nuit. Mais la continuité du travail qui est indispensable dans les cas particuliers, offre en général des inconvénients parce que le travail de nuit est toujours moins productif que le travail de jour, parce que la surveillance est plus difficile, etc., etc. En outre, le travail de nuit nécessite des dépenses d'éclairage quelquefois importantes, qui viendraient diminuer considérablement l'économie d'intérêts réalisées sur le matériel. Il y a des travaux pour lesquels il est nécessaire de voir très clair, ce qui est dispendieux avec les prix que coûte le gaz.

D'ailleurs, il est de bonne administration de pouvoir parer à un surcroît momentané de commandes ; et dans ce cas, les heures supplémentaires et le travail de nuit sont un expédient, qu'on n'aurait plus sous la main avec une marche ininterrompue.

Si on demandait que les mêmes ouvriers ne fissent pas d'heures supplémentaires, la restriction serait à peu près logique ; mais on vient de voir que la plupart des ouvriers réclament au contraire le droit d'allonger leur journée, car ces heures sont souvent payées le double des autres.

Donc, il est entendu qu'on pourra tiercer les équipes, malgré les petits retards et les dérangements occasionnés par une double mise en marche.

Notez que je passe sous silence d'inextricables

difficultés de détail, comme par exemple la remise d'une pièce commencée par un ouvrier et qui devra être continuée par un autre, puis, peut-être, reprise par un troisième. On sent de suite quel nid à chicane, quelle matière à contestations se cache sous ce fait cependant inévitable, surtout s'il y a des mal-façons et que le salaire soit compté à la pièce.

Si les patrons n'étaient pas bêtes, et s'ils avaient bonne envie d'embarrasser les prôneurs des trois-huit, ils renchériraient encore sur les revendications et diraient : « Vous voulez les *trois-huit*, ce n'est pas assez, nous allons vous donner les *quatre-six*, nous réduirons la journée légale à six heures ; et nous embaucherons deux équipes qui nous fourniront nos douze heures de travail, en deux séances égales. »

Parbleu ! ce serait pour le coup, qu'on pourrait compter sur la suppression du chômage. En tout cas, le raisonnement ne serait pas plus sangrenu que beaucoup d'autres. Seulement les patrons ne s'emballent pas ainsi à la légère, parce qu'ils savent très bien que s'il y a des pots cassés, c'est à eux que revient fatalement l'obligation de les payer.

Aucune statistique ne permet d'affirmer, que la production se maintiendrait normale avec une journée de huit heures ; mais ils savent pertinemment que s'il leur fallait trouver, *ex abrupto*, un tiers de personnel en plus, la chose ne serait pas si commode qu'on le prétend, même en tablant sur l'embauchage des mauvais ouvriers. — A plus forte raison s'il fallait doubler les équipes.

Admettons au besoin, que par suite de combinaisons géniales, la question de temps soit tranchée et qu'on ait assuré la production avec la journée de huit heures, est-ce que le problème serait résolu pour cela ?

Est-ce que la question des salaires, ne resterait pas toujours pendante réclamant sa solution ?

Les patrons la voient et la connaissent, cette affaire des salaires ; et, c'est justement cela qui a motivé leur opposition.

Il ne faut pas croire que le patron, en général, soit l'ogre amateur de chair fraîche, dénoncé par les déclamateurs anarchistes, qui se sont fait une spécialité de vomir contre la bourgeoisie, les menaces furieuses d'un chambardement général.

Le patron, en matière économique, cherche son intérêt d'abord, pensant, avec assez de raison, que s'il ne s'en occupe pas lui-même, personne ne s'en occupera pour lui ; il exploite ses ouvriers exactement comme il exploite ses machines, pour le profit. L'inimitié qui les sépare n'est pas inhérente à son caractère, elle est une détestable conséquence de notre système économique basé sur la concurrence.

Ce qui rend les relations plus tendues, ce qui excite davantage les animosités, c'est surtout le désarroi économique, qui résulte des crises et rend les affaires difficiles et laborieuses. Le bénéfice se raréfiant, le patron se rabat sur l'ouvrier, pour rogner son salaire ; et naturellement l'ouvrier se fâche et se promet de lui rendre correctement la pareille, si l'occasion lui permet à son tour de dicter ses conditions.

Dès que la question d'argent entre en jeu, elle embrouille tout, et ça n'en est pas plus gai.

C'est cette lutte sur le terrain des salaires qui a donné naissance à l'idée abominablement absurde de la guerre de classes, formule qui sue la haine et qui n'a d'autre but, que d'enrégimenter le prolétariat, pour le lancer en aveugle contre la bourgeoisie.

Au fond, ce n'est qu'un terrible sophisme, que le socialisme allemand a créé. Les congrès ouvriers de Paris en 1889, le congrès de Bruxelles en cette année 1891, l'ont malheureusement inscrit en tête de leur programme ; il coupe dans sa racine tout espoir de solution pacifique, et nous fait entrevoir un avenir gros de complications sanglantes.

Le principe est faux ; il n'y a pas de lutte, exclusivement et rigoureusement circonscrite de classe à classe, il y a lutte d'intérêts d'un bout de l'échelle à l'autre ; lutte de tous contre tous. Est-ce que le patron ne lutte pas contre son confrère, pour lui enlever sa clientèle et le couler ? Est-ce que l'ouvrier ne lutte pas contre son camarade, pour le supplanter ou obtenir le meilleur travail ?

Est-ce que le *quatrième état* n'en trouvera pas derrière lui un autre, lorsqu'il aura abattu le troisième ?

Nous sommes d'accord sur un point : c'est que le mal vient de notre organisation économique, qu'il faut absolument modifier.

Changeons-la donc ; mais, pour Dieu ! procédons intelligemment et ne nous égarons point à la recherche de réformes illusoires.

En bonne conscience, la journée de huit heures est-elle une solution ?

— Non ! mille fois non, puisqu'elle conserve l'essence même du mal : *le salariat.*

Alors, il est facile de s'expliquer pourquoi les syndicats patronaux se sont montrés hostiles à la réglementation du travail. — C'est tout simple, ils n'y ont pas vu leur intérêt, au contraire.

Je sais bien que, par nature, ils ne sont pas férus de l'amour des réformes ; ils s'en rapportent à leurs économistes, qui leur assurent que tout est bien ; cependant si on leur offrait une idée pratique, je crois qu'ils se résigneraient à l'accepter, ne serait-ce que pour avoir une paix après laquelle ils soupirent en secret.

Aujourd'hui, on leur présente une modification de détail et on leur demande à brûle-pourpoint ce qu'ils pensent de la journéede huit heures.

Naturellement, ils se rebiffent ; car il ne leur a pas fallu longtemps pour se rendre compte qu'ils en feraient les frais, malgré les alléchantes promesses de MM. Delahaye, Rouanet et autres intensistes.

Les patrons savent très bien qu'il ne faut pas compter actuellement sur une réduction de salaires qui mettrait beaucoup d'ouvriers dans l'impossibilité matérielle de vivre et les exaspèrerait. Ils voient donc, en bons calculateurs, qu'en réduisant la journée d'un tiers, ils augmentent d'autant le prix de la main-d'œuvre.

Il est même probable que cette augmentation serait plus forte, si, en raison du manque de bras, les ouvriers devenaient plus exigeants, ce qui est leur droit.

C'est cette augmentation minima d'un tiers qui fait désirer aux patrons de rester dans le *statu quo*. Le calcul est fort simple. La moyenne de la main-d'œuvre industrielle est de 18 o/o de la valeur du produit, d'après les propres chiffres admis par M. Delahaye et ses amis. Je sais que les moyennes jouent, dans les supputations économiques, un rôle qu'elles remplissent souvent fort mal ; mais enfin ce chiffre me paraît assez normal ; et, comme je viens de le dire, il a l'avantage d'être adopté par les intensistes.

Or, si on augmente la main-d'œuvre d'un tiers, ce ne sera plus 18 pour cent, qu'il faudra compter, mais bien 24 pour cent.

Eh ! bien, n'en déplaise aux mêmes intensistes, cet écart de six pour cent représente quelquefois plus que le bénéfice net de l'exploitation.

Cette appréciation semblera inexacte à ceux qui se figurent que le fabricant entasse des monceaux d'or ; elle est cependant très réelle.

Entre le prix de revient du fabricant et le prix d'achat du consommateur, il y a certainement un écart très notable, on pourrait même dire qu'il est scandaleux ; mais cet écart s'éparpille entre les mains des intermédiaires ; et en réalité, des produits dont le revient a été majoré successivement jusqu'à 40, 50 o|o et même davantage, ne laissent souvent au producteur qu'un maigre bénéfice de 8 à 10 o|o.

Par le temps qui court, une commandite qui rapporte cinq pour cent de loyer d'argent et cinq pour cent de dividende, est considérée, avec juste raison, comme un excellent placement.

Alors, si vous augmentez la main-d'œuvre de six pour cent de la valeur du produit, adieu les dividendes !

Cette perspective, je le sais, n'est pas pour déplaire à ceux qui nient la légitimité de l'intérêt et des revenus de toutes sortes ; mais, c'es une autre question que je ne veux pas aborder.

Il est donc bien constaté, que les syndicats patronaux, dont nous analysons les sentiments, ne sont pas du tout disposés à risquer leur argent sans profit ; et, il n'en faut pas davantage, pour qu'ils se refusent à toute modification au régime actuel.

On ne manquera pas de m'objecter, que tous les industriels se trouvant, en raison de la loi, sur le pied de l'égalité, rien ne sera changé dans leur situation réciproque, lorsque la journée sera réduite à huit heures.

Ça, c'est la théorie.

Dans la pratique, il y aura des inégalités résultant du plus ou moins de facilités que certains rencontreront, à ne pas exécuter ou à n'exécuter qu'imparfaitement la loi. Nous avons déjà vu combien la surveillance sera difficile, même avec une nuée d'inspecteurs, je n'ai donc pas à revenir sur ce point, qui me paraît suffisamment élucidé.

J'admets d'emblée, si on le désire, que par une combinaison quelconque, on arrive à n'avoir pas à sévir et qu'il y ait absence complète de délinquants. Les industriels resteront donc, vis-à-vis les uns des autres dans la même situation que précédemment. Rien ne sera changé dans la concurrence qu'ils se font, concurrence qui continuera comme par le passé sans aggravation, mais aussi sans diminution.

Les industriels n'auront ni gagné, ni perdu, c'est possible, mais en revanche, la masse des consommateurs n'en pourra pas dire autant, et c'est elle qui paiera la note par le renchérissement des produits.

J'ai fait voir précédemment, combien cette charge sera injuste, puisque les ouvriers placés en dehors de la réglementation, seront frappés sans avoir la plus petite compensation. Ce n'est certes pas le bon chemin, pour ramener à l'agriculture les bras dont elle manque.

Qu'on joigne à cela, la concurrence étrangère qui restera tout aussi menaçante.

Cette dernière perspective, a dû peser d'un grand poids dans l'esprit des patrons, et aussi des ouvriers intelligents qui restent opposés à tout changement.

Mais, dit-on, la mesure sera internationale.

Naturellement, l'internationalisation est nécessaire ; c'est même, par parenthèse, ce qui rend le succès de la proposition extrêmement aléatoire, car il suffirait d'une ou deux nations récalcitrantes, pour que tout l'échafaudage s'écroulât.

C'est là un nouvel aspect de la question qu'il nous faut à son tour analyser.

CHAPITRE XVIII

L'INTERNATIONALISATION

SOMMAIRE. — Procédés du Socialisme Révolutionnaire. — Nécessité de rendre la loi internationale. — Ce que pensent les économistes. — Chaque nation constitue une uni' té économique. — Ce dont se préoccuperont d'abord les gouvernements. — Différences sociologiques des peuples. — Comment s'établira l'équilibre. — La ruine des industriels, sa répercussion. — La marche de l'évolution. — La règlementation ne pourra être uniforme. — L'importance de l'outillage national. — La protection douanière. — La concurrence entre nations. — Ou est l'intérêt des nations mal outillées. — L'intérêt de l'ouvrier. — La loi ne sera pas strictement exécutée partout. — Difficultés diplomatiques. — Les nations riches verront croître leur supériorité. — Les nations pauvres seront en perte.

Si on demande aux socialistes révolutionnaires comment on s'y prendra pour rendre la loi des huit heures internationale, ils vous répondront sans hésitation : — « C'est bien simple, par une agitation incessante, par des manifestations bruyantes, au besoin par de petites émeutes, par des grèves partielles, et surtout par la menace d'une grève générale, nous intimiderons assez nos gouvernants et nos législateurs pour qu'ils accueillent notre revendication. Puis, dans un congrès international, on règlera les détails d'une règlementation identique, à laquelle les nations industrielles devront acquiescer. — Ce n'est pas plus difficile que cela. »

— Et s'il y a des nations obstinées qui refusent ?

— On les y obligera, et d'ailleurs, il n'y en aura pas, il ne peut pas y en avoir. L'opinion publique, convenablement émoustillée, est douée d'une force incommensurable, à laquelle rien ne peut résister, pas plus les monarchies despotiques ou constitutionnelles, que les républiques bourgeoises ou démocratiques. Nous savons comment il faut s'y prendre pour échauffer l'opinion. Les gouvernants ne sauront pas résister, et ils seront obligés de voter l'obligation pour tout patron de ne pas faire travailler son personnel, au delà de huit heures par jour. C'est ainsi que s'accomplira la grande réforme. »

En paroles, tout cela s'ajuste avec une merveilleuse facilité, le tout est de voir si, en pratique, les choses marcheront comme on l'espère. — Ce que j'ai expliqué dans les analyses qui précèdent, est loin, ce me semble, de corroborer cette imperturbable confiance ; et puisqu'il en est temps encore, je répète que nous ferons bien de songer, que s'il faut souvent peu de temps pour faire une sottise, il en faut ordinairement beaucoup pour la réparer, quand elle n'est pas irréparable.

En principe, il tombe sous le sens que si, dans l'intérêt de la morale et de l'humanité, la journée de l'ouvrier français doit être réduite à huit heures, la nécessité est la même pour tous les ouvriers placés dans des conditions semblables de travail, quelles que soient leurs nationalités.

Tel est au moins l'avis des véritables philanthropes. Pour les philanthropes, un Français, un Belge, un Chinois, un Peau-Rouge, ne sont chacun qu'une des nombreuses variétés de l'espèce humaine ; et à ses yeux, chaque unité a des droits égaux. Le philanthrope considère que l'humanité est une grande famille, dont les membres n'ont encore pu ni se connaître ni s'unir ; et dans son esprit, tout effort gouvernemental doit tendre à les rallier, dans un même sentiment de paix et d'amour.

C'est humanitaire et le philanthrope est certainement un brave homme digne de tous les égards, mais c'est un sentimental.

L'économiste sociologue voit les choses autrement, il prend la question dans les termes où elle est posée. Il ne généralise pas, il calcule. Il ne s'occupe pas de l'humanité tout entière, il se contente d'en examiner une partie ; et dans le cas présent, c'est la partie la plus intéressante : celle qui produit. Pour lui, la classe ouvrière est une force économique, qu'il importe d'appliquer intelligemment, selon ses aptitudes et les conditions du milieu où elle doit fonctionner. Et, lorsque le philanthrope propose les trois-huit pour protéger l'ouvrier contre l'exploitation patronale, l'économiste répond carrément que c'est une erreur.

Non pas, qu'il n'y ait rien à faire, comme le voudraient quelques-uns ; mais parceque la journée de huit heures, promet plus qu'elle ne pourra jamais tenir.

Ce qui double les difficultés de la solution, c'est la nécessité absolue de la rendre internationale.

Internationale, il faudrait certainement qu'elle le fût. Les patrons exigent l'internationalité, comme rempart contre la concurrence étrangère ; les travailleurs la réclament, comme conséquence de la solidarité, qu'ils veulent établir entre les divers prolétariats ; et ce qui est plus pratique, pour éviter la concurrence ouvrière.

Mais, c'est justement cette internationalité, qu'on croit être d'un si grand secours, et sur laquelle on fonde tant d'espoirs, c'est elle qui contribuera le plus à faire échouer la réforme.

Jusqu'ici nous ne l'avons examinée qu'au point de vue de l'intérêt individuel, et comme prototype, nous avons pris la France.

Très impartialement, j'ai démontré les raisons invoquées ; il y a du pour, comme il y a du contre, et même le contre l'emporte de beaucoup.

Maintenant, il nous faut considérer chaque nation, comme une unité économique d'un rang supérieur, qui a ses intérêts particuliers ; intérêts dont la condensation constitue l'intérêt national ; et il nous faut voir au juste comment la journée de huit heures pourra s'allier avec cet intérêt.

Faire une loi internationale, c'est fort bien, mais la chose n'est pas aisée, car toutes les nations demanderont, avec raison, à être traitées sur le pied de la plus parfaite égalité. Il est donc indispensable que les unes ne soient pas lésées, tandis que d'autres y trouveraient un surcroît de richesse.

C'est là un dangereux écueil,

Il ne doit faire doute pour personne, que la première chose que se demanderont les gouvernements, sera de savoir si la journée de huit heures est, ou non, conciliable avec les intérêts nationaux.

Bien entendu, aucune nation ne consentirait à déchoir du rang industriel qu'elle occupe, et pour en arriver à s'entendre sur une loi internationale, il faudra, de toute nécessité, que cette loi ne soit, ni une cause de recul, ni même un léger obstacle aux développements économiques en cours.

Rien que cette obligation dont la justesse ne peut être contestée, rend déjà l'uniformité des heures de travail impossible à accepter.

Qu'on le veuille ou non, l'évidence est là ; et,

on aura beau ergoter, ou se répandre en lamenta-
tions sentimentales, on ne fera jamais que tous
les peuples soient coulés dans un moule unique.
Tous ne sont pas doués de la même activité, de
la même intelligence, de la même aptitude au travail.

Pour équilibrer ces différences physiologiques,
il faudrait établir une espèce d'échelle graduée,
qui fixerait la somme de labeur journalier, à demander aux ouvriers de chaque région,

Alors, que devient la formule des trois-huit,
qui frappe surtout par une apparence d'égalité
démocratique ?

Ce n'est un secret pour personne, que telle ou
telle nation ne soutient sa situation économique
sur le marché du monde, qu'en suppléant par la
durée du travail à la nonchalance, ou à l'inhabi-
leté de ses ouvriers.

Mettez-là dans l'impossibilité d'user de cette
ressource ; elle se trouvera annihilée et ruinée.

Cette manière de compenser l'inaptitude par le
temps, est une erreur économique, je le veux
bien. — J'admets volontiers, qu'au lieu de manger
ainsi son blé en herbe, et de surmener la machine
humaine jusqu'à extinction, ils serait préférable
de répandre à flots l'instruction technique, et de
donner tout leur développement aux capacités intellectuelles et aux forces physiques ; seulement il
faut pouvoir le faire.

Les gouvernants répondent que c'est une transformation, qu'on ne saurait obtenir instantanément par simple décret ; et, soucieux des intérêts
généraux de leurs pays, ils préfèrent un *statu quo*
vicieux, modifiable petit à petit, à une ruine assurée et immédiate.

Nous connaissons les récriminations acerbes, que provoquent ces déclarations gouvernementales.

— « C'est de la barbarie, clame-t-on dans les partis avancés, c'est la perpétuité de l'exploitation de l'homme par l'homme. Qu'est-ce que la ruine industrielle comparée à la misère au sein de laquelle agonise le prolétariat ? D'ailleurs, ceux que la ruine frappera, ce sont les bourgeois exploiteurs, les capitalistes sans entrailles qui vivent de la sueur du peuple, etc., etc... »

Cette phraséologie est trop connue pour que je m'y attarde, je me bornerai à une seule observation.

— Oui, sans doute, la ruine atteindra ceux qui possèdent, car il serait, je crois, assez difficile de ruiner ceux qui n'ont rien. Mais tout en concédant que le capitaliste entrepreneur n'est rien moins qu'intéressant, il faut quand même tenir compte de ce fait, que sa ruine ne s'accomplira pas sans avoir une répercussion fâcheuse sur les ouvriers qu'il occupe. »

Si les hauts-fourneaux, les mines, les manufactures d'un pays sont abandonnés et ne doivent compter que sur la consommation intérieure pour s'alimenter, il en résultera une diminution considérable de production, qui amènera avec elle une augmentation proportionnelle dans la misère.

Je sais bien encore qu'on va me répondre que le remède est tout trouvé, et que ce serait une magnifique occasion pour supprimer cet affreux capitalisme qui nous opprime: Plus de concurrence anarchique, plus de travailleurs geignant pour le profit exclusif d'un patron ! On socialisera les forces productives de la nation, et un collectivisme quelconque, celui de César de Paëpe, ou celui de M. Guesde, émergera victorieusement sur les décombres de la société bourgeoise. A moins, cependant, qu'on ne préfère le gracieux anarchisme de Bakounine ou de la panthère des Batignolles qui, en attendant, joue consciencieusement de la dynamite, pour préparer une place un peu propre au paradis rêvé par Herbert Spencer, lequel est loin de s'en douter. — Possible, tout cela.

Cependant, on ne peut prendre aujourd'hui ces espoirs que pour des prévisions plus ou moins problématiques. Je veux bien que cette doctrine des phases sociales soit très claire et même historiquement démontrée ; mais je ne sache pas que l'évolution ait pour ordinaire de marcher par brusques soubresauts. Les clairvoyants croient que l'heure du collectivisme va sonner prochainement, libre à eux ; mais la masse est loin d'en être sûre et pourrait bien ne pas se laisser aveuglément conduire.

D'ailleurs, la question est posée de tout autre façon, et dans des limites qui sont au moins actuellement infranchissables : c'est de savoir si une loi internationale, imposant la journée de huit heures réunit les conditions nécessaires pour être viable.

Il n'y a pas à sortir des données du problème, il faut, quoiqu'on en ait, rester dans le réel.

Comme nous venons de le voir, les différences d'aptitudes s'opposent énergiquement à la promulgation d'une loi uniforme pour tous les peuples. C'est une affaire de tempérament, de nature, de mœurs, devant laquelle on est forcé de s'incliner. Mais il y a encore une autre difficulté toute matérielle, avec laquelle il faut compter : c'est l'outillage industriel.

Toutes les nations ne sont pas également pourvues, et toutes ne sont pas en position de mettre en application, au fur et à mesure qu'ils se produisent, les perfectionnements incessants de la science et de la mécanique.

Pour changer en bloc un outillage industriel devenu suranné et le mettre à la hauteur des derniers progrès, il faut être riche.

Ce n'est qu'une avance de fonds.

— Soit, on espère rentrer plus tard dans cette avance et il y a des probabilités pour qu'il en soit ainsi ; mais toujours est-il qu'il faut pouvoir le faire.

Nous avons eu en France, un exemple frappant de quelle importance est l'outillage, lorsque Napoléon III inaugura le système des traités de commerce. Les Anglais mieux outillés, firent une concurrence qui, pendant deux années et même davantage, mirent les manufacturiers de Roubaix dans un état d'infériorité, dont ils ne se relevèrent qu'en changeant leurs machines et en y apportant encore de nouveaux perfectionnements. Ils purent ainsi reprendre le premier rang ; mais, cette évolution possible à une nation riche, aurait été irréalisable pour une nation pauvre, qui se serait en vain débattue dans une impasse infranchissable.

Affaire de commerce, dira-t-on.

—- Sans doute, mais production et commerce sont liés d'une manière indissoluble. Est-ce qu'on produirait au-delà de sa propre consommation, si ce n'était pour vendre le surplus, à ceux qui ne produisent pas ?

A la rigueur, on peut se garantir contre la concurrence étrangère sur le marché intérieur, en imposant des droits prohibitifs énormes. et en élevant une barrière douanière capable de faire reculer l'étranger.

Mais, franchement, est-ce cela qu'on cherche ? Ce serait un spectacle assez étrange que celui de voir les socialistes et les amis de l'ouvrier marcher à la remorque d'un M. Méline quelconque et de ses amis les protectionnistes.

Bien sûr, on se défend comme on peut, pourtant je ne m'explique pas du tout, ce que les ouvriers gagneraient à voir augmenter les tarifs douaniers.

Les Américains emploient ce système et depuis quelque temps, on peut dire qu'ils usent et abusent de la protection.

Cet exemple n'est pas une preuve décisive, parce que les Américains sont dans une situation toute différente, que celle de la plupart des nations européennes. L'Amérique était précédemment le grand marché, où s'écoulaient les produits européens. Aujourd'hui, les Américains, ceux du Nord, sont aussi bien et peut-être mieux outillés que nous, ils ne veulent d'autres fournisseurs qu'eux-mêmes, et ils réussissent souvent même à rivaliser avec nous, sur nos propres marchés.

N'oublions pas qu'individuellement le manufacturier a pour débouché principal et naturel, son propre pays et que les nations ont pour débouché du superflu de leur production, l'étranger, c. à d. le monde entier.

La concurrence de nation à nation, s'exerce de la même façon que de particulier à particulier ; et si on veut mettre des entraves aux allures d'un pays, on risque de rencontrer les mêmes résistances que les résistances patronales qui veulent sauvegarder le *laisser-faire*.

Le mobile économique qui dirige les groupements nationaux, est exactement le même que celui qui dirige les particuliers : C'est l'intérêt, toujours l'intérêt.

Intérêt national, qui n'est en fin de compte que la totalisation des intérêts particuliers.

Or, l'intérêt des nations mal outillées, ou moins bien douées sous le rapport industriel, c'est de conserver le *statu quo* et leur liberté d'organisation.

C'est encore du *laisser-faire*, du *laisser-passer* ; mais que puis-je à cela ?

Est-ce à dire que j'aie l'intention de le défendre ce *laisser-faire* détesté, et que je prétende qu'il faille le perpétuer malgré ses abus ?

Non pas ! Je dis au contraire, qu'il faut vigoureusement l'attaquer ; mais il faut l'attaquer seulement là où il est vulnérable, c'est-à-dire dans la répartition de la plus-value du travail, et non dans un système d'organisation imparfaitement élucidé.

Si on me demande ce que je fais dans tout cela, de l'intérêt de l'ouvrier ; je réponds que l'intérêt de l'ouvrier est intimement lié à l'intérêt national. Il faut que son pays ne périclite pas industriellement, afin que le travailleur n'ait pas à subir les chômages, qui s'abattent sur lui, lorsque le mouvement économique se ralentit.

L'intérêt de l'ouvrier, n'est pas que son confrère des pays voisins travaille le même nombre d'heures que lui ; son intérêt primordial, celui qui passe avant tout, c'est de manger à sa faim ; et pour cela, il faut que le travail donne.

On me dit encore : « Ce que vous appelez l'intérêt national n'est, en définitive, que l'intérêt des patrons, ces gredins de patrons, qui empochent les profits du commerce extérieur, sans en jeter une miette à leurs pauvres diables d'ouvriers.

Il est bien vrai qu'il gardent à peu près tout, et c'est bien cela qui me désole. — Mais votre remède sera impuissant à les en empêcher, et ceci prouve une fois de plus que la réforme, telle qu'on la demande, n'a pas plus de valeur que n'en aurait un emplâtre soigneusement appliqué à côté du mal. La réforme se heurte à des différences de tempéraments et d'aptitudes qui rendent impraticable son application internationale ; et par suite, le capitalisme se perpétuera avec tous ses abus et toutes ses injustices.

Certainement, ces différences entre les aptitudes et les moyens matériels d'action existent déjà chez les peuples ; mais les moins favorisés ont la ressource de travailler plus longuement et de compenser par le temps l'infériorité de leur situation industrielle. J'ai reconnu que le moyen était mauvais ; et pourtant, faute d'un meilleur, les nations pauvres sont bien obligées de l'employer ; c'est donc un expédient que la loi leur enlèvera, sans profit pour l'ouvrier. Alors naîtra forcément, chez les industriels, le désir d'éluder la loi, malgré son internationalité qui ne pèsera pas un fétu, surtout si le patron s'entend avec l'ouvrier, et s'ils se mettent d'accord pour dépasser la limite légale de la journée.

La loi, j'en conviens, comme toute bonne loi qui se respecte, édictera une sanction pénale contre les délinquants ; mais de quoi servira cette sanction, si les gouvernements ferment les yeux, loin de tenir la main à une rigoureuse surveillance ?

Et cela arrivera fatalement, dans tous les pays

mal armés pour la concurrence. Les gouvernements se garderont bien de contribuer à l'appauvrissement de leurs administrés et de développer des germes d'opposition et de mécontentement, dont les effets retomberaient sur eux seuls. Ils laisseront les choses marcher au gré des intéressés. Alors, tant pis pour la loi, si elle est maltraitée.

D'ailleurs, comment faire pour obliger les nations et les gouvernements récalcitrants à observer le règlement international?

Noircir du papier et échanger des notes diplomatiques. Pendant ce temps-là, les contraventions iront leur train; et pour si peu qu'on ait affaire à des gens subtiles, les choses auront le temps de s'éterniser. Et puis, voit-on les chancelleries passant leur temps à protester, parce que tel ou tel manufacturier, dans telle ou telle industrie, s'avise, en catimini, de faire travailler ses ouvriers, deux ou trois heures de plus par jour que le temps réglementaire?

Et si les gouvernants font la sourde oreille, malgré les interpellations et les notes diplomatiques, fera-t-on un *Casus belli* de cette obstination ?

Tout cela est mesquin et peu pratique.

Pour avoir quelque chance de succès, il faudrait que les ouvriers fussent intéressés au respect de la loi ; et nous avons vu que c'est tout le contraire qui a lieu.

Quoi qu'on fasse, cette loi ne pourra jamais se tenir en équilibre; et c'est une erreur profonde de prétendre que rien ne sera troublé dans la situation réciproque des nations industrielles. Les nations riches et bien outillées, comme l'Angleterre, l'Amérique, la France, l'Allemagne, continueront toujours à primer, sur le marché mondial les peuples pauvres ou malhabiles.

Et de plus, ces derniers auront à subir cette circonstance aggravante, qu'en limitant le temps de travail, on leur enlève la seule arme qu'ils possèdent, pour soutenir un peu la lutte. Ils perdront forcément le peu de trafic extérieur qui les aidait à vivre ; et pour surcroît, ils auront à subir une concurrence impossible sur leur propre territoire.

On a dit aussi que la réglementation, étant proposée exclusivement au profit des ouvriers d'industries, les nations agricoles seraient laissées libres et ne seraient pas tenues de s'y soumettre.

C'est encore là une inconséquence ; car si des pays étaient ainsi laissés en dehors, rien n'empêcherait les capitaux qui eux, ne reconnaissent de patrie que là où ils prospèrent, de s'y porter en masse.

D'ailleurs, à bien réfléchir, il n'y a pas de nations, qui ne soient quelque peu industrielles, ne fût-ce que pour certains produits de consommation intérieure immédiate. Puis, comment établir le point juste, où il sera permis de considérer un peuple comme purement agricole et pas du tout industriel.

Tout cela ne laisse pas que d'être embarrassant ; et si ce n'est pas absolument impossible, c'est quand même hérissé de nombreuses difficultés.

Il n'y a qu'une chose qui soit certaine, et qui n'est certainement pas la meilleure, c'est qu'on va diviser les travailleurs en deux catégories bien distinctes, dont l'une ne travaillera que huit heures, de par la loi, et dont l'autre pourra travailler selon son bon plaisir ou ses besoins,

Je l'ai déjà dit, si c'est là un effet de justice distributive et d'égalité devant la loi, il est assez étrange.

CHAPITRE XIX

LA JOURNÉE DE HUIT HEURES ET LES CRISES COMMERCIALES

SOMMAIRE. — Les crises économiques. — On les attribue
à tort à la surproduction. — L'outillage industriel peut-il
produire autant qu'on le suppose ? — Règles qui président
aux installations industrielles. — Le capital immobilisé et
le capital roulant. — La surproduction est toujours limitée au fond de roulement. — Comment se règle la fabrication. — Crises partielles et crises générales. — Influence
néfaste des crises. — Ce qui les prolonge. — La loi des
crises — Leur cause unique. — L'opinion de M. Juglar.
— Les industriels ne produisent pas en aveugles. — La
surproduction est non pas la cause, mais la conséquence
des crises. — Les cinq périodes qui accompagnent les crises. —Comment s'explique l'augmentation des escomptes.
La hausse des céréales. —La hausse des salaires. — Influence nulle de la journée de huit heures.

Afin de ne laisser aucun coin de la question
inexploré, il nous faut maintenant parler des crises
economiques.

A certaines époques, et avec une régularité pour
ainsi dire périodique, il y a sur le marché encombre-
ment de produits. L'équilibre est rompu entre la
production et la consommation, et il en résulte un
amas pléthorique de marchandises, qui s'accu-
mulent dans les magasins faute de circulation et
d'emploi.

Cette surabondance est assez superficiellement
attribuée à un excès dans le travail de production,
et la première idée est que les crises ne pourraient
se produire si la journée de l'ouvrier était réduite.
On a dit : « Vous voyez bien que la journée est
trop longue, puisqu'il y a trop de marchandises. »
Cette appréciation acquiert une certaine notoriété
de ce qu'on pense généralement que l'outillage in

dustriel est actuellement suffisant pour une production presque illimitée et qu'il est facile d'outre-passer, dans des proportions considérables, les besoins de la consommation.

Cela permet aussi, à l'occasion, de lancer quelques invectives bien senties contre le *machinisme*, pauvre bouc émissaire, qui n'en continue pas moins ses perfectionnements, et fera plus à lui tout seul, pour diminuer la journée de travail, que tous les législateurs ensemble.

A mon avis, l'élasticité qu'on suppose à l'outillage est beaucoup moins grande qu'on ne dit.

Les crises de surproduction ne peuvent se produire spontanément, elles arrivent lentement ; et le phénomène est dû seulement à un ralentissement dans la consommation, et non à un excès dans la protection.

C'est également l'avis de Benoît Malon, qui en a parlé en ce sens dans son *Socialisme Intégral*.

Quand bien même l'outillage industriel se perfectionnant sans cesse, permettrait de produire à volonté, la surproduction ne saurait, à mon sens, dépasser ce qui est nécessaire à la consommation moyenne du quart, ou au plus du tiers d'une année, c'est-à-dire trois ou quatre mois. C'est facile à comprendre.

Tout établissement de production possède, comme je l'ai précédemment expliqué, un capital dont une portion est immobilisée en matériel ; l'autre portion a pour emploi un roulement continuel et doit, par nature, se renouveler plus ou moins souvent, à des époques déterminées par les usages commerciaux.

C'est le fonds de roulement. Pour que le renouvellement de ce fonds puisse s'opérer, il est nécessaire que le produit fabriqué soit lancé dans la circulation, c'est-à-dire vendu. Les choses, en effet, se passent ainsi, et le produit est échangé, soit au comptant, soit à des termes qui sont généralement de un, deux, trois, quatre ou même six mois.

Normalement, un fabricant ne peut, sans courir de graves aléas, emmagasiner sa production au-delà de la somme équivalente à son capital de roulement. Le renouvellement incessant de ce capital doit donc être admis comme une impérieuse nécessité.

Si, d'autre part, il est également admis que l'importance de ce capital est toujours calculée proportionnellement au chiffre probable des affaires, on peut facilement se rendre compte qu'il y a là un frein naturel, qui s'oppose énergiquement à une surproduction exagérée.

On prétendra, et c'est vrai, que l'industriel qui jouit d'un crédit suffisant peut escompter le papier qui lui est remis en couverture de ses livraisons, et renouveler ainsi presque mensuellement son capital, il peut même en plus avoir un découvert plus ou moins important chez son banquier.

Je réponds qu'en bonne administration, cet expédient n'est employé qu'avec circonspection, car il a pour conséquence immédiate de grever les frais généraux d'un agio, qui entraîne avec lui une réduction toujours notable dans les bénéfices, l'argent ayant la mauvaise habitude de se faire payer cher à ceux qui ont besoin.

Ce procédé d'escompte n'est employé avec quelque logique, que par les entrepreneurs dont le capital de roulement est insuffisant, ou par ceux qui ont à exécuter des travaux supplémentaires dépassant leurs prévisions.

Du reste, les lois générales du mouvement industriel sont en elles-mêmes fort peu compliquées, et la meilleure habileté consiste tout bonnement à suivre avec prudence, le droit chemin tracé par le bon sens ; c'est pourquoi, on voit si souvent des gens, qui sont loin d'être des aigles, mais qui ayant le jugement juste, n'ont pas besoin d'être très forts en économie politique pour conduire intelligemment leurs affaires.

Ce qu'on appelle la surproduction trouve donc devant elle des obstacles qui ne lui laissent pas ses coudées franches.

Des industriels qui ne peuvent travailler que sur commandes, et qui naturellement restent étrangers à toute surproduction, je ne m'occuperai pas, pour concentrer notre attention sur ceux qui produisent en vue d'un écoulement présumé, mais que les circonstances peuvent rendre plus ou moins aléatoire.

Voici comment d'ordinaire les choses se passent.

Lorsqu'un chef d'établissement, après avoir commencé sa saison avec son courant habituel de fabrication, s'aperçoit que les ordres de livraisons se font attendre, la première précaution qu'il prend, c'est de ralentir sa fabrication. C'est d'une prudence élémentaire.

Ce ralentissement de fabrication est dans tous les cas, obtenu par une réduction dans le nombre des ouvriers, ou dans les heures de travail, ce qui prouve déjà que la surproduction n'est pas le fait du surmenage à outrance qu'on impose aux ouvriers.

Si la situation économique ne s'améliore pas ; et si la crise se dessine, l'industriel continue à ralentir de plus en plus, pour en arriver et s'en tenir au minimum de production, car il sait bien que le jour où son capital de roulement sera converti en marchandises et qu'il aura épuisé ses sources de crédit, il sera acculé à l'obligation d'arrêter tout travail.

En thèse générale, il y a presque toujours dans le champ industriel, quelques branches dont les affaires se ralentissent plus ou moins ; mais il y a crise seulement, lorsque cette stagnation se répercute d'une industrie sur les autres, de sorte qu'un même mal se fait sentir de proche en proche, et gagne tout, ou presque tout, le monde du travail. C'est ainsi que l'arrêt dans l'industrie du bâtiment, entraîne une souffrance générale. On connaît le dicton : « Quand le bâtiment va, tout va. »

Il résulte de ce mal économique, que les affaires se restreignent de plus en plus, l'ouvrier voit son salaire réduit au minimum, soit par le chômage, soit par la diminution de prix, et sa puissance de consommation se trouve aller toujours en décroissant.

Or, il ne faut pas oublier, que le nombre fait de l'ouvrier le grand consommateur par excellence.

Toute crise constitue donc un cercle vicieux, où l'effet devient cause à son tour, et dont l'influence néfaste se fait sentir, jusqu'à ce que le trop plein de production, soit absorbé et que l'équilibre normal soit rétabli.

Tout le monde y perd, le patron, parce que le produit diminue de valeur vénale, et l'ouvrier parce que son salaire devient moindre.

Cette réduction de la valeur vénale du produit

qui, en d'autres temps, hâterait son absorption par la consommation, est sans effet en temps de crise, par la raison que l'argent se resserre de plus en plus, sans velléité d'emploi.

En temps de crise, il n'y a guère que les spéculateurs qui profitent du bon marché des produits, pour s'approvisionner avantageusement ; mais il est facile de comprendre que leur action se trouve noyée dans le mouvement général, sans que leur diversion puisse produire un effet bien appréciable.

Du reste, au point de vue de la consommation, il importe peu que les marchandises restent inoccupées dans les magasins des spéculateurs, ou dans ceux des fabricants, le mal reste toujours aussi grand, puisque la consommation fait quand même défaut.

J'ai dit tout à l'heure, que le trop plein de surproduction ne pourrait jamais dépasser les besoins ordinaires, que d'un quart ou d'un tiers. Pour être plus exact, il aurait fallu dire que la surproduction est limitée à l'immobilisation presque complète du capital de roulement.

Si le fait est exact, et je crois l'avoir prouvé, il pourrait paraître étonnant qu'avec une surproduction ainsi circonscrite, les crises fissent sentir leur effet désastreux pendant plusieurs années, trois, quatre, et même davantage, comme cela ne l'a été que trop malheureusement constaté.

L'explication peut en être facilement donnée.

Pendant la crise, nous voyons bien la production et la consommation se restreindre au minimum, mais ceci ne veut pas dire arrêt complet. La production se traîne péniblement ; mais il y a certaines causes qui font office de correctifs et empêchent la vie industrielle d'être complètement suspendue.

Parmi ces causes, une des plus importantes, c'est qu'il est indispensable que l'outillage industriel fonctionne, si faiblement que ce soit, pour éviter la détérioration complète qu'entraînerait un arrêt absolu.

De son côté, toute restreinte qu'elle soit, la consommation absorbe cependant quelque peu ; car s'il est possible de supprimer le luxe sans trop en souffrir, il n'en est pas de même pour les objets de nécessité. Ceux-là, on peut en user avec parcimonie, mais non pas s'en passer tout-à-fait.

La crise a donc pour effet de réduire au minimum extrême le double mouvement de production et de consommation, sans opérer la diminution des stocks. Ces stocks, en temps normal, auraient été absorbés au jour le jour, au plus dans trois ou quatre mois ; dans les moments de crise aigue, ils restent intacts.

Heureusement qu'en thèse générale, il est rare que toutes les branches d'industries soient éprouvées en même temps, il en reste toujours quelques-unes qui n'en ressentent que faiblement le contre-coup, et celles-là restant prospères ou à peu près, continuent de consommer et aident puissamment à désencombrer les emmagasinements. Cependant, comme elles ne consomment pas pour le plaisir de consommer, et qu'elles n'ont pas intérêt à s'obérer pour dégager leurs voisines, les crises durent d'autant plus longtemps, qu'il y a moins d'industries qui soient indemnes de la stagnation régnante.

Donc pour formuler exactement la loi des crises, on devrait dire : qu'elles naissent de la non-consommation et que leur intensité est directement proportionnelle à la diminution de la consommation.

Maintenant, veut-on savoir quelle est la cause des crises ?

Il n'y en a réellement qu'une : c'est le resserrement de l'argent ; mais ce resserrement peut être dû à des motifs divers, tels que : la guerre, une révolution politique, un krach financier, et plus souvent encore une mauvaise récolte, qui oblige à une exportation considérable de capitaux. Dans ce dernier cas, la raréfaction du numéraire est d'autant plus sensible, que les produits d'alimentation étant plus chers, il serait nécessaire d'en avoir davantage à sa disposition.

Je sais bien que M. Juglar dans son livre, d'ailleurs très remarquable, sur *les crises commerciales*, dont il a démontré la périodicité, attribue ces crises à la seule surproduction ; et reste en cela de l'avis de tous ceux, qui avant comme après lui, ont traité le sujet. Je sais cela, mais je n'en maintiens pas moins mon opinion.

Pour motiver cette surproduction qu'on nous dénonce, nous avons certains évènements imprévus : la guerre, un Krach, une mauvaise récolte etc... c'est très juste.

— Voilà la cause initiale. — Mais pour comprendre que cette surproduction se continue à outrance pendant des années, avant d'arriver à son temps d'arrêt, il serait nécessaire de nous expliquer le mobile humain, auquel obéissent les producteurs ; et ce mobile, j'ai beau le chercher dans les explications qu'on nous donne, je ne le trouve pas.

Tout au contraire, je trouve un mobile humain et un obstacle matériel à toute velléité de surproduction intempestive, en attribuant les crises à un ralentissement de consommation, résultant de causes souvent multiples et difficiles à apprécier.

La raison se déduit pour ainsi dire toute seule.

Il est bien vrai et bien humain, n'est-ce pas, que l'industriel ne commence des entreprises, que dans le but bien arrêté de gagner de l'argent?

Il ne peut y avoir d'erreur sur ce point.

Personne ne saurait donc comprendre, qu'à notre époque essentiellement calculatrice et positive, des gens disposant de capitaux considérables et de puissants instruments de travail, pussent avoir un instant la pensée de se jeter tête baissée, dans tous les risques d'une production fiévreuse, hâtive, désordonnée, sans se préoccuper par avance, de l'écoulement probable de leurs produits.

Peut-on admettre que des chefs d'industrie qui, faute d'autres capacités, ont au moins par eux-mêmes ou par leurs fondés de pouvoirs, la connaissance approfondie de leur métier ; qui, vivant constamment dans le milieu commercial, sont à l'affût des moindres oscillations du marché, peut-on, dis-je, admettre, que ces gens ayant la réputation d'être sérieux, iraient poussés par une sorte de prurit de production, faire fonctionner leur matériel, jusqu'à extinction complète de leur capital roulant ?

Je veux bien si cela peut leur faire plaisir, concéder à mes adversaires, que l'outillage industriel pourrait étant surmené produire dans des proportions extravagantes, mais je ne comprendrai jamais, qu'on puisse immobiliser au-delà du capital roulant et je comprendrai encore moins que les entrepreneurs, ces hommes d'argent si âpres au gain, mais si timorés devant les risques, oublient la crainte de perte, qui les maintient d'habitude dans les limites d'une salutaire prudence.

La meilleure preuve que je puisse donner, pour démontrer que la surproduction n'est qu'une conséquence des crises au lieu d'en être la seule cause, c'est qu'une spéculation financière, ne touchant en rien, au mouvement industriel et à la production peut devenir un motif de crise intense, témoin la débâcle de l'Union Générale, témoin à Rome les spéculations sur les terrains et les constructions, entreprises dans un but essentiellement financier, spéculations qui ont eu pour résultat d'accumuler ruines sur ruines.

Mais, que ce soit l'une ou l'autre théorie qui soit la vraie, il est une chose certaine, c'est que les crises ne sont pas un rêve de l'imagination, et qu'elles pèsent, à certaines époques d'un poids considérablement lourd sur le monde industriel ; il est donc intéressant de voir si la journée de huit heures apportera quelques modifications à ce fléau.

D'après la théorie de M. Juglar sur les crises périodiques dues à la surproduction, l'évolution se divise en cinq périodes distinctes : 1° le point de départ, ou période de production normale ; 2° les années prospères, ou période de production et de spéculation à outrance ; 3° les temps d'arrêt, période où la prospérité cesse de croître ; 4° la crise, c'est-à-dire débâcle et engorgement général ; 5° enfin la liquidation plus ou moins longue, qui ramène au point de départ, ou production normale.

Il est bien évident que si ce cercle est réellement parcouru dans les conditions qu'on nous dit, nous n'avons autre chose à faire qu'à nous incliner et à convenir que la journée de huit heures sera un obstacle insurmontable à la surproduction ; et comme je crois avoir démontré qu'avec cette journée il n'est pas du tout certain que la production serait suffisante, nous serions donc délivrés de toute crainte de crises de surproduction, nous aurions plutôt à redouter que notre production soit trop restreinte.

Malheureusement pour la théorie, cette surproduction qu'on accuse de tout le mal, ne me semble nullement prouvée ; et de fait, je conviens qu'il est difficile de trouver des éléments certains pour s'en rendre un compte bien exact. L'auteur prend pour base de ses calculs les compte-rendus publiés par la Banque de France, donnant les chiffres officiels des affaires générales et des escomptes.

Le raisonnement est celui-ci : les produits aboutissant à se convertir en argent, plus la production sera forte, plus le chiffre des escomptes sera important.

Ce serait vrai, si les prix de vente restaient fixes, mais c'est qu'il est loin d'en être ainsi.

Il est indubitable que si la valeur vénale des produits augmente de 20 ou 30 0|0, ce qui s'est vu fréquemment, le chiffre des escomptes montera dans la même proportion, sans pour cela que la production se soit accrue d'un fétu.

Or, la hausse des produits se remarque toujours dans les années de prospérité, et c'est bien à tort, selon moi, qu'on voit là une production à outrance; c'est simplement la preuve que la puissance de consommation bat son plein et absorbe les produits, au fur et à mesure de leur mise en circulation.

Il a été remarqué qu'à la veille de toutes les crises, la hausse des céréales s'accentue d'une manière extraordinaire. C'est ainsi, par exemple, qu'en 1881, l'hectolitre de froment montait à 23 fr. 25, pour tomber à 17 en 1884, époque de crise. — Ainsi, ce qu'on appelle années de prospérité, ce sont les années où tout a atteint son maximum de valeur. Avec cette cherté générale, il est facile de comprendre le mouvement qui provoque les crises, lorsque surgit tout à coup le moindre désastre imprévu.

Toutes choses ont atteint leur prix maximum, mais par contre les appointements sont restés les mêmes, le grand mouvement d'argent fait même baisser le taux de l'intérêt. Les salaires, il est vrai, haussent toujours en temps de prospérité, mais cette hausse est rarement proportionnelle à l'accroissement de débours nécessité par le prix des choses nécessaires à la vie. Il en résulte que les moyens de consommer, qui avaient à un moment donné acquis leur complet épanouissement, voient peu à peu diminuer leur ressort, pour devenir complètement insuffisants. Les bourses se vident, l'argent devient rare, les produits ne trouvent plus d'acheteurs ; c'est alors que la crise apparaît, et malgré que la production se restreigne au minimum, le peu qu'elle jette sur le marché est encore de trop. Tout se résume donc en une question d'équilibre entre la production et la consommation, équilibre essentiellement instable, que le moindre événement peut troubler, et qu'on voit en effet affecté très sérieusement par une mauvaise récolte ou un cataclysme quelconque.

Je demande alors en quoi la journée de huit heures pourra remédier à cette fâcheuse situation.

Nous avons vu que si les salaires baissent, l'ouvrier perdra de sa faculté d'acheter et de consommer. Si les salaires se maintiennent, rien ne sera changé à cette faculté. Et enfin, si les salaires haussent, les produits hausseront également.

Dans ces trois alternatives, deux au moins sont préjudiciables à l'équilibre économique, et l'autre n'enlèvera rien à l'instabilité de cet équilibre.

CHAPITRE XX

SOMMAIRE. — Comment il faut l'interpréter d'après M. C. Gide. — La base première du taux des salaires. — Augmentation constante des salaires. — Statistiques de M. de Foville. — Tendance de l'ouvrier à élargir le cercle de ses besoins. — Le patron et l'ouvrier devant le salariat. Les limites de la lutte. — L'économie est presque impossible à l'ouvrier. — — La question d'argent. — L'ouvrier Anglais ou Américain. — Concessions qu'ils ont obtenues du patronat. — La cause du perfectionnement de l'outillage industriel. — On ne peut pas toujours inventer. — Pourquoi toutes les nations ne peuvent suivre l'exemple des Anglais. — Supériorité du capital industriel en Angleterre. — Prédominance en France de la moyenne et de la petite industrie. — Les procédés de production sont subordonnés à l'outillage. — La journée de huit heures supprimera-t-elle les vices du salariat.

Si le lecteur s'est bien rendu compte de la ligne que j'ai essayé de suivre, dans les méandres de cette étude si complexe, il a dû voir que j'ai envisagé la question exclusivement, au point de vue humain, ce qui revient à dire que je n'ai fait autre chose que de peser impartialement les intérêts en jeu.

Au fond, comme toujours, en économie sociale, il y a une question d'argent, je suis donc naturellement amené à parler encore du salariat, et à examiner quelle influence bonne ou mauvaise une loi internationale pourrait avoir sur son principe.

En thèse générale, on se plaît à donner aux salaires un équilibre instable variant à chaque événement.

Il est très vrai, que l'équilibre subit constamment les contre-coups de l'offre et de la demande, mais là où on exagère, là où on fait erreur, c'est lorsqu'on suppose que les oscillations peuvent avoir des amplitudes presque sans limites.

Il est bon de réduire cette opinion à sa juste valeur.

Pour tous les gens sensés, et même pour certains socialistes de bonne foi, la théorie de *la loi d'Airain* n'est qu'une formule retentissante, beaucoup plus tapageuse que solide. Elle a en outre, quelque chose de fataliste, qui la rend profondément désespérante.

Dire avec Turgot, que le taux des salaires est toujours déterminé par le minimum des choses indispensables à l'existence, revient à dire, que le travailleur ne peut pas compter sur quelque chose de mieux pour vivre, qu'une rétribution calculée sur le plus strict nécessaire.

M. C. Gide, qu'on n'accusera pas d'une hostilité systématique à l'encontre des socialistes, démontre dans ses *principes d'économie politique*, que prise dans son sens absolu, la théorie est fausse et « qu'on doit entendre, par *minimum de nécessaire*, tout ce qu'il faut, pour satisfaire aux besoins complexes de l'homme, dans un milieu civilisé ; minimum variable d'ailleurs, suivant le degré de civilisation de ce milieu. »

Comme il le fait remarquer avec beaucoup de justesse, ce sens large donne à la théorie beaucoup plus de vraisemblance, mais il la rend en même temps, beaucoup moins effrayante. Un minimum de satisfaction pour tous les besoins, qui naissent tout naturellement d'une civilisation comme la nôtre, implique certainement tout autre chose que manger du pain sec, boire de l'eau claire et coucher à la belle étoile.

Il faut cependant reconnaître, qu'un tel minimum, même largement mesuré, peut n'être pas toujours suffisant, pour contenter tous les appétits.

Voyons maintenant, comment évolue le système du salariat.

Primitivement — les salaires n'ont pas été établis au hasard, et leur diversité de taux selon les différents métiers, démontre bien, qu'au lieu de tenir compte du minimum de nécessaire, on s'est occupé tout à la fois et de la somme d'effort musculaire, et surtout de la somme d'intelligence et de connaissances techniques, que l'ouvrier devait mettre à son travail.

C'est ainsi, qu'une plus forte journée a été allouée au typographe qu'au terrassier, quoique ce dernier fatigue beaucoup plus que l'autre. Le cerveau prime le muscle, l'intelligence prime la force, c'est de toute justice.

Les modifications qui surviennent fréquemment en plus ou en moins, dans les salaires établis résultent, ou bien des crises, comme nous l'avons vu, ou des changements qui se produisent dans les conditions du travail, soit par l'application d'un outil nouveau, soit par toute autre cause.

Depuis l'établissement des premiers taux, les salaires ont constamment augmenté, ce qui vient à l'appui de l'observation formulée par M. Gide.

D'après un tableau dressé par M. de de Foville, le revenu d'une famille agricole qui, en 1813, était de quatre-cents francs, était arrivée, en 1872, à huit cents francs. Ce qui s'est passé pour le travailleur des champs, s'est accentué encore pour le travailleur de l'industrie ; et il est facilement vérifiable que, depuis un demi-siècle, la moyenne des salaires a plus que doublé.

On me répondra de suite que l'argent a perdu de sa puissance d'acquisition, et qu'on paie tout plus cher qu'il y a cinquante ans. C'est vrai, en ce qui concerne les subsistances et les loyers, principalement dans les villes, mais c'est faux pour la généralité des produits industriels de consommation courante.

Le vrai, toujours d'après M. de Foville, c'est que l'argent n'a subi qu'une dépréciation d'un tiers, tandis que les salaires ont augmenté de moitié. Si la balance ne s'établit pas dans le budget des travailleurs, c'est donc que le maximum du nécessaire a augmenté ses exigences, et que de nouveaux besoins ont dû se greffer sur les anciens.

Bien certainement, il y a cinquante ans, un ouvrier se serait trouvé on ne peut plus satisfait, s'il avait touché un salaire égal à celui que touche aujourd'hui un ouvrier de même métier, toute compensation établie dans la différence de valeur de l'argent ; cela ne veut pas dire que l'ouvrier d'il y a cinquante ans était plus sage, il avait moins de besoins, voilà tout. Affaire de mentalité et de milieu.

Je suis loin de blâmer la tendance qui pousse l'ouvrier à élargir le cercle de ses jouissances. Pour moi, je pense, contrairement à l'avis de beaucoup d'autres, que si l'ouvrier a le devoir de travailler, il a le droit de jouir ; et si le bonheur humain réside dans la satisfaction rationnelle des besoins matériels et moraux, je ne vois pas pour quelle raison on voudrait l'en exclure.

C'est pour n'avoir pas été assez pénétrés de cette idée, que les patrons ont fortement contribué à accentuer la divergence, qui écarte leurs intérêts de ceux des travailleurs.

Les bases des salaires ont beau avoir été équitablement établies, et avoir suivi une marche normale dans leur augmentation, ceci ne remédie pas au vice du principe et n'empêche pas que le patron ait toujours avantage à payer son ouvrier le moins possible, et que l'ouvrier ait un intérêt inverse à se faire payer cher.

Je n'accuse ni l'ouvrier ni le patron, cette lutte n'étant qu'une conséquence inéluctable de notre système de production, qui mourra forcément du salariat.

Ainsi, entre patron et ouvrier, l'effort roule sur cette alternative de faire varier à son profit le cours général des salaires. Par cours général, il faut entendre le cours résultant de la qualité du travail, qui, consacré par l'usage, devient dans chaque région la base des conventions particulières entre patrons et ouvriers. C'est si vrai, qu'en cas de contestation, à moins que l'une des parties ne puisse prouver des stipulations contraires, les taux et conditions en usage sont admises comme légales et guident les décisions judiciaires.

Tout, dans la hausse et la baisse des salaires, se résume donc en une dérogation, en plus ou en moins, au taux ordinaire en usage.

Or, cette variation ne peut être illimitée et se maintient la plupart du temps entre trois et six pour cent, et monte rarement à dix pour cent.

Le doublement des salaires en cinquante ans, constaté par M. de Foville, donne une moyenne d'augmentation de deux pour cent par année, comme résultat définitif de ces variations qui, en fin de compte, sont tout à l'avantage du travailleur.

N'oublions pas que le mouvement en baisse accompagne les crises, et que le mouvement en hausse accompagne les années prospères.

Quoiqu'en disent les déclamateurs, la baisse des salaires est loin d'être agréable aux patrons, parce qu'elle est toujours produite par un ralentissement des affaires, ce qui ne va pas sans une diminution dans les profits. Les patrons préfèrent de beaucoup les phases commerciales, où les ouvriers sont largement payés ; car alors, c'est une preuve que le mouvement productif est en voie d'accroissement. Ça ne les empêche pas, il est vrai de liarder autant qu'ils le peuvent, mais la réciproque ne se fait pas attendre à l'occasion, et l'ouvrier ne se fait pas faute de rattraper les rabais qu'il a été contraint de subir.

La plus grande plaie du salariat, c'est le marchandage, exploitation de l'ouvrier par l'ouvrier, exploitation bien plus dure et bien plus féconde en abus que l'exploitation patronale.

D'aucuns disent que si l'ouvrier avait la sage précaution d'économiser dans les moments fructueux, il établirait ainsi une moyenne, qui lui permettrait de joindre les deux bouts sans trop souffrir.

C'est peut-être vrai, quelques-uns le font ; mais c'est tabler sur une éventualité presque irréalisable, si on songe que les besoins croissent toujours dans une progression plus rapide que les moyens de les satisfaire.

C'est précisément cela qui motive les plaintes du prolétariat ; et en fait, il est parfaitement compréhensible qu'il soit très dur pour un travailleur de voir écorner un salaire, qu'il trouve déjà insuffisant à satisfaire les besoins réels ou factices qui le sollicitent.

Comme je l'ai déjà observé, tout le conflit économique se résumant en une question d'argent, il est permis de conclure que là où il y a surmenage, c'est que le salaire est trop faible et que l'ouvrier est obligé de prendre sur son repos, pour gagner de quoi satisfaire à ses besoins. De même, il y a exploitation de la part de l'entrepreneur, lorsque se trouvant enserré dans les mailles d'une concurrence acharnée, soit intérieure, soit extérieure, il cherche, dans la réduction des salaires, des bénéfices qu'il ne peut trouver ailleurs.

L'exploitation de parti pris est un argument communément employé contre le patronat ; mais en raison des oscillations de l'offre et de la demande, la vérité est que dans les établissements en pleine prospérité, lorsque rien d'anormal ne vient troubler le courant des affaires, il ne peut y avoir baisse des salaires, il y a plutôt tendance marquée à la hausse.

On aura beau s'insurger et s'élever en phrases sonores contre cette course à l'argent ; cet argent qui, dans notre société, est le levier universel, on retrouve partout et toujours la même âpreté à le poursuivre, même dans les coins où il semble que le progrès moral doive régner en maître. A cette course, tout le monde se précipite, tant mieux s'il en sort quelquefois du bon pour le prochain ; tant pis si c'est le mal, — tel est le sentiment individualiste qui prédomine.

C'est ignoble, c'est tout ce qu'on voudra, mais comme je rencontre partout le même individualisme, je suis bien forcé de le constater et de le prendre tel qu'il est.

Ainsi, par exemple, nous avons vu MM. Delahaye et Rouanet nous montrer triomphalement qu'en Angleterre et en Amérique, les ouvriers ne travaillent que neuf ou dix heures, sans que pour cela la supériorité industrielle de ces nations en ait été diminuée.

A prendre les choses à la lettre, nous, Français, ainsi que beaucoup d'autres, nous avons l'air de barbares, ne comprenant rien à l'industrie, et nous livrant, sans intelligence pratique, à une brutale oppression du prolétariat.

La vérité, c'est que les Anglais et les Américains ne valent pas mieux que nous, s'ils valent autant, et que s'ils se conduisent différemment, ce n'est pas par vertu, mais parce qu'ils ne peuvent pas faire autrement.

Il y a là encore un phénomène économique intéressant, qui demande à être examiné.

Karl Max, dans son livre *Du Capital*, a exposé avec une clarté qui ne lui est pas toujours habituelle, comment les lords d'Angleterre, par intérêt national et pour empêcher la dégénérescence croissante de la population ouvrière, en arrivèrent à imposer une réglementation du travail, dans certaines industries insalubres.

De leur côté, les ouvriers, étroitement unis, profitèrent habilement de toutes les circonstances qui se présentaient, pour obliger les patrons, soit à réduire la journée, soit à augmenter les salaires.

A ce jeu, la position des patrons eût été fortement compromise et leur prépondérance sur le marché général eût été très ébranlée, s'ils n'avaient pas cherché une compensation, que leur sens pratique leur fit trouver dans le perfectionnement de leur outillage. C'est ainsi qu'en filature, on a pu arriver à installer des métiers de mille à douze cents broches, qu'en métallurgie, en mécanique, en tissage, comme dans toutes les branches d'industries, les perfectionnements se succédèrent de telle sorte que leur production, et par suite leurs bénéfices, ne se ressentirent pas du nouveau régime qui, petit à petit, leur avait été imposé par la réduction du temps de travail et par l'accroissement des salaires.

Il est bien évident que ces deux causes mettent l'entrepreneur dans une situation analogue, car toutes deux frappent d'augmentation les prix de revient, si une action compensatrice ne vient pas remédier à cet inconvénient

Ainsi, ces dissidences entre patrons et ouvriers ont eu, comme bien d'autres mauvaises choses, leur côté progressif, et ont servi puissamment à tenir l'esprit humain en éveil.

La concurrence entre patrons et entre nations, ajoute encore un nouvel aiguillon et compte aussi pour une bonne part dans les découvertes scientifiques et leurs applications pratiques. Cependant, de là à conclure que ces perfectionnements doivent suivre nécessairement toute augmentation dans les salaires, ou toute diminution dans la journée, serait, à mon sens, forcer étrangement le raisonnement. Tant persuadé soit-on de la puissance inventive de l'homme, il est cependant assez plausible d'admettre que son cerveau, pour paraître inépuisable, n'a cependant pas toujours une idée toute prête et une invention toute conçue, pour lever aussitôt les difficultés économiques qui surgissent.

Ceux-là outre-passent donc les bornes des suppositions permises qui, avec le docteur Delon, posent comme équation : courtes journées équivalent à hauts salaires et progrès industriels incessants, et réciproquement : longues journées équivalent à bas salaires et industrie arriérée et stationnaire.

Quoiqu'il en soit, il n'est pas douteux que si le prolétariat anglais, tout en n'ayant en vue que son propre intérêt, n'avait pas obligé les industriels à accomplir des prodiges d'ingéniosité, l'industrie n'en serait pas au point où elle est arrivée aujourd'hui. Mais, par contre, il y a de fortes probabilités que les mêmes ouvriers, qui ont si bien réussi, devraient se contenter de manger des pommes de terre, comme les Irlandais, ou de la pollenta, comme les Italiens, si aucun progrès n'avait pu concilier les dissidences. C'est triste à penser, mais c'est comme cela.

J'attends l'objection que voici, qui ne manquera pas de venir : « Ce que les industriels anglais ont réalisé par la force des circonstances, pourquoi les industriels Français, Allemands, Belges ou autres ne le feraient-ils pas à leur tour, d'autant mieux qu'ils n'auraient qu'à appliquer sans tâtonnements les perfectionnements déjà trouvés ? »

Disons d'abord que les Anglais n'ont pas tout inventé. Dans le champ des découvertes, chaque peuple a sa part, et la nôtre en particulier n'est pas la moindre.

Incontestablement, les progrès réalisés sont connus de tous ceux qui ont intérêt à les connaître ; mais, je l'ai déjà dit, si tous n'en profitent pas, ce n'est assurément pas par dédain, c'est parce qu'ils ne le peuvent pas. On a beau s'agiter, il est un cercle économique dont il est impossible de sortir, une loi devant laquelle il faut quand même s'incliner : c'est que pour créer une industrie, il est besoin de capitaux, et que l'importance de cette industrie est proportionnelle à l'importance de ces capitaux.

Pour des raisons dont l'exposé nous entraînerait trop loin, l'Angleterre a toujours dépassé le capital industriel des autres nations. De ce chef, elle a pu s'emparer de la première place, et il lui est matériellement possible de faire ce que d'autres ne peuvent pas sans recourir à des expédients.

En Angleterre, les entreprises sont montées sur le plus haut pied, et l'argent ne fait jamais défaut.

Chez nous, il n'en est pas de même ; et quoiqu'il soit de mode dans certains milieux de déclarer que la production capitaliste évince la petite industrie, le petit commerce et la petite propriété, pour se concentrer dans l'anonymat des grandes sociétés par actions ; il n'en est pas moins vrai que notre industrie est, en majeure partie, composée de moyennes entreprises, fonctionnant au plus avec quelques centaines d'ouvriers. A part les industries de transport (chemins de fer, omnibus, tramways, petites voitures, transports maritimes et fluviaux), à part les mines, les hauts-fourneaux, les sociétés du gaz et des eaux, toute l'industrie de production est entre les mains de la petite et de la moyenne industrie. Sur 125,133 patrons de grande industrie, il y a 1,146,869 patrons de petite et moyenne industrie qui n'ont rien à démêler avec l'anonymat.

D'autre part, si je consulte les valeurs industrielles cotées en bourse ou en banque, je trouve 23 sociétés commerciales et de production. Quand bien même il y en aurait cinquante, il y en aurait un cent, il me semble que nous sommes encore loin du moment où l'anonymat aura tout absorbé.

Or, dans ces conditions, ayant à notre disposition moins de capital industriel que l'Angleterre, partant moins de moyens d'action, il est donc compréhensible que nos industriels emploient d'autres procédés que les Anglais, et qu'ils choisissent ces procédés parmi ceux qui leur permettent de lutter sans trop de désavantage. Aux moyens puissants dont disposent leurs adversaires, ils opposent l'activité, l'ingéniosité des expédients ; et pour cela, ils ont besoin d'avoir leurs coudées franches et de n'être pas limités par le temps.

Tout bien considéré, il ne paraît pas que cette manière de procéder soit plus mauvaise qu'une autre, car si les ouvriers Français ne sont pas satisfaits de leur sort, il ne semble pas que les ouvriers anglais soient plus résignés.

Ce que je viens de dire de l'industrie anglaise, peut s'appliquer également à l'industrie américaine, qui a marché à pas de géant. De même, la remarque que j'ai faite sur l'infériorité de notre capital, s'applique encore bien plus exactement aux nations secondaires.

Ces considérations sur le salariat étant suffisantes pour expliquer sa situation en vue de la loi internationale demandée, il ne me reste plus qu'à peser les conséquences probables de cette loi.

J'ai, dans le cours de cette étude, indiqué les probabilités qui se présenteraient dans les cas particuliers du salaire aux pièces, du salaire à l'heure et du salaire à la journée ; — probabilités qui, par parenthèses, ne sont pas sans être hérissées de difficultés. — Je n'ai donc pas à y revenir.

Une seule question reste à poser, c'est celle-ci :

« La loi de huit heures amènera-t-elle la suppression du salariat ? »

Malheureusement non ; et c'est là le grand reproche que j'adresse spécialement aux socialistes, qui jettent feu et flamme pour attaquer le principe, et qui ne trouvent rien de mieux que de règlementer un détail de la production, sans sortir le travailleur de l'infériorité de sa situation de salarié.

Au moins a-t-on l'espoir d'atténuer les dissidences d'intérêts, qui animent les uns contre les autres patrons et ouvriers ?

Pas davantage.

Le patron qui paie aura toujours la situation privilégiée, qui est le lot de quiconque tient les cordons de la bourse.

Les mêmes compétitions se produiront. Les mêmes oscillations de l'offre et de la demande amèneront les mêmes variations de salaires ; et sur ce point rien ne sera changé aux errements si funestes qui prédominent aujourd'hui.

Tant que le salariat sera maintenu, il y aura fatalement un prolétariat plus ou moins malheureux.

Alors, que conclure, sinon qu'on se sera beaucoup agité, et qu'on aura fait beaucoup de bruit pour rien ?

RÉSUMÉ ET CONCLUSIONS

Mon résumé sera simple.

Dans tout le cours de cette étude, je n'ai pas entendu critiquer le sentiment généreusement humain qui a donné naissance à l'idée d'une règlementation du travail. Vouloir améliorer la situation précaire du travailleur est une pensée trop honorable pour provoquer autre chose que le respect, quoiqu'il faille regretter que cette pensée ne soit dans un certain milieu qu'un prétexte à une action révolutionnaire.

Ce que je blâme, ce n'est pas l'idée ; c'est le moyen proposé pour en poursuivre la réalisation.

Je critique d'abord la faute capitale qu'on se prépare à commettre en coupant en deux le prolétariat.

Séparer ainsi les travailleurs agricoles et les priver du bénéfice de la loi ; c'est se les aliéner et renouveler l'ancienne hostilité entre les *urbains* et les *ruraux*.

Ce que je critique encore, c'est le manque de sens pratique qui fait le fond de tous les arguments invoqués en faveur de la réduction de la journée ; arguments qui sont nombreux sans doute, mais qui ne sont en résumé qu'un faisceau de paradoxes.

Paradoxe, le choix du chiffre de huit heures qu'on ne peut justifier sérieusement.

Paradoxe, le minimum de salaire.

Paradoxe, la suppression du chômage qu'on essaie de faire marcher parallèlement avec l'intensité.

Paradoxe, l'augmentation de production résultant de la diminution dans le temps de travail.

Paradoxe, la prétention de généraliser l'intensité qu'on croit applicable indistinctement à tous les travaux.

Paradoxe, la promulgation d'une loi dont l'éludation sera extraordinairement facile.

Paradoxe, le surmenage qu'on croit inhérent à l'usine, quand il réside surtout dans le petit atelier en chambre.

Paradoxe, la dégénérescence attribuée exclusivement aux longues journées, sans mentionner ni supprimer les autres causes.

Paradoxe, l'espoir de faire une loi unique et internationale.

Paradoxe, la loi d'airain des salaires.

Paradoxe, de compter sur la journée de huit heures, pour modifier la situation asservie du prolétariat.

Paradoxe, de donner à l'ouvrier du temps, quand c'est surtout d'argent dont il a besoin.

Paradoxes partout et sur tout.

Ma conclusion ne peut donc être que celle-ci : C'est qu'on prépare une œuvre sans portée, sans puissance, qui fatalement, n'aura d'autre aboutissant qu'une réaction des plus funestes ; car les rivalités auront été surexcitées sans résultat pratique.

Le mouvement, tel qu'il est dirigé, réussira-t-il ?

— C'est possible, mais je ne le crois pas.

Est-ce à dire qu'il faille prendre en grippe et condamner irrévocablement le socialisme ?

Doit-on penser avec M. de Wyzewa, (1) que « le socialisme est une maladie chronique de la société » quelque chose comme le « bacille de la phtisie pulmonaire » ferment morbide qui tue le patient et meurt après faute d'aliment ?

Ce serait, à mon sens, une profonde erreur.

Il ne faut pas confondre *socialisme* et *socialiste*.

Le Socialisme est pour les sociétés, ce que la force vitale est pour les individus, elle leur donne le mouvement.

Les socialistes ne sont que des hommes qui cherchent la bonne voie ; mais qui s'égarent souvent dans les chemins de traverse.

Aujourd'hui, si les socialistes avaient en main le pouvoir qu'ils convoitent, j'estime qu'ils seraient impuissants, malgré toute leur bonne volonté, à opérer les réformes qu'ils considèrent comme immédiatement réalisables et que nous voyons inscrites, en tête de leurs programmes. Je parle ici, non pas des socialistes révolutionnaires qui veulent tout raser avant d'édifier, mais des socialistes réformistes, personnifiés en France par Benoît Malon et en Allemagne par Wolmar, qui ne pourront que difficilement se soustraire à leurs anciennes attaches révolutionnaires.

Ils ne pourraient pas, dis-je, mettre actuellement ces programmes à exécution, non pas que les réformes proposées soient mauvaises par elles-mê-

(1) *Le Mouvement socialiste en Europe.* — *Les hommes et les idées*, par E. de Wyzewa. — Perrin et Cie, éditeurs.

13

mes, mais parce que le milieu social n'est pas apte
à les recevoir.

Lisez, par exemple, le second chapitre du
deuxième volume, où Benoît Malon traite de la
législation du travail et de la journée de huit heures.

Dans ce style ému qu'il sait si bien élever à la
hauteur de la noblesse de ses sentiments, il vous
convaincra et vous fera partager sa théorie, pour
peu que vous ayiez au cœur la moindre pitié pour
les malheureux. Mais après, si vous descendez,
comme je l'ai fait, dans le terre-à-terre de l'exécution, il est possible que vous trouviez quelque
force à mes objections.

Mettons que ces objections n'ont pas toutes la
même valeur, car je n'ai nulle prétention à l'infaillibilité, mais, en conscience, n'en restera-t-il pas
assez pour que des législateurs demeurent hési-
tants devant la tâche ardue de codifier et d'enca-
drer dans une série d'articles de loi, des sentiments
très généreux, j'en conviens, mais qui viendront
se heurter à d'autres sentiments tout aussi respectables, et à d'autres articles de loi tout aussi
justes ?

Les socialistes réformistes disent qu'en attendant la réalisation complète de leur idéal, il faut
s'attacher à tout ce qui peut alléger immédiatement les souffrances du travailleur. Ils
ont raison, et c'est même à peu près la seule
manière de réussir. Néanmoins, il est nécessaire de n'entreprendre que le possible.

Le possible où est-il ?

Ce ne serait même pas à moi à le dire, mon
rôle dans cette étude étant limité à peser impartialement la valeur des idées proposées, sans chercher à leur substituer les miennes. Du reste,

j'avoue humblement que je serais fort empêché, s'il me fallait sortir de mes fonctions d'analyste pour me lancer dans celles d'inventeur de systèmes.

Cependant, si j'avais l'espoir d'être écouté, je dirais aux socialistes réformistes de faire un retour en arrière et d'examiner avec moi leurs propres arguments ; j'espère, en usant discrètement de la méthode socratique, les amener à une conclusion qu'il serait opportun d'étudier.

On veut, disons-nous, réduire la journée de l'ouvrier. Je ne rappellerai pas les raisons de sentiment qui ont été invoquées ; j'ai déclaré qu'elles étaient excellentes et je n'ai fait que constater l'impossibilité pratique de les mettre à exécution.

Restons donc sur cette donnée.

Pourquoi l'ouvrier ne peut-il pas fixer le temps de la *journée normale*, c'est-à-dire le temps qu'il peut consacrer au travail sans souffrir physiquement et moralement ?

Parce qu'il n'est pas libre, économiquement parlant.

Pourquoi n'est-il pas libre ?

Parce qu'il n'a pas assez d'argent.

Pourquoi n'a-t-il pas assez d'argent ?

Parce que la *plus-value* produite par son travail n'est pas équitablement répartie et qu'il ne reçoit pas la part qui lui revient.

Tout cela est-il correct et déduit conformément aux doctrines socialistes ?

J'espère que oui, et que je ne serai pas chicané sur ces prémisses.

Donc le mal vient d'une répartition vicieuse.

Les socialistes n'ont guère prouvé que cela, parce qu'il n'y avait que cela à prouver. — Du reste, je reconnais qu'ils l'ont fait aussi minutieusement et aussi exactement que possible.

En économie politique, le point fondamental est *l'intérêt*, qui se concrète matériellement en *argent*.

C'était donc vers la question d'argent qu'il fallait se tourner et non vers la question de temps.

On a pris l'accessoire pour le principal.

Au lieu de dire l'ouvrier est volé parce qu'il travaille trop longtemps, il aurait fallu dire l'ouvrier est volé parce qu'il ne reçoit pas sa part de plus-value.

Donnez-lui dans cette plus-value une part suffisante, la part qui lui est due ; et, vous verrez qu'il n'aura pas besoin de vous pour réduire sa journée ; il la réduira lui-même et saura bien comment s'y prendre pour ne pas travailler au-delà de ses forces et de ses besoins.

Je sais bien qu'en marchant dans cet ordre d'idées, il faudrait renoncer à considérer le Capitaliste comme un parasite n'ayant aucun droit dans la plus-value et cette renonciation paraîtra toujours très dure à un socialiste. Je ferai cependant observer que la réduction de la journée à huit heures, ne limite pas autrement la position de l'entrepreneur qui restera comme devant seul propriétaire des bénéfices réalisés.

Donc, selon moi, le problème économique qu'il importe de résoudre avant tout autre est celui-ci : « étant admis que le *Capital et le Travail*, ont droit chacun à une part, représentant le concours effectif apporté par chacun d'eux dans la production de la plus-value, déterminer exactement la part de chacun. »

Supposez le problème résolu scientifiquement

et selon l'équité, il me semble que tout conflit économique entre les producteurs devrait prendre fin du même coup.

Est-il possible de trouver cette formule de partage ?

Pour ma part je n'hésite pas à répondre « oui. »

Que les progressistes, socialistes ou non socialistes, veuillent bien y réfléchir ; ce n'est pas un système de mon invention que je leur propose.

Des systèmes, il y en a assez, il y en a trop.

Je leur demande simplement d'utiliser les éléments dont nous disposons et de les coordonner, ils verront alors que la légende à inscrire sur le drapeau des réformes n'est pas : « *journee de huit heures* » mais « *équité de répartition.* »

Ce qui pour les masses peut se traduire par : « *à chacun sa part du gâteau, selon ses mérites et son travail.* »

ERRATA

Page 139. — Ligne 3.
Au lieu de : le produit n'a de réelle importance
Lire : le prix du produit n'a de réelle importance

Page 161. — Ligne 5.
Au lieu de : les autres journées
Lire : les courtes journées

Page 163. — Avant-dernière ligne de la note.
Au lieu de : prix d'achat ou prix de revient
Lire : prix de vente ou prix de revient

Page 192. — Ligne 3.
Au lieu de : refuser le désir
Lire : infuser le désir

Page 204. — Ligne 22.
Au lieu de : danse
Lire : dense.

TABLE DES MATIÈRES

—

DÉDICACE.

AVANT-PROPOS.

CHAPITRE Ier

L'IDÉE PREMIÈRE

SOMMAIRE. — Ancienneté de l'idée. — Les précurseurs d'après Benoît Malon. — Robert Owen, Dollfus, etc. Toute conception sociale a ses précurseurs. L'amour de l'humanité et les utopies. — Charles Fourier. Ce que demandaient Robert Owen et les autres. — Courant et contrecourant. — Les Révo utionnaires. — Le socialisme de Guillaume II. — Le moteur universel. — L'individualisme. — Les patrons. — Les ouvriers. — Impulsions différentes et directions semblables.

CHAPITRE II

LE TRAVAIL ET SES SUBDIVISIONS

L'intervention de l'Etat. —Que faudrait-il entendre par législation internationale du travail? — Indépendance du travail cérébral. — Le travail matériel et ses subdivisions. — Travail agricole, industriel, des transports, du commerce. — Toutes ces catégories sont également nécessaires et doivent avoir les mêmes droits. — Sur quoi devrait porter la règlementation. — La question scindée. — On ne s'occupera que des ouvriers d'industrie.— Pourquoi? — En France la population ouvrière agricole est le double de la population ouvrière industrielle — La production agricole comparée à la production industrielle. — Choix illogique. — La question se réduit actuellement aux *trois-huit*.

CHAPITRE III

POURQUOI HUIT HEURES?

SOMMAIRE. — Pourquoi huit heures ? — Peut-on prouver que la production sera suffisante ? — M. Ward et Franklin. — La journée de huit heures en Amérique. — Calculs de M. Guesde. — Ils aboutissent à une journée de cinq heures 44 minutes. — Erreur de M. Guesde. — Son calcul rectifié aboutirait à une journée de neuf heures 10 minutes. — Danger des faux points de départ. — Les députés socialistes du Reichstag Allemand. — La méthode des étapes successives. — La journée normale. — Opinion de César de Paepe. — La vraie réglementation. — Défaut de la loi des huit heures.

CHAPITRE IV

POURQUOI LA RÉGLEMENTATION EST RÉCLAMÉE SEULEMENT POUR LE TRAVAIL INDUSTRIEL

SOMMAIRE. — Le motif apparent. — Des catégories de travailleurs agricoles en France. — Personnel permanent, journaliers. — Conditions matérielles de l'ouvrier agricole. — Si le paysan abandonne la terre pour l'usine, c'est qu'il y trouve avantage. — L'ouvrier agricole gagne moins que l'ouvrier d'industrie. — Impossibilité de relever les salaires agricoles. — L'ouvrier agricole est plus surmené que l'ouvrier d'industrie. — L'émigration du paysan vers l'atelier est raisonnée et voulue. — Pourquoi on veut réduire seulement la journée industrielle. — Les partis socialistes veulent s'emparer des pouvoirs publics. — Ce que pensent M. Guesde et M. Vaillant. — Le comité des Blanquistes. — Boulangistes. — Le comité des Marxistes-Guesdistes. — Manifeste des anarchistes de Sheffield. — Le prolétariat industriel forme l'armée révolutionnaire. — Au premier rang se trouvent les mineurs. — Statistique minière — Tactique révolutionnaire — Gottfried Keller.

CHAPITRE V

LES CONGRÈS INTERNATIONAUX DE 1889. — COURANTS ET CONTRE-COURANTS.

SOMMAIRE. — L'agitation actuelle n'est qu'une phase de la lutte pour la vie. — La journée du 1er mai 1891 — Mauvaise direction du mouvement. — Les socialistes révolutionnaires répugnent à toute solution pacifique. — Résolutions des congrès de Paris en 1889.— L'Etat seul pourrait concilier le capital et le travail. — Embarras des gouvernants.— Intransigeance des partis.— Scission dans l'école économique officielle. — La nouvelle école préconise l'intervention de l'Etat. — Adhésion du socialisme catholique à la journée de huit heures.

CHAPITRE VI

ARGUMENTS DE SENTIMENTS

SOMMAIRE. — Quoique réduite, la question reste aussi difficile. — Deux sortes d'arguments. — Arguments de sentiment. — L'hygiène, la morale et la philanthropie. — Opposition des économistes. — Socialistes et catholiques. — Thèse particulière à chaque parti. — Sociabilité de l'homme. — Nécessité de l'éducation familiale. — Aujourd'hui, il y a progrès intellectuel et régression morale. — Fausses appréciations des piétistes. — Bonnes intentions des sentimentalistes. — Argument unique des économistes libéraux. — La liberté économique n'existe pas pour l'ouvrier.

CHAPITRE VII

ARGUMENT DE FAITS — LES SALAIRES — LE MINIMUM

SOMMAIRE. — Obligation sociale du travail.— Pourquoi l'ouvrier travaille.— Le minimum de salaire — Le minimum uniforme est une absurdité.— Minimum capitaliste et minimum socialiste.— Le salaire vrai.— Minimum basé sur le coût des subsistances.— Le minimum implique le maximum.— Le minimum selon Fourier.— Aucun gouvernement n'osera soutenir le minimum.— La conférence de Berlin et les salaires.— Délibérations inutiles du Conseil Municipal de Paris.— Les prix de séries.— Les usages locaux.— Leur impuissance légale. — La loi des huit heures et la fixation du taux des salaires.— Patrons et ouvriers.— Conclusions socialistes.

CHAPITRE VIII

ARGUMENTS DE FAITS. — LA SUPPRESSION DU CHOMAGE

SOMMAIRE. — Formule générale. — Un tiers en moins dans le temps, nécessite un tiers en plus dans le nombre d'ouvriers. — Théorie de Karl Marx sur le chômage. — Y a-t-il toujours et dans chaque industrie, un tiers d'ouvriers disponibles? — Personne ne le sait. — On a posé une simple supposition, comme un fait démontré. — Statistique ouvrière. — Un million de chômeurs. — Erreurs d'appréciations. — Un moyen d'équilibre, impraticable quoique logique. — La hausse des produits inévitable. — Cette hausse frappera tous les consommateurs. — Injustice de la répartition tout à l'avantage des ouvriers industriels. — Ce que feront les entrepreneurs.

CHAPITRE IX

L'INTENSITÉ COMPENSATRICE

SOMMAIRE. — L'augmentation des prix de revient entraîne forcément l'augmentation des prix de vente. — Réponse des intensistes. — L'intensité compense le temps. — Avec l'intensité, il n'y a plus à compter sur la suppression du chômage. — Dilemme embarrassant. — Ce que c'est que l'intensité. — Formule scientifique. — Réalité de la force intensive. — Son application dans l'industrie. — Ce que c'est que le travail aux pièces. — Ses avantages. — Comme quoi son principe est faussé. — L'ouvrier y trouve avantage au début. — En dernière fin, c'est le patron qui en profite. — Le marchandage. — L'intensité ne remédie pas au vice du salariat. — Pourquoi l'ouvrier développe son intensité. — L'amour du patron. — Illusions des intensistes.

CHAPITRE X

L'INTENSITÉ COMPENSATRICE. — ARGUMENTATION DELAHAYE

SOMMAIRE. — Nécessité d'analyser toutes les théories. — M. Delahaye est un des premiers vulgarisateurs de la journée de huit heures. — Documents dont il se sert. — Tableau comparatif entre les usines Cail, des Téléphones, du Massachusset et du New-Jersey. — Différences en apparence, tout à l'avantage des Américains. — Pourquoi les ouvriers américains ne se déclarent-ils pas satisfaits ? — Les points faibles de l'argumentation Delahaye. — Les comparaisons sont basées sur la valeur vénale des produits. — Différence industrielle entre les établissements comparés. — Les usines Cail et des Téléphones ne peuvent être considérées comme de nature identique. — M. Delahaye conclut à une production triple avec la journée de 8 heures. — Approbation des socialistes. — Réfutation des conclusions Delahaye.

CHAPITRE XI

L'INTENSITÉ COMPENSATRICE. — ARGUMENTATION ROUANET

SOMMAIRE. — Extension du paradoxe. — M. Gustave Rouanet. — Il n'est pas partisan d'une législation internationale. — Il voit la solution complète dans la journée de huit heures. — Commentaires du docteur Delon. — D'après eux la productivité augmente lorsque le temps de travail diminue. — Amplification de la théorie Delahaye. — Anecdote sur M. Godin. — Pourquoi la production n'a pas diminué au familistère de Guise. — La journée est quelquefois raccourcie par le patron, par raison d'économie. — Toujours les Anglais et les Américains. — Rapport de l'inspecteur Schœnoff. — Conclusions qu'en tire M. Rouanet. — Est-il vrai que les prix de revient diminuent avec les courtes journées. — Comment s'établit un prix de revient. — Interprétation fausse du rapport Schœnoff. — Comment on doit le comprendre. — Les tissages mécaniques et leur fonctionnement. — Fausses conséquences tirées du rapport Schœnoff. — Ce que dit réellement ce rapport. — Ce qui fait véritablement diminuer les prix de revient. — Conclusions.

CHAPITRE XII

LA JOURNÉE DE HUIT HEURES ET LES SECTES RELIGIEUSES

SOMMAIRE. — Chrétiens et Juifs. — Beaucoup de Juifs dans le Socialisme. — Ce qu'en pense M. E. Drumond. — L'échelle sociale Juive. — Moïse et la propriété du sol. — Moïse socialiste. — Pourquoi M. de Rothschild et M. Liebnecht ne pensent pas de même. — Définition du protestantisme d'après Karl Marx. — Le rôle du protestantisme dans le progrès social. — La Suisse protestante. — Conférences à l'université de Genève. — Quatre théories économiques. — Théorie de M. Charles Gide. — La coopération et M. de Boyve. — M. Stiégler et le collectivisme. — Le camp des catholiques. — Deux opinions contraires. — M. de Mun et le Socialisme catholique. — Les catholiques conservateurs. — Le Pape. — Son encyclique. — Pas de solution. — L'intensité compensatrice défendue par le Socialisme catholique.

CHAPITRE XIII

LE VRAI CHAMP DE L'INTENSITÉ

SOMMAIRE. — Recherche du champ de l'intensité. — Ce qu'est le travail industriel. — L'homme considéré tout à la fois comme moteur et régulateur de son outil. — L'homme considéré comme simple régulateur de machine. — Travail à la main et travail à la machine. — Comment on construit les machines. — Le travailleur à la main peut mettre de l'intensité à son travail. — Le travailleur à la machine ne le peut pas toujours. — Les bons et les mauvais ouvriers. — Peut-on préciser le supplément de production que donnerait l'intensité. — Opinion de Benoît Malon. — L'ouvrier esclave de sa machine. — Son intensité est restreinte. — Encore la question des salaires. — Presque tout le travail industriel est payé à la tâche ou à l'heure. — Constamment la même objection. — Impuissance et injustice de la loi.

CHAPITRE XIV

LE SURMENAGE ET LA DÉGÉNÉRESCENCE

SOMMAIRE. —Les cœurs sensibles et les analystes. — Le surmenage. — Le fonctionnement de la machine humaine. — Ses diversités et ses lois. — La femme et l'enfant. — Les adultes. — L'intensité ne diminuerait pas le surmenage, elle l'augmenterait. — Les cas où il y a surmenage. — Le travail aux pièces et le travail à l'heure. — L'ouvrier à la machine est à l'abri du surmenage. — Cas particuliers où il peut être surmené. — Comment on supprimerait le surmenage. — Réalité de la dégénérescence. — Ses causes premières. — Les habitations insalubres. — Insuffisance des moyens d'y remédier. — La mauvaise alimentation. — L'ouvrier ne peut que vivre mal. — L'alcoolisme. — Son extension. — L'augmentation des droits ne détruira pas l'alcoolisme. — La falsification des denrées. — Les coopératives de Belgique. — L'hygiène mal entendue. —Autres causes de dégénérescence. — La réduction de la journée ne pourra à elle seule empêcher la dégénérescence.

CHAPITRE XV

IMPUISSANCE DE LA LOI

SOMMAIRE. — Ce que doit être une loi de réglementation. L'intérêt qu'auront les ouvriers à la violer. — Le pour ront-ils ! — Comment agiront les patrons. — Les roulements d'ateliers. — — Cas où l'ouvrier se mettra d'accord avec le patron pour éluder la loi. — Les difficultés de la surveillance. — Les livres de journées. — En cas d'infraction, qui sera condamné, du patron ou de l'ouvrier ? — Les ouvriers en chambre. — L'ouvrier dénoncera-t-il lui-même les contraventions ? — Il ne le fera pas. — De l'emploi des heures disponibles. — La famille, l'école, le cabaret, l'atelier. — L'influence du patronat.

CHAPITRE XVI

L'ENQUÊTE

SOMMAIRE. — L'enquête obligatoire. — Le questionnaire. — Peu d'ouvriers ont répondu. — Explications de M. Fournière. — Raisons peu satisfaisantes. — Pourquoi les ouvriers n'ont pas répondu. — Ce qu'il aurait fallu leur demander. — Ce que pensent les ouvriers. — Réponses des syndicats ouvriers. — Réponses des syndicats mixtes. — Réponses des chambres de commerce. — Réponses des conseils de prud'hommes. — Réponses des syndicats patronaux. — Opposition générale à la fixation d'une journée uniforme.

CHAPITRE XVII

L'OPPOSITION PATRONALE

SOMMAIRE. — L'intérêt des patrons. — Conditions d'une installation industrielle, nécessité du capital. — Proportionalité entre l'outillage et la production. — Le tiercement des équipes. — Le travail de nuit et ses inconvénients. — Relations ordinaires entre patrons et ouvriers. — La guerre de classes. — Pourquoi les patrons repoussent la réglementation du travail. — L'augmentation de la main-d'œuvre. — Son influence sur les bénéfices. — Inégalités devant la loi. — La concurrence étrangère.

CHAPITRE XVIII

L'INTERNATIONALISATION

SOMMAIRE. — Procédés du Socialisme Révolutionnaire. — Nécessité de rendre la loi internationale. — Ce que pensent les économistes. — Chaque nation constitue une unité économique. — Ce dont se préoccuperont d'abord les gouvernements. — Différences sociologiques des peuples. — Comment s'établira l'équilibre. — La ruine des industriels, sa répercussion. — La marche de l'évolution. — La règlementation ne pourra être uniforme. — L'importance de l'outillage national. — La protection douanière. — La concurrence entre nations. — Où est l'intérêt des nations mal outillées. — L'intérêt de l'ouvrier. — La loi ne sera pas strictement exécutée partout. — Difficultés diplomatiques. — Les nations riches verront croître leur supériorité. — Les nations pauvres seront en perte.

CHAPITRE XIX

LA JOURNÉE DE HUIT HEURES ET LES CRISES COMMERCIALES

SOMMAIRE. — Les crises économiques. — On les attribue à tort à la surproduction. — L'outillage industriel peut-il produire autant qu'on le suppose ? — Règles qui président aux installations industrielles. — Le capital immobilisé et le capital roulant. — La surproduction est toujours limitée au fond de roulement. — Comment se règle la fabrication. — Crises partielles et crises générales. — Influence néfaste des crises. — Ce qui les prolonge. — La loi des crises — Leur cause unique. — L'opinion de M. Juglar. — Les industriels ne produisent pas en aveugles. — La surproduction est non pas la cause, mais la conséquence des crises. — Les cinq périodes qui accompagnent les crises. —Comment s'explique l'augmentation des escomptes. La hausse des céréales. — La hausse des salaires. — Influence nulle de la journée de huit heures.

CHAPITRE XX

LA JOURNÉE DE HUIT HEURES ET LE SALARIAT

SOMMAIRE. — Comment il faut l'interpréter d'après M. C. Gide. — La base première du taux des salaires. — Augmentation constante des salaires. — Statistiques de M. de Foville. — Tendance de l'ouvrier à élargir le cercle de ses besoins. — Le patron et l'ouvrier devant le salariat. Les limites de la lutte. — L'économie est presque impossible à l'ouvrier. — — La question d'argent. — L'ouvrier Anglais ou Américain. — Concessions qu'ils ont obtenues du patronat. — La cause du perfectionnement de l'outillage industriel. — On ne peut pas toujours inventer. — Pourquoi toutes les nations ne peuvent suivre l'exemple des Anglais. — Supériorité du capital industriel en Angleterre. — Prédominance en France de la moyenne et de la petite industrie. — Les procédés de production sont subordonnés à l'outillage. — La journée de huit heures supprimera-t-elle les vices du salariat.

RÉSUMÉ ET CONCLUSIONS

18 mars A 72

Cannes, le   189

Nous soussignés imprimeurs à Cannes
déclarons faire, conformément à la loi, le
dépôt de deux exemplaires d'une brochure intitulée
La Législation internationale du travail,
tirée à ... exemplaires pour le compte de Monsieur
Barclay, demeurant à Cannes, villa Myers.

Cannes, le 16 mars 1892

Figère & Guiglion